中公新書 2691

濱本真輔著

日本の国会議員

政治改革後の限界と可能性

中央公論新社刊

はじめに

高まる政治家不信

国会議員は有権者から遠い存在になりつつある。

世論調査では、国会議員は当選後に国民のことを考えないとの認識がますます強まっている。「国会議員は、大ざっぱに言って、当選したらすぐ国民のことを考えなくなる」と思うかとの質問に対して、「考えなくなる」の割合が一九七六年には三九％、八三年には三五％であった。それが一九九三年に四九％、九六年に五四％、二〇〇七年に七一％、一三年に六九％、一九年に七四％と、年を追うごとに上昇している。有権者の政治家に対する認識は厳しくなっている。

ただ、政党、選挙、国会、民主主義などへの評価は大きく変化していない。つまり、制度や価値観レベルでの信頼は安定している一方で、代議制民主主義の担い手である国会議員への不信感が高まっている。

他の職業との比較からみても、国会議員への評価は厳しい。

世論調査や市場調査を数多く手掛けている中央調査社は、二〇〇〇年から一五年までの間に計八回、国会議員、官僚、裁判官、マスコミ、銀行、大企業、医療機関、警察、自衛隊、教師への信頼感を調査している。回答者はそれぞれに「一 ほとんど信頼できない」、「二 どちらともいえない」、「五 たいへん信頼できる」という五段階評価をする。

二〇一五年調査によれば、国会議員について一と二を選択した割合は四九%で、半数が国会議員を信頼できないとしている。また「どちらともいえない」も四二%で、信頼できるはわずか八%にすぎない。二〇〇〇年の調査以来、国会議員への信頼は官僚と並んで常に低い。

議員に対する不信感は報酬などの待遇への批判、議員定数の削減を容認することにつながっている。戦後、衆参両院で七一六名だった国会議員は沖縄返還や人口増加などを背景に衆議院の定数が大きく増え、一九八六年には七六四名にまで増員された。しかし、一九九〇年代から主に衆議院での定数削減が進み、二〇二〇年段階では七一〇名で（二〇二二年に参議院で三名増員）、戦後もっとも議員が少ない。そもそも日本の国会議員は他国に比べて多くない。

他方で、国会議員は使い捨てになっている。小泉純一郎《こいずみじゅんいちろう》は二〇〇五年の当選議員を前に「政治家は使い捨てにされることを嫌がってはいけない。首相だって使い捨て。甘えてはだめだ」[2]と説いたが、日本の国会議員の状況を示している。

衆議院では一九九〇年から二〇一二年まで毎回一〇〇人以上の新人議員が誕生した。また、現職が次の任期にも議員であった継続率は二〇〇九年で五五%、一二年は四四%で、半数ほどの議員が入れ替わった。特に二〇一二年の総選挙は戦後最大の入れ替わりである。かつては日本の国会議員の継続率は国際的にも高かったが、[3] 入れ替わりが頻繁になっている。

不利益分配の下でこそ必要な議員

政治家への不信感が高くなり、議員数も減っているが、議員の役割はむしろ大きくなっている。

一九八〇年代まで議員の役割は利益分配だった。それが日本の経済的苦境の深まるなかで不利益分配の側面が強まっている。価値観の多様化も進み、優先順位をつけ、異なる価値との調整をはかる政治の役割、その最終的な決定を担う議員の役割は重要性を増している。また、議員は東日本大震災やコロナ禍など、首相や内閣を中心として、非常時の重大な意思決定を担う。人びとの声を代表し、方向性を定め、責任を引き受け、説明を尽くす存在がより重要となる。

議員の役割を見直し、政治のリーダーシップを強化することは一九九〇年代の政治改革の目標でもあった。政治改革では政党中心、政策中心がスローガンとして掲げられ、個々の議員を軸とした地元や団体の利益代表から、政党や政策を軸とした代表への転換が期待された。ただし、その当否は別として「小選挙区制によって議員が小粒になった」「小選挙区制で長期的視野に欠ける、信念のない議員が増えた」などの批判も多い。

議員の役割は大きくなっているが、その活動にはよくわからない面も多く、国会議員に信頼回復、情報公開を求める意識も強い。先の中央調査社の調査では「信頼されるよう努力してほしい対象」も尋ねているが、二〇〇〇年の調査では国会議員に対しては四四%であった。二〇一五年には国会議員は六六%に上昇し、次点の官僚の七%を大きく引き離している。

さらに、国民に対して閉鎖的で、情報公開が進んでいないと思われるものとして、国会議員が四五%で、官僚の四六%と並んで高い。有権者からは国会議員の信頼回復、情報の開示が求められている。

三つの視点

本書は、こうした国会議員について、どのような人びとが選ばれ、どのような活動をしているのか。一九九〇年代以降の政治改革を経て、議員のあり方はどのように変化したのかについて描いていく。一九九〇年代に行われた政治改革は選挙制度改革（衆院への小選挙区比例代表並立制の導入）、政治資金規正法の改正、政党助成法の導入によって、政党中心・政策中心の政治をめざしたものだった。あれから四半世紀を経て、国会議員はどのように変わったのだろうか。

本書は国会議員を捉《とら》えるにあたって、三つの視点から述べていく。

第一に、議員を人材、選挙、政策形成、価値観、資金という観点から幅広く扱う。国会議員は選挙や国会、政党内などさまざまな場面で活動するため、議員になるまで、そして当選後の活動全般を扱う。各側面を含めることで、政治改革の影響を多角的に捉え、全体像の把握に努める。

第二に、国会議員全体の傾向を前職、活動量、資金などの各種データから示す。首相経験者や政党幹部など、特定の政治家に焦点があてられることは多い。そこから政治を理解することも有益だが、本書では国会議員全体から捉えるよう努める。議員活動を扱った著作も多いが、多くは当事者による紹介で、特定の時代や党派に依拠し、全体の傾向とは限らない。本書では国会議員へのアンケート、インタビュー記録、各種統計を活用し、議員全体の傾向の理解をめざす。

第三に、国際比較、政党間比較、政治改革前後を軸とした時系列比較である。傾向や特徴を把握するには比較が欠かせない。国会議員のあり方を左右する主なものとして、制度、社会、政党がある。たとえば、さまざまな候補者を立てるインセンティブの強い比例代表制で女性議員は多い。それは選挙制度だけでなく、関連する他の制度も重要である。社会に目を向けると、固定的な性別役割分業意識の強い国では女性議員が増えにくいものの、そのような下でも左派政党では女性議員が比較的多い。

このように、国会議員は制度、社会、政党に左右される。本書では戦後からの推移や政党、制度の違いを踏まえながら特徴を把握する。

構　成

本書の構成は次の通りである。

第1章は人材についてである。誰が政治家、国会議員になってきたのだろうか。政治に意欲を持つ人びとが候補者として現れるまでの過程と当選者の特徴をみる。政治改革以降、候補者リクルートに変化がみられる一方で、なぜ女性議員は少なく、世襲議員は多いのか、公募制の課題などを考える。

第2章は選挙と日常活動である。候補者や議員は、当選に向けてどのような活動をしているのかをみる。政治改革により政党を重視する投票は強まったが、政党組織の充実が遅れ、人びとの団体離れも進み、候補者個人による集票努力が依然として大きいことを示す。

第3章は政策形成の過程である。議員が政党や国会でどのように活動しているのか、またその背景にある仕組みをみる。政治改革以降、特定の政策分野に強い影響力を発揮する族議員の影が薄くなり、議員立法も増えてきた。しかし、国会改革は進まず、国会提出前に法案を審議する事前審査制や日程闘争を促す国会制度が政治改革と連動せずに残っていることを示す。

第4章は国会議員と政党の関係を価値観や政策から捉える。議員や政党は、どのような政策や利益を代表し、党のまとまりをどのように保っているのかをみていく。政治改革は政策を軸とした政党間競争をめざしたが、憲法や安全保障以外の対立軸が安定的に形成されず、保守系改革派の立ち位置を中心に政党間移動が頻発し、政党内のまとまりが維持しにくくなっている。有権者の意向と政党の判断がかみ合いにくい背景を示す。

第5章は政治資金である。議員はどれほど資金を集め、何に支出しているのかを確認し、民主主義のコストをどのような制度の下に運営していくのかを検討する。政治改革以降は透明性が高くなり、政治資金も減少してきたが、さらなる取り組みが必要であることを示す。

終章では日本の国会議員について、戦後から現在までの七〇年以上の流れのなかからそのあり方を考える。政治改革後の状況に対し、さらなる改革の必要性と、より役割が果たされる方向性を検討する。

本書を読むことによって、戦後日本の国会議員がどのように変遷してきたのか、政治改革後の残された課題を深く認識してもらえれば幸いである。

目次

日本の国会議員——政治改革後の限界と可能性

凡例

・本書では一九九〇年代半ばの政治改革以降の政党について以下のように記した。

・一九九六年に結党した民主党の系譜は、九七年末の新進党解党後、自民党の対抗勢力として二大政党の一角を担い、九八年から現在まで与野党の第一党を占めている。そのため二大政党の比較のうえで、調査時の民主党の系譜の政党名を記している。なお、民主党は二〇一六年三月に民進党となり、一八年五月に国民民主党となった。ただし二〇一七年一〇月以降は、この系譜から立憲民主党が結党し、自民党に対抗する役割にある。

・日本維新の会は二〇一二年九月に結党し、一四年八月に維新の党となり、一五年一一月におおさか維新の会、一六年八月に日本維新の会となっている。

・みんなの党は二〇〇九年八月に結党し、一四年一一月に解散した。

・自由民主党は一九五五年一一月に結党し、現在に至る。

・公明党は一九六四年一一月に結党し、九四年の新進党合流を経て、九八年に公明党として再結成され、現在に至る。

・日本共産党は一九二二年七月に結党し、現在に至る。

・日本社会党は一九四五年一一月に結党し、九六年一月に社会民主党となり、現在に至る。

・敬称は略した。

第1章　誰が政治家になるのか

「投票したい人がいない」。これは棄権した有権者のなかで常に上位に挙がる理由である。また、与野党の第一党が候補者を立てず、白票などの無効票が一五％程度を占める選挙区もある。政党は有権者が投票する前に候補者を選抜する。日本で候補者選びにかかわるのは政党本部や地方組織、支持団体の関係者が中心で、ほとんどの有権者は政党から提示された候補者を見定め、選択するほかない。

特定の政党が強い地域であれば、候補者に選ばれることはほぼ当選を意味する。そのため、候補者を選ぶ段階で激しい競争が起こり、党内で分裂することもある。候補者を選ぶ権限は重要な権力である。

日本では誰が選挙に出馬し、国会議員になっているのか。また、国際的な比較からは、日本はどのような特徴があるのか。この章では政治に意欲を持つ人びとが候補者になるまでの過程と、当選者の特徴をみていこう。

1　公認候補までの道程――選抜の多様な壁

政治家への意欲

政治家に意欲のある人びとは、どれほど存在するのか[1]。

東北大学（二〇〇五年）と筑波大学（二〇二〇年）の調査は「仮に、あなたが一年間、国会議員になれるとしたら、なってみたいと思いますか」として、「非常になりたい」から「絶対になりたくない」の五段階で尋ねている。1-1は、この回答結果である。

二〇〇五年をみると、国会議員に意欲のある層は一割程度で、半数程度の人には絶対になりたくない対象であった。「非常になりたい」は全体で五・九％、「ややなりたい」を含めても一三・九％で、国会議員に意欲のある層はかなり小さい。他方、「絶対になりたくない」は五一・五％、「あまりなりたくない」までを含めると七六％を占めた。

この調査によると、国会議員への意欲には男女差がある。男性では「非常になりたい」が九・四％、女性では二・九％である。「ややなりたい」は男性が九・七％、女性が六・五％である。男性では意欲のある層が二割近くを占めるが、女性では一割程度になる[2]。

二〇二〇年のウェブ調査でも男女差は大きい。調査方法が異なるため、二〇〇五年との比較は避けるが、男女差は二〇二〇年段階でも確認できる。もちろん、これは国会議員になるための労力を考慮したものではないが、国会議員が志望したい職でないことはわかる。二〇二〇年の調査では立候補を考えたことがあるかどうかも尋ねている。全体では三・七％であり、先の場合よりもさらに絞り込まれる。ここでも男女差が大きく、男性は六・六％、女性は一％である。

1-1　国会議員への意欲（2005, 20年）　%

	2005年		2020年	
	男性	女性	男性	女性
非常になりたい	9.4	2.9	13.0	2.9
ややなりたい	9.7	6.5	15.9	6.5
どちらともいえない	10.3	7.1	13.9	11.4
あまりなりたくない	27.4	22.1	19.5	16.2
絶対になりたくない	41.7	59.8	34.0	59.4
わからない	1.4	1.0	3.7	3.6
N	700	828	987	1014

註記：2005年は面接調査，20年はウェブ調査．Nはサンプル数
出所：2005年は増山幹高「女性の政界進出」川人貞史・山元一編『政治参画とジェンダー』（東北大学出版会，2007年），329-330頁．2020年は「政治行動と政治意識に関する調査」より筆者作成

意欲を示す具体的な行動として、政党の公募や政治塾への応募がある。この応募者数から二〇一〇年以降、国会議員に意欲のある層はおおむね三〇〇〇名程度だとうかがえる。

具体的にみていこう。政党本部が中心となった公募をみると、二〇〇五年の自民党の緊急公募は期間がわずか数日であったが、八六八名が応募した。二〇〇九年総選挙後の民主党の公募では一九八二人（男性一六五三人、女性三二九人）が応募している。ちなみに、日本維新の会が二〇一二年に開いた維新政治塾（第一期）には三三二六名が応募し、八八八名が入塾した。小池《こいけ》百合子《ゆりこ》東京都知事が二〇一六年に開いた希望の塾には四八二七名が応募し、二九〇二名が入塾した。

政治家への意欲のある層は決して大きくはない。具体的な行動を含めて男女差が大きい。二〇一八年五月に「政治分野における男女共同参画の推進に関する法律」が施行されたが、政治家や候補者として有権者の前に現れてくる前段階で、意欲のある層が少なく、それをどう広げられるかである。

高額の供託金

意欲のある層は法制度や社会経済上の制約によって人数が左右される。まず、年齢や資金などの法制度面をみてみよう。

被選挙権の年齢については参議院議員、都道府県知事選挙が三〇歳、衆議院議員や地方議員は二五歳から立候補できる。選挙権は二〇一五年に一八歳に引き下げられ、投票できるようになったが、被選挙権はそのままである。

国際比較からみると、日本の被選挙権の年齢はやや高い。国立国会図書館の調査によると、一九四ヵ国の被選挙権の年齢はおおむね三つに分かれる。一八歳（五四ヵ国二八％）、二一歳（六〇ヵ国三一％）、二五歳（五七ヵ国二九％）で、全体の八八％を占める。[3] 日本の衆議院の二五歳はやや高い方である。

資金についてはどうか。候補者は供託金を用意しなければならない。供託金とは個人や政党・政治団体が立候補の届け出までに法務局に納める資金である。売名目的の候補者乱立を防ぐためであり、[4]選挙で一定の票を得た候補者には供託金が返還される。ただ、その得票ラインに届かない場合、供託金は没収される。たとえば、衆議院の小選挙区に出馬するには三〇〇万円、比例代表は六〇〇万円（重複立候補する場合は三〇〇万円）の供託金がそれぞれ必要である。

国際比較からみると、日本の供託金はかなり高い。アメリカやフランスは供託金がなく、イギリスやカナダは一〇万円以下で、韓国は一五〇万円程度である。ドイツは供託金が必要ないものの、有権者の署名が必要である。小選挙区比例代表併用制を採用しているドイツは政党の比例代表候補になるために、選挙区で前回選挙での有権者数の一〇〇〇分の一（ただし最低二〇〇〇名）の署名を必要とする。小選挙区のみで立候補する場合、選挙区有権者二〇〇名の署名が必要となる。

このように、供託金がほとんどない国がみられるなかで、日本の三〇〇万円や六〇〇万円という水準はかなり高い。

高額の供託金は新党の参入や候補者擁立を抑制する面もある。たとえば、環境問題を主として扱う政党が供託金の捻出《ねんしゅつ》に苦慮し、選挙戦への参加を見送っている。日本維新の会は二〇一二年の総選挙に際して、候補者から供託金と広報費として四〇〇万円の自己負担を求め、銀行からの借入金を得て対応した。共産党は全小選挙区での候補者擁立を基本方針としてきたが、二〇〇九年総選挙では大幅に絞り込んだ。その背景には、二〇〇五年総選挙で六億六九〇〇万円の供託金が没収されるなど、こうした財政負担もあったとされる。第5章で示すが、選挙運動の費用をはじめ、国会議員になるためには多くの資金負担が必要である。

資金の問題は立候補を断念する最大の理由である。

内閣府による立候補を断念した人への調査（二〇二〇～二一年）では、立候補にかかる資金の不足が六割程度でもっとも多い[5]。

制度上の条件だけでなく、日本の雇用慣行も議員のなり手を制約する面が強い。長期雇用、年功賃金という雇用慣行が強いなかでは退職して政治家をめざすことで放棄するものは多い。家族からの同意が得られないこともある。そのため、地方議員や秘書などの政治へのかかわりを早くに選択した人、落選時のリスクが低い弁護士や医師などの専門職、世襲などの基盤がある人に、なり手が偏りやすい[6]。

公認という関門

意欲や制度上の要件を満たした場合も、政党の公認が得られるかどうかといった問題がある。

国政選挙ではほとんどの候補者が政党から公認を受け、当選者に絞ると無所属はほとんどいない。ただし無所属でも政党の支援体制があり、事実上は政党の公認というときもある。

たとえば、参議院議員選挙では多くの政党や党派の支援体制を反映し、無所属で出馬することもある。

公認には複数の意味がある。まず、有権者からは公認が候補者と政党との関係を示す目印になる。有権者は候補者の政策をある程度、推測できる。○○党公認（もしくは推薦）候補者となっていれば、××の政策には賛成なのだろうと考えやすい。政党は私たちが物事を認識するのを容易にし、選択する際の手がかり（ヒューリスティクス）となる。特に有権者が個人よりも政党を基準に投票する場合、公認の意味は重い。

公認された候補者は選挙制度上の利点があり、また多くの支援が得られる。

公認候補は無所属候補よりもビラや選挙カーをはじめとする選挙運動の点で可能なことが多く、有利になる。選挙運動の資金や政党支持層の支援も受けられる。供託金は多くの政党で公認料として党から与えられる資金で賄うことができる。地方選挙を含めた選挙の経験者が協力してくれる。ただし、公認した政党の評判が落ちると、候補者も負の影響を受けるため、常に有利とは限らない。

政党幹部にとって公認権は政党をまとめる手段の一つである。

公認しないことで、事実上排除することもできる。特に拘束名簿式の比例代表制の場合、政党の名簿に候補者を載せない、順位を下位にすることで排除できる。そのため、執行部の候補者への影響力は非常に強い。他方、中選挙区制の下、同じ政党の候補者が競争しあう場合、公認の重要性は低くなる。

このように、公認は有権者、候補者、政党のそれぞれにとって意味があり、非常に重要な過程である。

候補者選抜過程の捉え方

では、候補者はどのように選抜されるのか。

その手続きには四つの要素がある。①候補者資格、②選考側の範囲、③政党内の中央か地方か、組織の関与があるかどうか、④候補者決定の方式である。[7]
①の候補者資格とは候補者となるための要件である。
一般的に年齢や国籍などの法律上の制約とともに、党内での要件が設定される。具体的には党員の身分や、党員や幹部からの推薦が必要かどうかである。党員の身分や党員歴を要件としない場合は手を挙げられる人の範囲が広くなる。他方、長期の党員歴、一定数の党員もしくは幹部の推薦を要件にしている場合もある。要件が増えるにつれて、もちろん該当者は限定される。
②の選考側の範囲とは誰が候補者を選ぶのかである。
具体的には党首の専決、党幹部のみによる選考、党員の関わる選考、党員以外も関与できる形までの幅がある。[8]

③の政党内のいかなるレベルが選抜に影響力があるのか、組織の関与があるかどうかである。

政党本部が決定権を握ることもあるが、支部が強い場合もある。また、労働組合をはじめ、さまざまな集団の関与が強いかどうかもある。

④の候補者決定方式とは任命や選挙、選挙の場合には具体的な選挙制度である。たとえば、世論調査の実施、党員予備選挙の実施、選考委員会の決定、幹部による合議などである。幹部による合議になるほど、閉鎖的で集権的な決定方式となる。

内部型の公明党と共産党

日本の政党は、どのように候補者を選抜しているのか。

政党によって発掘から公認までの過程は異なる。大きくは政党内部から擁立する内部型、公募などに主に依拠する外部型、内部と公募を活用する併用型に分けられる。なかでも、公明党と共産党は候補者を党内や支持組織内部から発掘する。

公明党の場合、新たな候補者を擁立する際に、党本部や都道府県本部が創価学会に候補者の推薦を非公式に打診する。地方議員や支持母体である地域の創価学会幹部から推薦を受けて、都道府県本部の候補者選考委員会が候補者を決め、それを受けた党本部が選考委員会で最終的に決定する。創価学会からの推薦だけでなく、国会議員が官界や法曹界などから候補者を発掘し、選考委員会にかける例もある。[9]

公明党は現職の落選以外にも定年制が導入されているため、それにともなって候補者の発掘が行われやすい。定年制は一九七九年に各党のなかでもっとも早く導入された。条件は「任期中に六六歳を超える場合は公認しない」である。年齢は二〇一四年に六九歳に引き上げられた。ただし、例外条件もあり、①余人をもって代えがたい、②地元からの強い続投要請、③その人物が党運営に今後も必要、の三つを満たす場合は例外となる。これまでに藤井《ふじい》富雄《とみお》、漆原良夫《うるしばらよしお》、太田昭宏《おおたあきひろ》などの議員が適用されてきた。

共産党の場合は、各地区委員会の長や選対局長が候補者を選ぶ。党員としての日常的な活動、選挙への適性などから判断される。ただし、参議院の重点地域などは党中央の委員長、書記局長レベルの判断とみられる。同党は定年による機械的な制限に反対の考えで、有権者が選挙で判断するものとして、定年制は採っていない。

外部型の新党——公募の導入

一九九〇年代以降、組織内部からの候補者擁立とは別に、候補者を公募するケースも増えてきた。その最初は細川護熙《ほそかわもりひろ》が「既成政治の打破」を掲げて一九九二年五月に結党した日本新党である。日本新党の公募には人材確保とともに、「世襲化などで閉塞《へいそく》した政治の世界に公正な競争原理を導入、政治の活性化を図る」[10]という目的があった。

日本新党は結党後、一九九二年の参院選で比例候補者を公募で決めることを発表する。代表の細川は公募について、国政選挙では画期的な試みとして自薦・他薦を問わず人材を募るとした。この公募では二一六名が応募し、書類と面接審査を経て三名が内定し、二名が出馬した。その後、翌一九九三年の都議選と衆院選の公募も実施し、一四七名が実際に論文を提出している。一九九三年の総選挙には公募で選ばれた枝野幸男《えだのゆきお》などが出馬した。また、日本新党は「女性のための政治スクール」を開校し、女性候補者の支援も始めた。この政治スクールは同党解党後、二〇二〇年段階でも運営されている[11]。

民主党は結党から三年を経た一九九九年に本格的に公募を始めた。同年の公募には五六四名が応募し、一〇〇名近くが合格した。二〇〇二年の公募にも四〇〇名を超える応募があり、一割強が合格している。

たとえば、日本銀行の職員から政治家を志し、二〇〇二年の公募を経て、翌年に初当選した津村啓介《つむらけいすけ》は国会議員になるための道として、次の四つを想定したと記している。①地方議員になる、②政治家秘書になる、③政党の政策スタッフになる、④政党による候補者公募制度へ応募する[12]。①から③までは政党組織の内部で経歴を積み上げ、候補者となる道である。これに対して、津村のように政党と無縁の人物にも公募が国会議員になる経路として認識されていたことがわかる。

その後も民主党は公募を実施し、人材発掘の方法として定着をみた。二〇〇三年総選挙での躍進を経た〇四年の公募には約七〇〇名が応募し、〇五年の郵政選挙での敗北後の〇六年の公募でも一三一四名（一七四名合格）が応募している。政権を獲得した二〇〇九年総選挙後の公募では一九八二名が応募するなど、公募制は人材発掘の方法の一つとして定着した。[13]

選考は書類審査と面接で行われる場合が多い。最初に書類審査があり、経歴や志望動機、政策に関する小論文を求められることが一般的である。書類審査を通過すると、次に面接に進む。志望動機や政策、希望する選挙区やその関わり、政治資金の用意など、さまざまな点が質問される。

併用型の自民党——派閥と現職優先

自民党の発掘は内部型と外部型の中間に位置する。自民党では都道府県連から党本部に候補者が上げられ、公認が決定する。手続きに変化はないが、実際の公認過程や基準は変化してきた。

一九九〇年代までの自民党では、派閥が候補者の発掘と公認を担ってきた。背景にはグループの人数を拡大し、総裁選挙で有利な地位を得たい派閥のリーダーと、公認や資金援助を求める候補者の利害が一致したことがある。立候補を模索する者は派閥の支援を取り付けて臨む。選挙対策を担う総務局長をもっとも長く務めた奥野《おくの》誠亮《せいすけ》は、中選挙区制時代の公認過程を次のように述べている。

公認候補者を決めるには、選挙対策委員会があって、その中に各派閥の幹事に出てもらっている幹事会がありました。派閥は派閥の主張をしますが、皆が結論を出せば従わざるを得ません。幹事会ですったもんだをやったのち、選挙対策委員会には派閥の長老が出てきます。ですから、普通はだいたいすんなりといきます。[14]

このように、中選挙区制下の公認過程では派閥が中心だった。

ただ、自民党では公認や現職優先の意味は大きくなかった。公認基準に現職優先があったものの、当選第一主義という原則も併存していた。公認が得られない場合も派閥の後押しを受けながら選挙に出馬し、当選後に追加公認される例も多かった。そのため、新人候補にとっては挑戦の機会が開かれており、逆に現職議員からみると、党内競争が落ち着かないものだった。

また、参議院議員には現職優先が当てはまらないときもあった。衆議院議員では現職優先が徹底していたが、参議院議員は現職であっても公認を得られないことがあり、公認を逃して引退、もしくは無所属で出馬する例もあった。参議院議員は現職優先ではなく、現職優遇と評されたこともある。[15]

自民党の公募制――中央主導から地域主導へ

しかし、選挙制度改革を経て、公認の重要度は高まる一方で、公認過程は狭まってきた。自民党でも定年制が一九九五年に比例区に導入されたが、次の選挙の五年後から適用となり、小選挙区には定年制自体が導入されなかった。現職優先も継続し、新たに出馬を模索する保守系候補にとっては小選挙区での出馬の可能性が狭まった。

その結果、新進党、民主党がそうした候補者の受け皿となった面があり、自民党にも危機感が生まれる。公募制の導入など、党改革を提起していた塩崎恭久《しおざきやすひさ》は二〇〇〇年に次のように述べている。

私が一番深刻に受け止めているのは、人材獲得能力がなくなっていることだ。これまで自民党から立候補していたような人材が、今回はかなり民主党にいった。人を集められない会社がダメになるように、人が集まらない党もダメになる。そのためにも公認候補の決定には、現職を含めた予備選をしなければならない。[16]

自民党は一九九〇年代から一部の地域で公募を実施していたが、党全体の仕組みとしては定着していなかった。しかし、得票の伸び悩みや選挙の敗北を受けて、公募は二〇〇三年以降に広がり、〇九年に政権から下野してからは政党本部が原則として公募の実施を求めるなど、その活用が広がった。

二〇〇〇年から一三年までをみると、公募による新人は少なくとも一五八名にのぼり、全新人候補の四八％を占める。公募の実施数、新人候補に占める割合も高くなり、二〇一〇年以降は七割の選挙区で実施されている。

ただし、自民党の公募のあり方は多様で、時期や地域による違いも大きい[17]。二〇〇三年までは地域主導で、〇四年以降は中央主導になるが、野党転落後に再び地域主導に戻った[18]。各地の実施方法もさまざまである。党員投票や大規模な選考委員会が設けられる地域もあれば、少数の県連幹部による選抜もあり、選定側の規模や決め方には差がある。

変化した公認のポイント

公募制は公認基準を変化させたのだろうか。京都大学・読売新聞共同議員調査のデータ（二〇一六年）からみてみよう。

まず自民党で初めて公認を得たときに、どのような点が重要だったかを尋ねた。経歴、年齢、性別、出身地などの社会的属性、執行部、派閥、地元などの推薦する主体の二側面を列挙し、「一　重要ではない」から「五　重要」の五段階で尋ねた。1－2は自民党の公認獲得で重要な要素の回答である。

ここでは公認に重要な要素として、経歴と地元の支援が特に挙げられている。「五　重要」

1-2　自民党の公認獲得で重要な要素（2016年）　%

	重要ではない ◀				▶ 重要	N
経歴	1.1	4.2	12.6	34.7	47.4	95
地元の支援	8.5	10.6	20.2	26.6	34.0	94
選挙区地域の出身	11.7	11.7	20.2	31.9	24.5	94
年齢	3.2	12.8	30.9	30.9	22.3	94
執行部の支援	8.3	14.6	31.3	24.0	21.9	96
組織，友好団体の支援	16.8	18.9	21.1	26.3	16.8	95
後援会の規模	32.3	12.9	25.8	14.0	15.1	93
派閥，グループの支援	30.9	20.2	21.3	13.8	13.8	94
家族，親族	37.2	18.1	22.3	13.8	8.5	94
資金力	25.3	26.3	33.7	9.5	5.3	95
性別	44.7	24.5	23.4	5.3	2.1	94

註記：Nはサンプル数
出所：京都大学・読売新聞共同議員調査（2016年）を基に筆者作成

1-3　自民党の公認獲得で重要な要素
（出馬時期・公募の有無別，2016年）

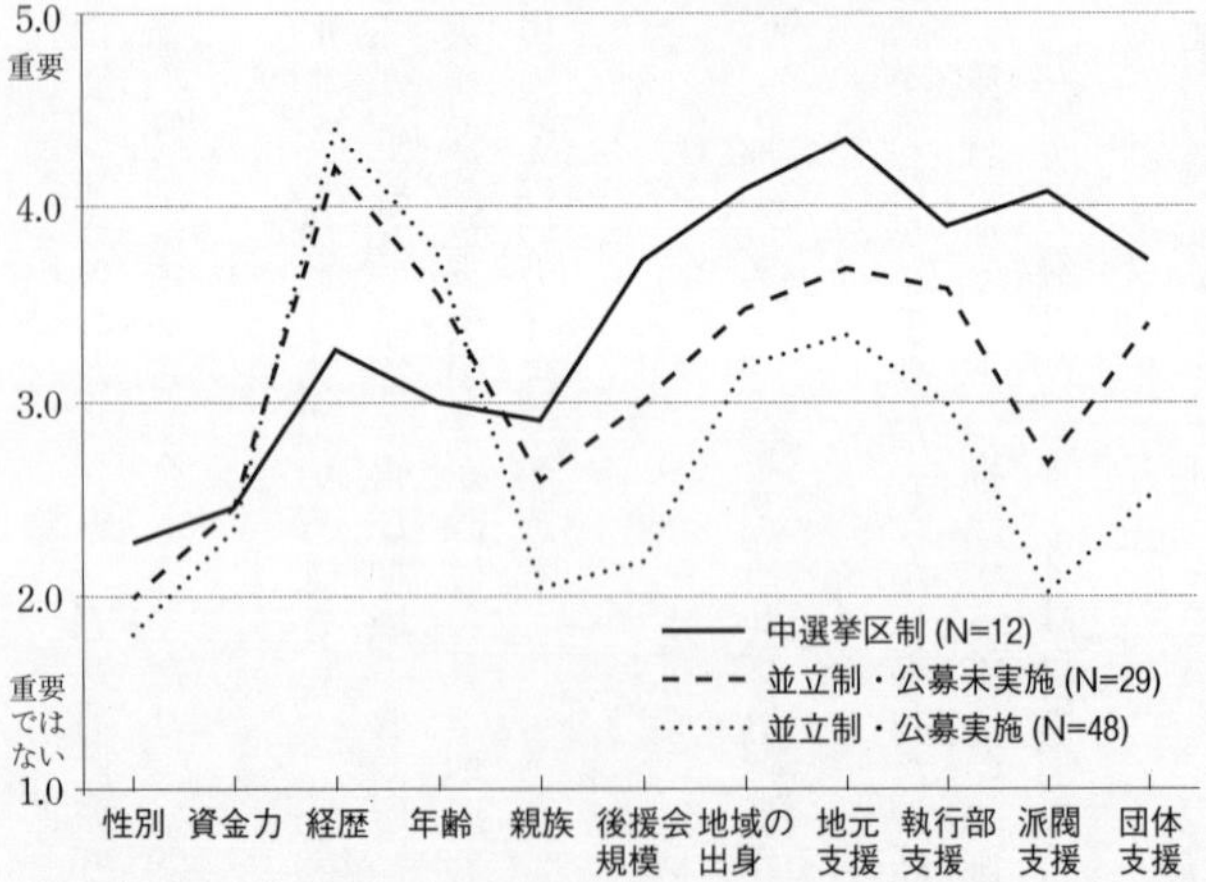

註記：数値は平均値，対象は衆議院の選挙区から出馬した議員．Nはサンプル数
出所：京都大学・読売新聞共同議員調査（2016年）を基に筆者作成

を選択した割合をみると、経歴が四七・四%、地元の支援が三四%となり、これらは他よりも高い。続いて、選挙区地域の出身が二四・五%、年齢が二二・三%、執行部の支援が二一・九%で、先の二つに次いで重要な要素とされている。

ただ、初公認された時期は議員によって異なる。1－3は出馬時期および公募の有無別の平均値である。初出馬時の選挙制度を重視し、一九九三年までに出馬した議員、九六年以降に出馬した議員に分けた。さらに、一九九六年以降の議員は公募が実施されたかどうかを加え、三区分で平均値を算出した。

公認獲得で重要な要素は、初公認された選挙制度（時期）と公募の有無によって異なる。

まず、選挙制度からみると、中選挙区制下では後援会や派閥の重要度が高い。並立制下では経歴と年齢の重要度が高まる一方で、後援会や派閥の重要度が低い[19]。

次に、同じ並立制下でも、公募を経た議員をみると、後援会、地元、団体、執行部、派閥の重要度がさらに低い。公募候補の認識としては経歴や年齢が最重要で、地元や執行部の支援がそれに続く。世襲候補が手続き上、公募を経ている例は一部にみられるが、公募制全体が形式的なものにすぎないとの見方は妥当ではない。

地域とのかかわりが重視されているが、地元出身者はやや減る傾向にある。自民党では結党から一九九三年まで、公認候補のほぼ八割が選挙区の出身者であった。ただ、一九九六年に七二・八%、二〇〇五年に六三・四%と、総選挙を経るにつれて、徐々に減っている[20]。

政治改革と公募制の導入は、公認の過程と公認基準に変化をもたらしている。たとえば、先に挙げた民主党の公募を経て議員となった津村啓介は「一九九四年の政治改革がなければ、私は政治家になれなかっただろうと思う。小選挙区制度と政党交付金制度の導入が、私たち公募世代の政治家を生んだ」[21]と述べている。政党中心の選挙と候補者への政党からの資金援助により、候補者の質と参入のあり方に変化がみられる。

2　議員の傾向――地方議員・秘書出身者の増加

少ない若年層と女性

では、どのような人びとが出馬し、国会議員になってきたのだろうか。ここでは年齢、性別、前職からみてみよう。

1－4は衆議院議員と参議院議員の平均年齢である。衆議院議員の平均は五五歳で、参議院議員は五八歳である。参議院の方が常に衆議院よりもわずかに高い。時期による変化はそれほどないが、両院ともに一九八〇年代にかけて平均年齢がやや上昇し、その後は二〇一〇年頃まで下がっていた。

ただ、候補者や議員の年齢別の変化は大きい。1－5は衆議院の候補者、当選者、自民党議員で四〇歳未満と七〇歳以上の割合である。[22]四〇歳未満の候補者や議員は戦後直後に一

1-4　**衆議院議員・参議院議員の平均年齢**（1947〜2021年）

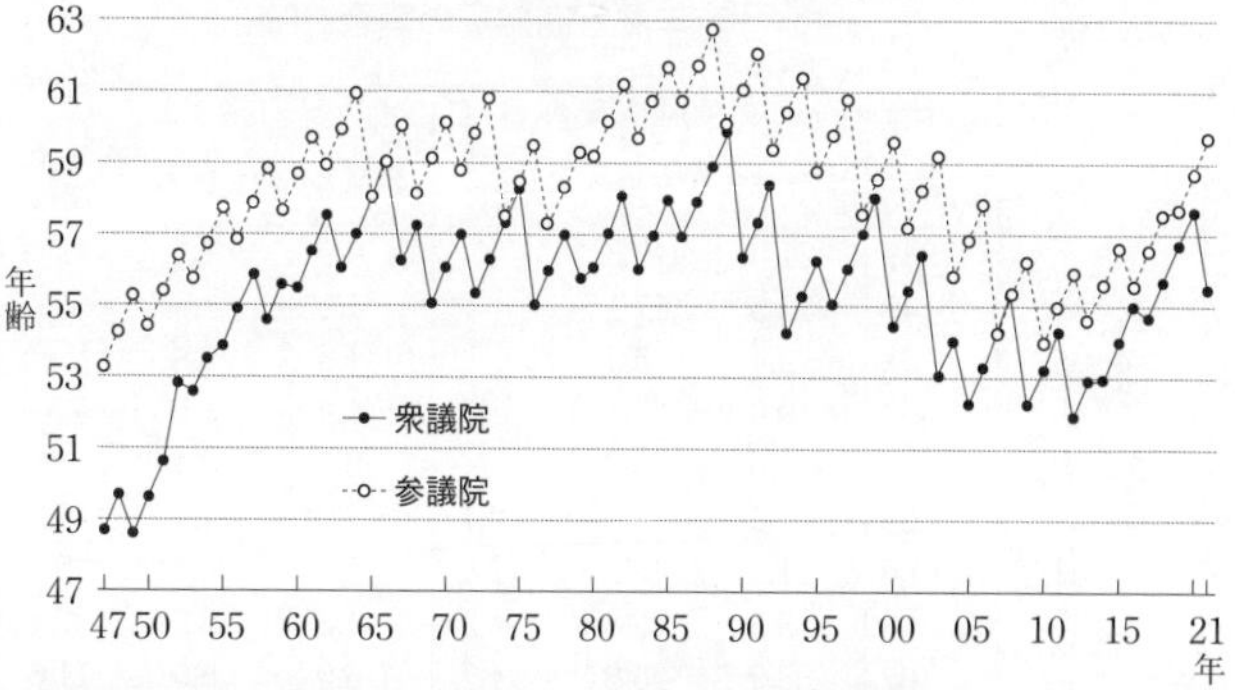

出所：Reed, Steven R., and Daniel M. Smith. *The Reed-Smith Japanese House of Representatives Elections Dataset*. Version: April 7, 2017，東大法第五期蒲島郁夫ゼミ編『参議院の研究』（木鐸社，2005年），『参議院要覧』を基に筆者作成

五％を超えていたが、候補者は一九八〇年代まで一五％未満で、議員も五％前後にすぎなかった。一九九三年以降は一〇％を超え、二〇〇五年以降は自民党でも一〇％を超えるようになった。

他方、七〇歳以上の候補者や議員は一九八〇年代をピークに減っていたが、高齢化の兆しもある。全体として多いわけではないが、一九八三年には候補者の八・四％、国会議員の九％、自民党議員の一四・四％を占めるようになった。その後は候補者、議員ともに減っている。自民党議員をみると、それよりもやや遅れる形で、二〇〇〇年には一三・七％を占めていたが、〇三年以降は六％前後で半減している。これは同党の定年制（七三歳以上の衆院選候補者は比例代表への重複が認められない）の厳格化が大きい。ただ、二〇一七年以降は再び高齢の議員が一〇％を超えている。

1-6は女性候補者、国会議員の割合である。

1-5　衆議院候補者・国会議員・自民党議員に占める若年層と高齢層の割合　%

年	40歳未満			70歳以上		
	候補者	国会議員	自民党議員	候補者	国会議員	自民党議員
1947	21.0	17.3		0.9	1.3	
49	16.5	17.1		1.1	1.5	
52	9.4	5.4		1.8	2.8	
53	10.0	4.5		1.9	1.5	
55	7.0	4.8		2.5	3.4	
58	7.6	3.6	2.4	3.9	4.4	6.2
60	11.8	3.6	2.4	4.4	4.9	5.4
63	13.5	3.8	4.2	4.6	5.9	7.4
67	8.9	5.3	4.7	6.0	8.0	11.6
69	12.7	8.7	5.8	5.1	7.3	9.9
72	12.7	6.5	7.4	6.9	7.5	10.3
76	12.3	7.6	6.7	7.0	7.0	11.1
79	12.3	5.3	4.4	6.3	6.7	10.1
80	13.4	6.0	6.6	6.2	7.8	11.5
83	9.6	5.5	6.4	8.4	9.0	14.4
86	10.6	3.7	5.7	6.3	9.0	12.0
90	12.4	4.7	5.5	5.6	7.6	11.7
93	14.8	10.2	5.8	4.2	6.3	11.2
96	17.5	9.8	6.3	4.2	7.6	13.0
2000	15.0	10.2	7.1	4.4	8.0	13.7
03	16.6	12.9	4.9	3.1	3.9	5.8
05	17.5	12.6	11.0	2.3	3.6	3.7
09	18.6	16.3	4.8	3.5	3.7	5.6
12	19.7	15.1	15.6	1.9	3.1	3.7
14	15.7	11.1	12.3	4.2	4.4	4.8
17	13.1	7.1	6.7	5.9	8.4	10.2
21	9.4	4.9	4.2	9.2	9.0	12.3
全期間	13.9	8.3	6.5	4.2	5.7	9.3

出所：Reed, Steven R., and Daniel M. Smith. *The Reed-Smith Japanese House of Representatives Elections Dataset*. Version: April 7, 2017などを基に筆者作成

衆議院をみると、一九九六年に初めて候補者の一〇%を占めるようになり、その後も緩やかに増えている。当選者をみると、一九四六年には八・四%だったが、その後は三%前後で、九六年以降は徐々に増え始め、二〇〇五年にようやく戦後最高を更新した。ただ、最高は二

1-6　女性候補者と当選者の割合（1946〜2021年）

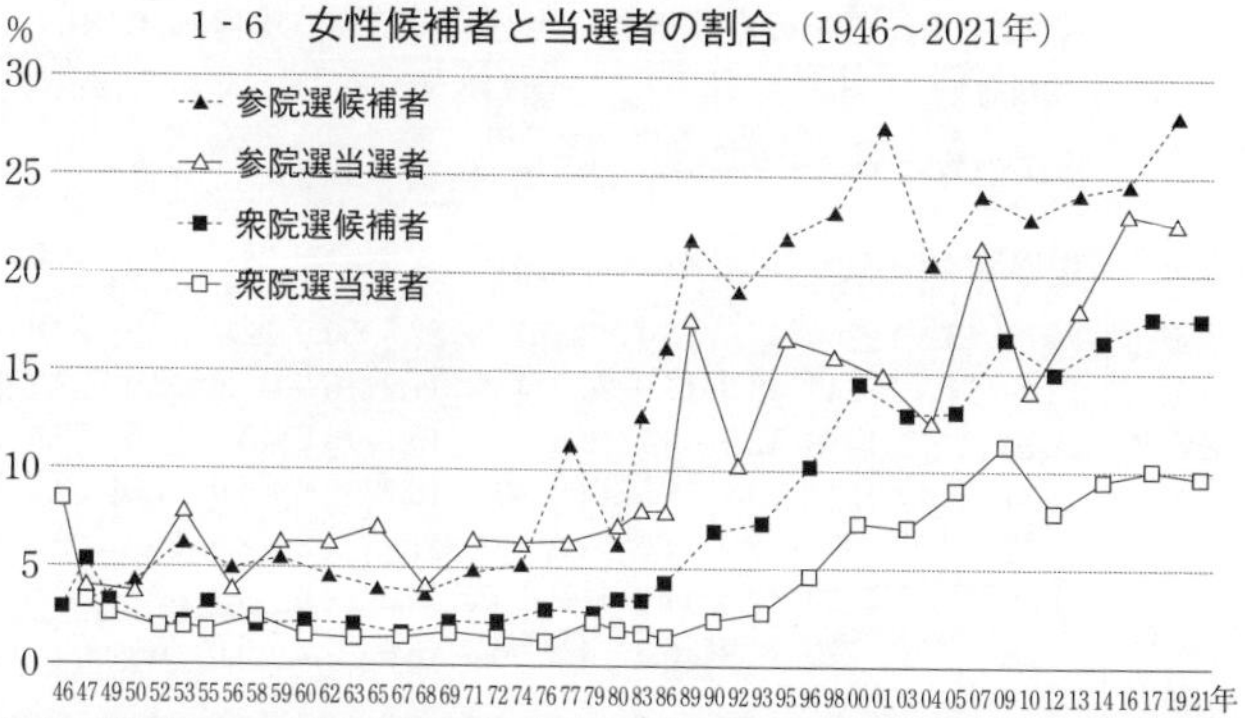

出所：総務省「衆議院議員総選挙・最高裁判所裁判官国民審査結果調」「参議院議員通常選挙結果調」より筆者作成

〇〇九年の一一・三％にとどまり、女性議員がきわめて少ない状態が続いている。

　参議院をみると、衆議院よりも女性議員が多い。候補者は一九七〇年代後半から増え始め、九五年以降は常に二〇％以上となっている。当選者も一九八九年に一七・五％と倍増し、増減しつつも二〇一六年以降は二〇％以上である。

　若年層も女性も一九九〇年代から徐々に増え始めたが、変化は非常に緩やかである。[23]

衆議院候補者、議員の前職

　どのような経歴の人びとが候補者、議員になっているのだろうか。ここでは経歴のなかでも前職に注目してみよう。

　前職には地方議員、官僚、秘書、経営者、メディア関係（新聞、テレビなど）、弁護士、教育関係（小中高大の教員など）、医療関係（医師、看護師など）、

1-7　衆議院議員選挙の立候補者，当選者の前職（1947〜2014年）

	立候補者		当選者		当選者（年代別）%							当選率
	人数	%	人数	%	50年代	60年代	70年代	80年代	90年代	2000年代	2010年代	%
地方議員	6121	22.2	3467	28.2	24.2	25.1	31.7	32.3	31.8	27.8	29.6	56.6
秘書	3678	13.4	2200	17.9	2.4	8.4	14.9	22.5	30.0	32.7	29.8	59.8
官僚	3109	11.3	2244	18.3	17.9	22.2	18.2	17.2	16.5	17.4	17.9	72.2
経営者	2670	9.7	1478	12.0	6.7	9.5	13.3	15.1	15.2	15.6	13.5	55.4
労組	2324	8.4	1244	10.1	6.5	12.9	17.2	15.7	12.6	4.9	1.9	53.5
教育	1982	7.2	970	7.9	4.0	5.9	9.6	11.0	9.3	8.8	11.3	48.9
メディア	1958	7.1	1233	10.0	11.2	11.2	9.3	9.5	9.6	9.5	7.9	63.0
弁護士	1228	4.5	725	5.9	5.3	4.3	6.3	6.8	7.2	6.0	6.7	59.0
地方公務員	931	3.4	518	4.2	2.1	4.1	5.3	5.6	5.4	4.6	4.1	55.6
首長	920	3.3	653	5.3	5.5	6.0	6.4	7.0	4.7	3.4	4.0	71.0
農業	819	3.0	431	3.5	3.2	3.3	4.9	5.6	3.9	2.3	1.0	52.6
医療	700	2.5	290	2.4	0.7	1.9	2.5	2.5	2.5	3.4	5.1	41.4
その他	1795	6.5	938	7.6	5.4	7.3	10.0	10.1	8.5	7.4	6.4	52.3
全体	27545		12284		2824	1922	1519	1537	1548	1972	962	44.6

註記：50年代は1947年から
出所：Reed, Steven R., and Daniel M. Smith. *The Reed-Smith Japanese House of Representatives Elections Dataset*. Version: April 7, 2017を基に筆者作成

首長（知事、市町村長）、農業団体、労働組合などをカテゴリにしてみていく。一人の人物が複数の前職がある場合はそれぞれ該当するカテゴリに含めている。選挙ごとにカウントしているため、出馬や当選を繰り返している同一人物は複数回カウントしている。

1-7は衆議院選挙への一九四七年から二〇一四年までの立候補者、当選者の前職である。立候補者をみると、地方議員が二二・二%ともっとも多い。地方議員の多くは都道府県議である。次いで、秘書が一三・四%、官僚が一一・三%である。その後に経営者が九・七%、労組が八・四%、教育関係が七・二%、メ

ディア関係が七・一％と続く。

当選者の前職をみると、地方議員、官僚、秘書の順である。政治と関係が深い人物が出馬し、当選してきたことがうかがえる。地方議員や官僚は戦後からそれほど変化がなく、国会議員の主要な供給源になっている。メディアや弁護士も多くはないが、ほぼ一定の割合で議員になっている。他方で秘書は戦後から一九五〇年代まで二％ほどだったが、その後は急増し、一九九〇年代以降は三割ほどを占めるまでになった。

当選率をみると、前職で差がある。注目すべきは官僚と首長経験者の当選率が七〇％を超えており、ほかよりも高いことだ。

政党によって異なる道

政治家へのルートは政党による差も大きい。1-8は政党別の立候補者、当選者の前職の上位を示している。

自民党では地方議員、官僚、秘書がそれぞれ二五％ほどで、主要な前職となっている。それらに次いで、経営者、メディア出身者が続く。

社会党、民社党、共産党は労働組合出身者が多い。特に野党第一党だった社会党では労働組合が当選者で四〇・三％、地方議員が三一・七％と多かった。戦後直後には社会党から出馬する官僚もいたが、自民党の一党優位が進むなかで、出馬はほとんどなくなり、そのほか

1-8　政党別, 衆議院選挙の立候補者・当選者の前職（1947〜2014年）　%

自民党	立候補者	当選者	社会党・社民党	立候補者	当選者	民主党・民進党	立候補者	当選者
地方議員	27.3	27.1	労組	36.1	40.3	秘書	29.1	26.0
秘書	26.4	27.5	地方議員	30.0	31.7	地方議員	26.8	26.0
官僚	24.5	26.2	教育	11.3	13.3	経営者	15.8	13.4
経営者	17.8	18.3	地方公務員	7.3	7.7	教育	12.0	11.1
メディア	9.3	9.9	農業団体	6.1	7.7	官僚	10.7	13.7
全体	7112	5419	全体	3382	2019	全体	1822	933

公明党	立候補者	当選者	民社党	立候補者	当選者	共産党	立候補者	当選者
地方議員	30.8	34.6	地方議員	29.1	35.9	地方議員	16.2	27.9
メディア	21.4	23.1	労組	22.4	28.7	労組	12.8	29.7
弁護士	7.9	9.5	官僚	7.6	10.0	教育	8.7	19.5
教育	6.0	5.9	秘書	6.5	6.8	弁護士	4.1	19.7
医療	5.4	5.9	メディア	5.7	5.0	メディア	3.9	10.8
全体	950	642	全体	1043	502	全体	4234	380

出所：Reed, Steven R., and Daniel M. Smith. *The Reed-Smith Japanese House of Representatives Elections Dataset*. Version: April 7, 2017を基に筆者作成

の前職の候補者も減り、労組の比重が高まった。

社会党から一九六〇年に分かれた民社党も当選者では地方議員が三五・九％、労働組合が二八・七％を占めた。共産党でも当選者は労働組合が二九・七％、地方議員が二七・九％だった。

このように、これら三党は地方議員が三割近くを占める点で自民党と共通しているが、労働組合出身者の多いことが特徴だった。

公明党は地方議員とともに、メディア、専門職が比較的多い。当選者は地方議員が三四・六％、次いでメディア出身者が二三・一％を占める。弁護士、教育、医療関係者も六％から一〇％を占めるなど、専門職がやや多い点に特徴がある。

一九九六年に結党した民主党は自民党に比較的近い。秘書と地方議員がそれぞれ二六％、官僚が一三・七％、経営者が一三・四％で、これらは自民党の主要な前職と一致している。民主党は社会党や民社党の流れもあり、労働組合との関係も強い。ただ、労働組合出身者は二〇〇五年以降六％ほどで、人材という面では社会党や民社党などのかつての政党とは大きく異なっている。

自民党の長期的な変化——家業、ローカル化

1－9は自民党候補者の前職の推移である。ここからは自民党候補者の変化がわかる。一九五五年から七六年までは官僚がもっとも多く、一〇〇名を超えるほどだった。ただ、一九六〇年代をピークにその後は減り続け、二〇一二年以降は五五名前後になっている。これは官僚が選挙に出馬しなくなったからではない。官僚は一九五八年以降、一二〇名前後で安定的に推移し、候補者数は減っていない。官僚の自民党支持が比較的高いことも考慮すると、一九五八年以降、一二〇名前後で安定自民党からの公認を得にくくなり、候補者が減少していると考えられる。

また、一九五五年から六三年まではメディア関係者も多かったが、その後は減少し、二〇一二年以降は弁護士や医療関係者と同じ程度になっている。

他方、増えているのは地方議員、秘書である。地方議員は一九五八年から七六年まで八〇名前後で、その後は徐々に増えている。そして、一九八〇年以降、もっとも多い前職は秘書

1-9 自民党候補者の前職の推移（1955〜2021年）

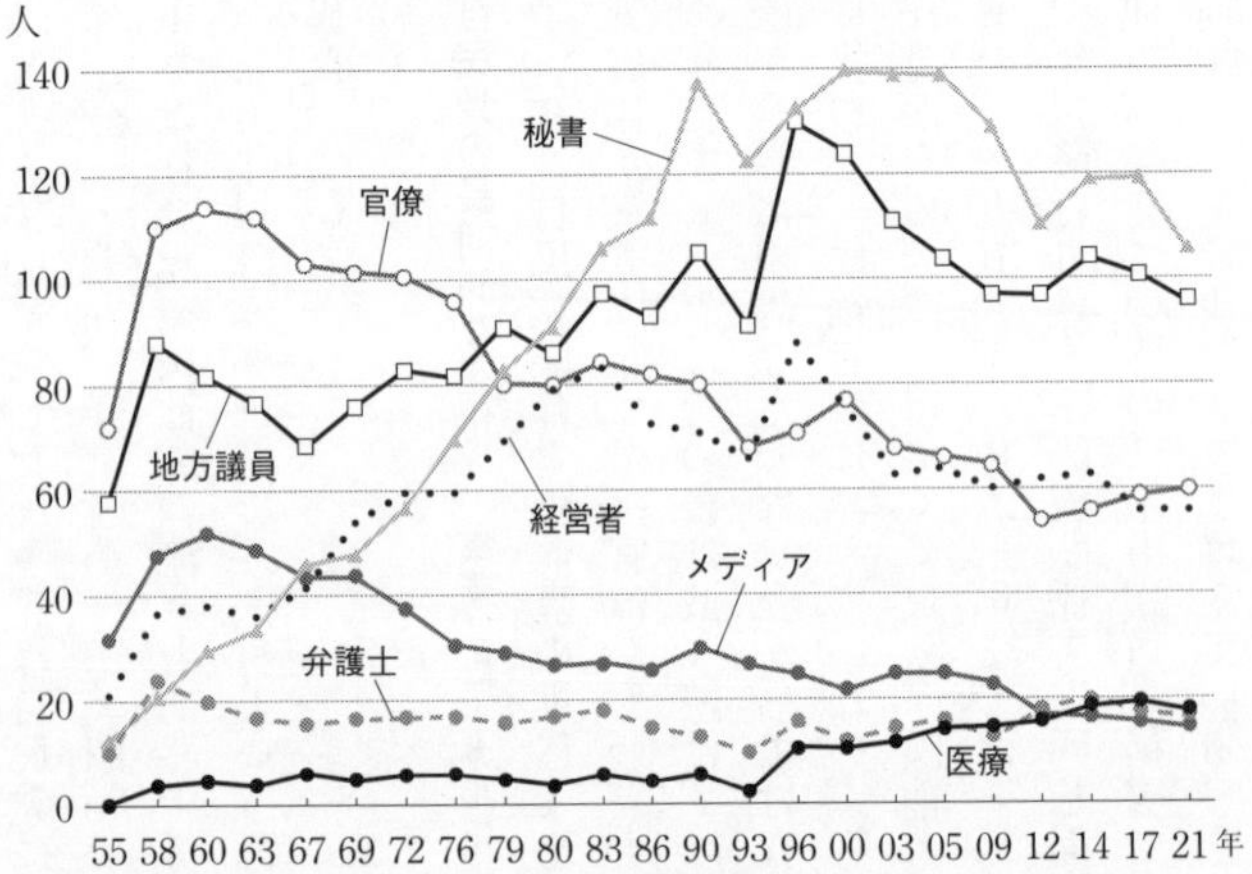

出所：Reed, Steven R., and Daniel M. Smith. *The Reed-Smith Japanese House of Representatives Elections Dataset*. Version: April 7, 2017などを基に筆者作成

で、八三年以降は一〇〇名以上が擁立されている。一九八〇年代には秘書の五割が世襲候補で、九〇年代には六割、二〇〇〇年代には七割を占める。議員職が家業、ローカル化してきたことがわかる。

性別で異なる経路

候補者の前職は性別によっても大きく異なる。1-10は男女別の候補者の前職である。男性候補者のなかでは一二%が官僚であるのに対して、女性候補者のなかで官僚は二%にすぎない。表中の数字は性別のなかでの割合である。

男女差が大きいのは官僚、秘書、地方議員、労組という候補者、当選者の上位を占めるカテゴリである。経営者、地方公務員の割合には差があるとは言えず、女性はメディア、著名人、医療、教育関係者が多い。

このような違いは政党や時代を超えて継続している。自民党と民主党でもほぼ同様な偏りがある。性別による経路の違いは地方議員で男女差が縮小する傾向にある点を除いて、戦後から一貫している。

1-10　男女別の立候補者の前職（1947〜2014年）　%

	全体		自民党		民主党系	
	男性	女性	男性	女性	男性	女性
官僚	12.0	2.0	24.0	5.2	11.4	5.4
秘書	13.9	6.3	22.4	12.2	30.6	18.1
地方議員	22.4	19.3	26.6	12.2	25.9	33.0
労組	8.6	6.8	0.3	0.0	10.1	4.5
弁護士	4.6	2.1	4.8	2.3	6.7	2.7
経営者	9.7	9.2	15.5	20.7	16.9	8.1
地方公務員	3.4	3.7	3.3	0.9	4.9	2.7
メディア	7.0	8.1	9.3	16.4	8.2	12.2
著名人	1.0	3.9	1.0	9.4	2.9	10.0
医療	2.1	8.1	1.8	8.9	3.4	6.3
教育	6.2	19.9	5.4	23.9	10.3	23.5

出所：Reed, Steven R., and Daniel M. Smith. *The Reed-Smith Japanese House of Representatives Elections Dataset*. Version: April 7, 2017を基に筆者作成

参議院議員の前職——薄れる職能代表

次に、参議院ではどのような人びとが議員となってきたのだろうか。衆議院議員と違いはあるのか。1-11は参議院議員の前職である。[24]

参議院は地方議員、官僚、労働組合、農業団体、経済団体が主な供給源であった。一九四七年から二〇一九年までの当選者の前職をみると、地方議員、官僚がそれぞれ二〇%以上を占める。また、労働組合、農業団体、経済団体関係者は一〇%以上を占めた。多くの議員を輩出しているのが、この三団体であり、これらの団体の数自体が他の団体よりも多いことを反映している。[25]

1-11　**参議院議員の前職**（1947～2019年）%

地方議員	23.2
官僚	21.1
労働組合	17.3
国会議員	13.8
農業団体	12.1
経済団体	11.2
首長（知事・市町村長）	9.8
市民・政治団体	9.3
スポーツ・報道・その他文化団体	8.3
行政団体	6.2
医療・福祉団体	6.2
学術団体	3.3
教育団体	3.1
宗教団体	2.6
法曹団体	2.6
上記のいずれにも属さない議員	15.1

註記：議員数（延べ）は6426人
出所：東大法第五期蒲島郁夫ゼミ編『参議院の研究』（木鐸社，2005年），『参議院要覧』を基に筆者作成

この三団体以外にも、さまざまな団体関係者が当選してきた。全国区、その後の比例代表制の採用もあり、団体関係者、著名人の存在などは衆議院との顕著な違いである。

ただし、議員の供給源は時代によって変わってきている。1-12は上位のカテゴリの推移である。戦後から一九五六年頃までは戦前から組織化が進んでいた農業団体や経済団体、官僚から議員が主に供給されていた。その後は地方議員や労働組合が増える。地方議員は一九四七年から五九年まで一七%前後だったが、六二年以降は二〇%を超え、七四年には官僚を上回り、労働組合と並んで最大の供給源となった。

地方議員の増加は政党組織の発達の影響である。地方でも政党が固定化し、キャリアパスが形成されるにつれて、官僚ではなく地方議員（特に都道府県議会議員）を擁立するようになった。地域差はあるが、地方区を〝地方議員枠〟としてきた自民党県連もあった。

だが、一九九五年以降は従来の候補者供給源が大きく変わる。減少が著しいのは官僚、労

1-12　参議院議員の主な前職の推移（1947～2019年）

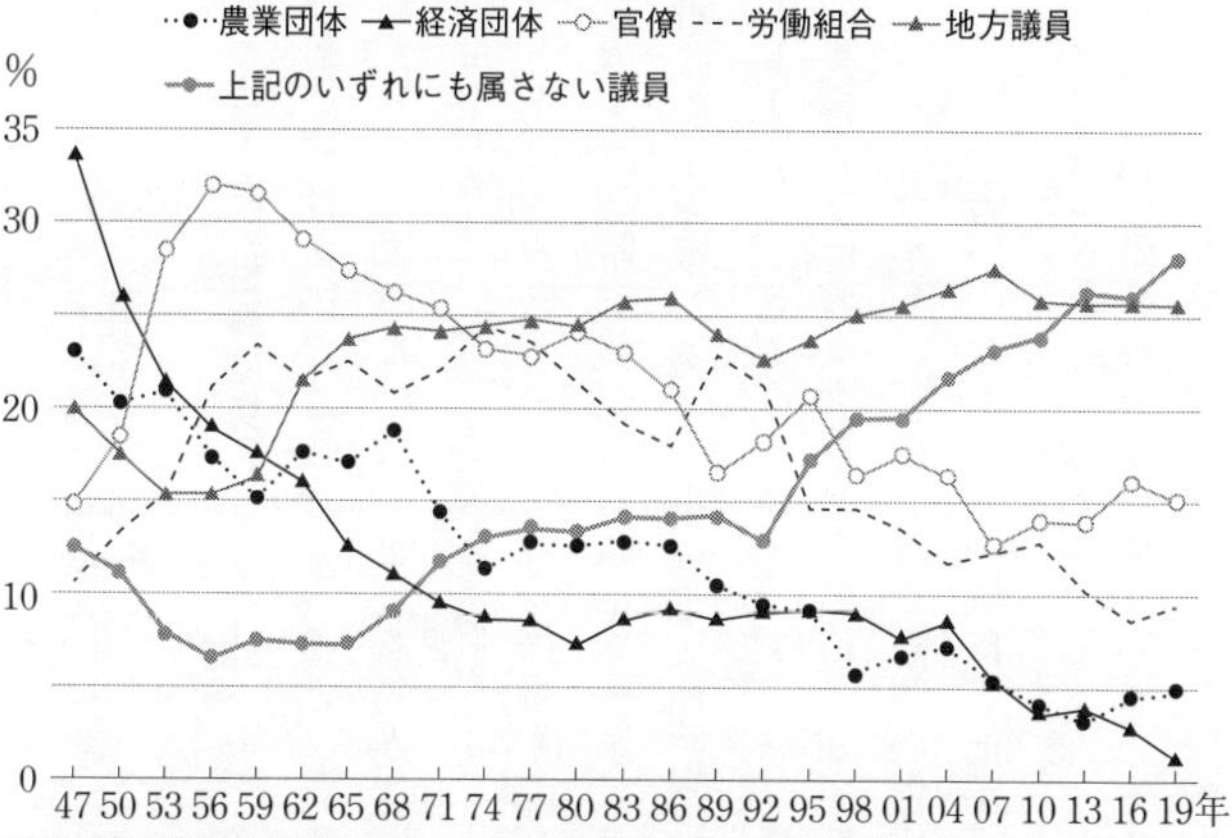

出所：東大法第五期蒲島郁夫ゼミ編『参議院の研究』（木鐸社，2005年），『参議院要覧』を基に筆者作成

働組合、農業団体である。官僚、労働組合は最盛期に比べて、半分程度になっている。政党、官僚制、あるいは各種団体のいずれにも属していない議員は一九九二年まで一五％以下だったが、その後は徐々に増加し、二〇〇四年以降は二〇％を超えている。

参議院は一九九〇年代半ば以降、職能代表の集合体という側面を弱める一方で、地方議員が一定の割合を維持、微増させ、地域代表の集合体としての側面を強めている。

このように、日本の国会議員は地方議員、秘書、官僚、労働組合出身者が主な担い手だった。長期的には団体関係者と官僚が減少し、地方議員や秘書の割合が高まってきた。徐々に政治との関係が深い人びとによって担われるようになってきている。

3　日本の特質——減らない世襲、少数の女性

きわめて多い世襲議員

議員の属性を国際比較からみると、日本の国会議員、ひいては政治の特徴もわかる。特に日本で顕著なのは、世襲議員がきわめて多いことである。世襲議員とは三親等内（祖父母、父母など）に国会議員の経験者がいる場合を指すことが多い。[26]

たとえば、安倍《あべ》晋三《しんぞう》の父は安倍晋太郎《しんたろう》、祖父は安倍寛《かん》（父方）、岸信介《きしのぶすけ》（母方）で、父や祖父二人も衆議院議員だった政治家一家である。また、もっとも長期間にわたった例として、長野県の小坂《こさか》家がある。小坂家は明治の第一回帝国議会（一八九〇年）から二〇〇九年まで四代にわたって断続的ながら同地で衆議院の議席を獲得してきた。

世襲議員は地盤（支持者）、看板（知名度）、鞄《かばん》（資金）のいわゆる「三バン」を持ち、継承している場合が多い。祖父母や両親の世代からの支持者が存在し、活動の起点となってもらえる。支持者が少なくても地域に名前が浸透している場合、認知度を高めなければならない新人候補に比べて、大いに有利になる。

世襲議員は資金繰りに苦慮することも少ない。政治資金パーティーなどでは継承した人脈からパーティー券を購入してもらう機会も多く、活動資金を得やすい。新人候補の場合、一

1-13　世襲議員の国際比較（1788〜2016年）

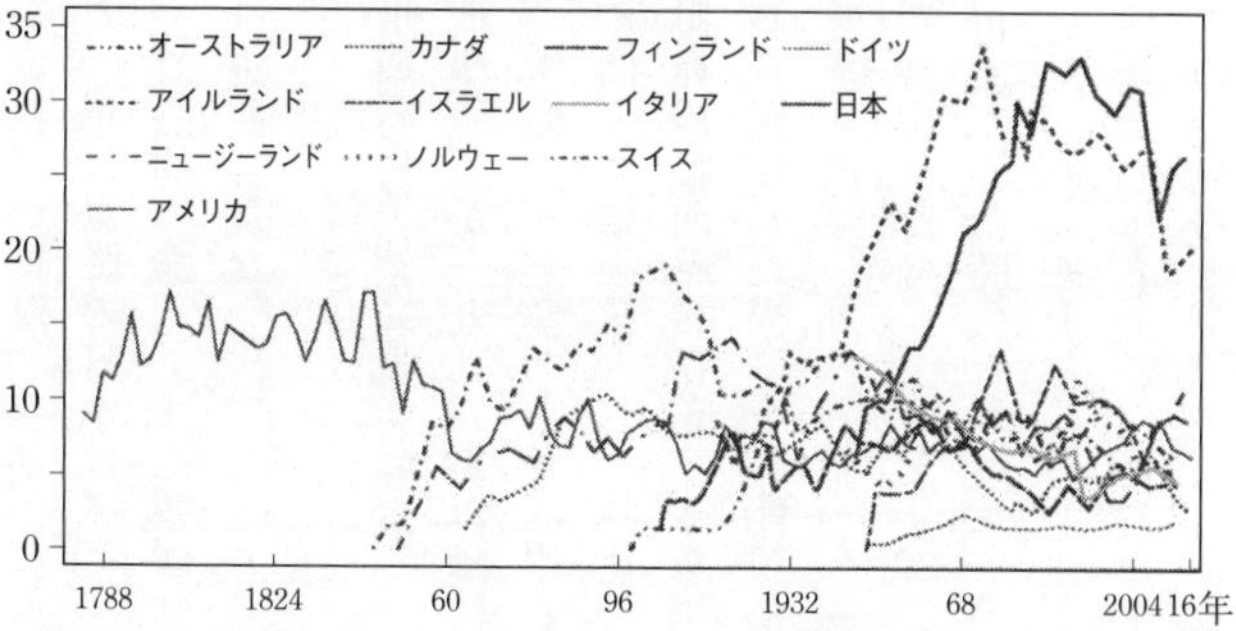

出所：Smith, Daniel. *Dynasties and Democracy*, California: Stanford University Press, 2018, p.40.

から企業や団体を回り、人となりを知ってもらうところから始める必要もある。

政治資金が豊富であれば、それだけ秘書を雇用し、地元で活動してもらい、当選を重ねつつ、選挙以外の活動にも時間を割きやすい。事務所の体制を継承できれば、労務管理に煩わされることも少なく、ほかの活動に労力を割きやすい。結果として早い時期から政治家としてのキャリアを重ね、昇進できる可能性が高まる。[27]

ほかの国々では世襲議員はどの程度いるのだろうか。1-13は世襲議員の国際比較である。[28] 一二ヵ国をみると、やや高い時期もあるが、長期的には低下し、多くの国は一〇%以下である。図にない国でも一九九〇年代から二〇一〇年までイギリスでは八%、韓国は五%ほどである。

日本では世襲議員が一九五五年以降に増え始め、八〇年以降は二五〜三〇%である。先に明治から続いた小坂家について触れたが、これは特殊な例で、多くは戦後しばらく経てから増えている。一九八〇年代以降の日本はアイルランドを除くと、ほかの国々が一〇％以下であるのとはきわめて対照的である。また韓国は世襲の割合が低く、日本の多さを東アジアの文化的な要因からは説明できない。

世襲議員増加の背景と懸念

世襲議員が一九五五年以降に増えた背景には選挙の変化、特に大規模な後援会が形成され、その組織力が選挙で有効活用されるようになったからだ。後援会とは、政党や政党支部ではなく個人を結集核とし、特定の個人を選挙で当選させることを目的に作られる組織である。後援会は戦前から存在するが、高度成長以前は地域名望家などの伝統的な集票組織もあり、それを活用した当選も可能であった。

たとえば、一九二〇年から六七年まで衆議院議員を通算一四期務めた清瀬一郎《きよせいちろう》の秘書だった戸井田三郎《といださぶろう》は「せいぜい二、三百人の支持者を集めて時局講演をする」ことで当選するのも可能だった時代と述べている。[29]

また、一九四七年から七二年まで衆議院議員を務めた自民党の辻寛一《つじかんいち》は、「ボクは現在の後援会員二千名位を、これ以上積極的に拡大しようとは思わぬ」が、「散票の集積が何万となるのを見ると空恐ろしいような気がしてならぬ[30]」と述べており、大規模な後援会を持ってはいなかった。高度成長以前には数万人を擁する後援会はそれほどなかったようだ。

しかし、高度成長にともなう人口移動、共同体の結びつきが弱まるなか、後援会は徐々に大規模化していく[31]。人口が都市部に集中し、地域のつながりが減るなか、投票の働きかけを受ける機会が減る。後援会は組織として常に活動し、有権者個人と議員を直接結びつけようとする。この点で代議士と地方政治家が相互に協力する系列による選挙とは異なり、後援会は選挙戦略の刷新だった[32]。後援会は一九五〇年代に保守系候補者を中心に形成され、その後に社会党でも形成されるなど、他党へも波及した[33]。

この大規模な後援会の形成が世襲議員の増加につながる。引退する議員やその関係者は、多くの時間と資金を費やして作った後援会を親族に引き継ごうとしたからだ。

また、選挙制度もそれを後押しした。中選挙区制下で政党組織が発達しにくかったからだ。集票組織の規模が大きくなると、政党が中心となることもある。ただ、中選挙区制下では同じ政党の候補者同士の競争もあり、政党よりも候補者個人への支持を増やす必要性が高かった。そのため、自民党では世襲議員の拡大を抑止することにならなかった。

現職議員は有利なだけでなく、存在自体が有力な候補者の出馬を抑制する可能性がある。現職議員は知名度や政策決定への関与から新人候補より有利な位置にあり、再選しやすい。現職優位と呼ばれる現象だが、もちろん、最終的には有権者の判断で、現職が常に有利とは限らない。二〇〇〇年代から二〇一二年までの総選挙の分析では現職優位の程度がきわめて小さいとみられている。[34]

しかし、世襲議員の場合、現職一代限りでなく、世代をまたいで有利な状況が継続する。祖父母や父母の代からの後援会を引き継ぎ、現職議員の多くが落選する厳しい選挙でも生き残りやすく、昇進の可能性も高い。世襲議員の存在自体が政治家に適性のある人物を遠ざけ、他国でも指摘される現職優位以上に潜在的な議員の担い手を減らしている可能性がある。

非常に少ない女性議員

また、国際比較から浮かび上がる日本の国会議員の特徴は、女性が非常に少ないことだ。各国の国会議員による国際組織である列国議会同盟（IPU）が発表している下院（日本では衆議院）の国際比較をみると、日本の女性議員割合は九・九％、ランキングは一九一ヵ国中一六六位である（二〇二一年一月段階）。世界全体の平均は二五・五％で、日本の割合はG7やG20の国々のなかでもっとも低い。

特に一九九〇年からの三〇年間に各国との差が広がっている。

一九九〇年代までは、多くの国は一〇％以下だった。しかし、各国の女性政策を後押しした一九九五年の北京《ペキン》女性会議を契機に増加していく。日本でも女性議員は増えたが、それ以上にほかの国々での取り組みが進み、増加率が高い。そのため日本のランキングは低下を続けている。

なぜ日本では女性の国会議員が少ないのだろうか。制度と社会の両面からその要因が指摘されている。[35]

まず、制度面である。

第一に、日本ではクオータ制が導入されていないことである。クオータ制とは政治の意思決定の場における多数派の優位を是正するために、候補者や議席、政党幹部の一定比率を少数者に割り当てる制度だ。[36]

憲法や法律で定める場合と、政党が自主的に定める場合の二つがある。民主主義を支援する政府間組織であるＩＤＥＡが各国のクオータの導入状況をまとめたジェンダー・クオータデータベースによると、二〇二一年現在、いずれかの性別に関するクオータを導入している国は約一二〇ヵ国に及ぶ。たとえば、韓国では各政党の比例名簿の最低五〇％は女性とすることを法律で課し、名簿は男女を交互に並べるジッパー方式と呼ばれるものを義務付けている。小選挙区でも各党の候補者の三〇％以上を女性とすることを努力義務として定めている。

第二に、小選挙区制に重点が置かれた並立制の選挙制度である。小選挙区制では一名しか当選できないため、日常活動に多くの時間、労力を投入できる人物が政党の公認を得やすい。そのため現在の社会生活上、女性は選ばれにくく、女性の参入、当選する障壁が高くなる。

比例代表制では政党は多様な候補者を立てる必要があり、また組織が選挙を支援する面が強く、候補者個人の負担が軽減される。そのため女性が候補者、議員になる可能性も高い。

実際、比例代表制を衆議院よりも先に導入している参議院の方が女性議員比率は二〇・七％（二〇一九年三月段階）と高い。衆議院にも比例代表制は導入されているが、重複立候補の活用が進み、小選挙区制の影響が強く、多様な候補者の擁立を促す効果が弱い。

女性議員数は政党によっても異なる。特に、平等を重視する左派政党は女性の擁立に比較的熱心で、国際的にも共通した傾向である。また、政党の選挙戦略として女性が積極的に擁立される場合がある。

たとえば、一九八九年の参院選では社会党の土井《どい》たか子委員長が女性の擁立を進め、選挙結果も相まって、女性議員割合が高まった。二〇〇五年の総選挙では小泉純一郎総裁が女性を積極的に擁立する方針を示し、自民党でも比例区を中心に増えた。民主党も党首だった小《お》沢《ざわ》一郎《いちろう》が二〇〇九年総選挙に向けて積極的に擁立し、選挙後には衆議院全体の女性議員の割合が一一・三％となり、戦後最高となっている。その後も、二〇一九年参院選で立憲民主党は女性候補者の擁立を進めたが、政党の選挙戦略によっても左右されている。

固定的な性別役割分業意識

次に日本社会の問題である。女性議員が少ない根本的な要因は、固定的な性別役割分業意識だ。

列国議会同盟の調査によると、政治家になる阻害要因には男性議員と女性議員で差がある。

まず、女性は家庭に入り、家族への責任を果たすべきという性別役割分業意識が強い場合、女性が政治家になるハードルは高い。子育てと政治活動の両立も容易でなく、障壁となりやすい。女性の場合は子どもがいないか、もしくは子育てを終えてからでないと政治家になりにくい。これらは世界各国での調査だが、日本にも当てはまる。

女性候補者の障壁は日常、選挙運動のなかにもある。内閣府特命担当大臣として女性活躍担当大臣などを歴任した有村治子《ありむらはるこ》は、予算委員会（二〇一九年三月四日）で次のように述べている。

> 女性の政治参画が遅々として進まない理由には、立候補する時点、すなわち、選挙においてアンフェアな壁があるのではないかというふうに私は思い始めています。〔中略〕例えば、分かった、あんたを支持してやるよということで、食事を一緒に食べようとかお酌を強要されたりとか、あるいは、少子化対策を言うならまずは結婚してからだろうとか、おまえは結婚しているのか、じゃ、おまえに入れないぞというようなことは日常茶飯事、私自身も経験をいたしました。また、夜遅くまで仕事をしていると、男性の議員は御苦労さまとなりますが、女性の議員ですと、御主人と子供を犠牲にして家族に迷惑を掛けて平気なのと、かわいそうだねというような、なかなか本人も自覚があるなかでそれを言われると、正直ぐっとくるところもございます。

でも、これは女性だけに課せられるハンディであって、そして、後ろから腰に手をやられて、その手がだんだん下がっているということもみんな経験している、与野党問わず経験していることでございます。

もちろん、男性候補者も異なる形での罵声《ばせい》やハラスメントがないわけではないが、固定的な性別役割分業意識にともなう制約、選挙や議会でのハラスメントは内閣府による日本の地方議員調査（二〇二〇～二一年）からも確認できる。[37] 1-14は選挙・議員活動上の課題として上位のものと、男女差の大きい項目である。

立候補を決める段階から選挙期間中の課題をみると、差別やハラスメントは性差が大きい。性別による差別やセクシャルハラスメントを受けたとの回答が女性議員で二四・九％（男性議員は〇・九％）あり、議員活動では女性議員が三四・八％（男性議員は二・二％）と大きな差があった。

仕事や家庭生活と選挙、議員活動との両立も差がある。選挙期間中までは女性議員が四八・九％（男性議員は三六・五％）、議員活動では女性議員が三三・七％（男性議員が一三・七％）であり、女性議員にとってより大きな課題であるとの認識が強い。

セクシャルハラスメント・マタニティハラスメント（妊娠・出産をめぐる嫌がらせ）対策については、候補者男女均等法改正案が二〇二一年六月に成立し、施行された。これにより、

1-14　地方議員の選挙と議員活動上の課題（2020～21年）　%

◎立候補を決める段階から選挙期間中の課題

順位	男性		女性	
1	議員報酬で生計を維持できない	43.5	知名度がない	59.8
2	選挙運動とその準備の方法が分からない	40.6	仕事や家庭生活のため，選挙運動とその準備にかける時間がない	48.9
3	立候補にかかる資金の不足	39.7	選挙運動とその準備の方法が分からない	46.4
4	知名度がない	38.1	自分の力量に自信が持てない	42.1
5	仕事や家庭生活のため，選挙運動とその準備にかける時間がない	36.5	地元で生活する上で，プライバシーが確保されない	40.4

男女差の大きいもの（20ポイント以上の差）

		男性	女性	男女差
1	性別による差別やセクシャルハラスメントを受けた	0.9	24.9	24.0
2	自分の力量に自信が持てない	18.5	42.1	23.6
3	知名度がない	38.1	59.8	21.7
4	議員報酬で生計を維持できない	43.5	21.9	21.6

◎議員活動上の課題

順位	男性		女性	
1	専門性や経験の不足	41.8	専門性や経験の不足	58.8
2	議員活動に係る資金の不足	41.5	地元で生活する上で，プライバシーが確保されない	36.6
3	生計の維持	38.3	人脈・ネットワークを使って課題を解決する力量の不足	34.8
4	議員活動と他の仕事との両立が難しい	27.9	性別による差別やセクシャルハラスメントを受けることがある	34.8
5	地元で生活する上で，プライバシーが確保されない	23.9	議員活動に係る資金の不足	34.1

男女差の大きいもの（20ポイント以上の差）

		男性	女性	男女差
1	性別による差別やセクシャルハラスメントを受けることがある	2.2	34.8	32.6
2	議員活動と家庭生活（家事，育児，介護等）との両立が難しい	13.7	33.7	20.0

出所：内閣府『女性の政治参画への障壁等に関する調査研究報告書』（2021年3月）

政党、国、自治体のほか、衆参両院、都道府県・市区町村の各議会には主体的な取り組みがより一層求められる。[38] ただ、これによって女性議員が増えるとは言い切れず、なお社会全体の取り組みが望まれる。

4 機会格差の是正——クオータ制と公募の可能性と限界

機会格差をどこまで是正するのか

この章では誰が候補者になり、国会議員となってきたのかをみてきた。候補者の選び方は、有権者や党員が関係するものから党幹部による指名など多様だ。日本では党幹部、派閥、支持組織や団体が組織内部の関係者を選考し、擁立してきた。そのため、国会議員の供給源は地方議員、官僚、秘書、政党・団体関係者が中心である。また、選挙への参入障壁が高くなり、多くの世襲政治家が存在し、女性や若年層の過少状態が続いている。各党では人材発掘のために公募制を導入、実施する例が増えている。最後に今後の方向性を考える際の論点を示す。

国会議員の選出にあたっては次の二点が論点となる。一つは政治家をめざす機会の格差をどこまで是正するか。もう一つは政党の一体性をどこまで重視するかだ。

まず機会の格差については、主に選挙への出馬の制約、女性をはじめとするクオータ制、世襲に関する三つがある。

第一に、被選挙権の年齢、供託金である。日本は制度上、これらの障壁がやや高い。

まず被選挙権の年齢引き下げである。政治参加は教育や社会生活を経るなかで、参加傾向が高まる。投票や投票以外の政治参加をみても日本は世代差がやや大きく、高齢世代の参加が活発で、若年層は過少代表になりやすい。二〇一四～一五年の国際比較からも日本は若年層（四〇歳未満）の議員が一二六ヵ国中七九位で少ない方に位置する。[39]

若年層の国会議員割合は比例代表制とともに被選挙権年齢に左右される。比例代表制は若年層の議員割合を高める。それよりも効果は小さいが、被選挙権年齢の引き下げは若年層の議員割合を高め、代表の格差是正に寄与する。[40]そのため、特に参議院の三〇歳という、国際的にも高い被選挙権年齢は引き下げ、若年層の代表を促していく必要がある。

また、供託金の額は突出して高い。二〇〇九年に供託金を小選挙区で三〇〇万円から二〇〇万円に、比例区では六〇〇万円から四〇〇万円に引き下げる改正案が自民党、共産党、社民党の賛成により衆議院では可決した。当時は総選挙を前に共産党の候補者擁立を促し、野党票の分断を狙《ねら》うものとの憶測もあり、民主党が多数を占める参議院では成立しなかった。候補者や政党の負担を軽減するうえでは供託金を下げるべきだ。

第二に、クオータ制の採否である。まず、クオータ制の導入が求められる背景として、二点を挙げておきたい。

はじめに、人びとや社会の多様化が進むなかで、議員の属性や経歴は代表のあり方に関わるため、特定の人びとへの著しい偏りは避けることが望ましい。

議員の属性や経歴は、政策関心や有権者への対応に差を生む。[41] たとえば、女性議員と男性議員では政策の関心分野が異なる。女性議員は福祉、環境政策への関心が高い。どのような議員が存在するのかによって、代表される声、争点には差が生まれる。

議員の有権者への対応にも差がある。議員は性別や社会経済的地位など、同じ属性を共有する人の要請に応じやすい。この知見は二人の有権者が同じように陳情したとしても、議員の対応が異なることを示している。このような議員の認知や行動による代表の格差に対して、クオータ制など属性の代表を確保する制度の根拠も提示されつつある。[42]

次に、政治家となるまでには、構造的な機会格差がある。それが解消されるまでの暫定措置としてクオータ制を導入することで、機会の実質的な平等が求められる。どのような人びとが過少代表となるのかは、さまざまな区分が想定できるが、特に性別は、教育、職業、結婚、子育てなど、ライフステージの各段階での関係が深い。

具体的な仕組みをみると、クオータ制は大きく三つに分類される。①男女別の議員数や議席比率を定める議席割当制（議席リザーブ型）、②各政党が擁立する公認候補者の性別比率を定める候補者クオータ制、③政党が規約などで自発的にクオータを定める政党クオータ型である。

現行の憲法との関係からみると、平等原則との整合性が問題となる。一定の合理的な別異の取扱いが許容される範囲で、例外的に実質的平等が認められるにすぎない。たとえば、性別によって議席を定める議席割当制は、憲法四四条からみて導入できないとされる一方で、政党による自発的クォータは導入可能とみられる。[43]

二〇一八年に「政治分野における男女共同参画の推進に関する法律」が全会一致で可決し、施行された。この法はクォータ制ではないが、男女の候補者数ができる限り均等となることを基本原則として、政府や政党に自主的取り組みを促すものである。

政党の取り組みを促進するうえで、政党交付金の配分と候補者割合を連動させたインセンティブ措置により、政党の裁量を残しつつ代表性を強化することが考えられる。これは若年層の代表にも適用しうるもので、公認候補者の一定割合を若年層とし、それに反する場合は政党交付金を減額することで、政党に候補者の新陳代謝を促すこともできる。

このように、クォータ制については、政党の自主的な取り組み（政党クォータ）をまずは制度的に促していくべきだ。

第三に、世襲をめぐる問題である。

二〇〇九年の総選挙前、民主党への政権交代の可能性が高まるなかで、自民党で世襲制限が議論され、現職の国会議員が引退する選挙区では、配偶者・三親等以内の親族は同一選挙区で公認・推薦しないとした。しかし、野党時代に公募を経る形で世襲候補も認める方向に転じた。

ただ、候補者を選ぶ際に意欲のある者が参加する機会を確保することは提起されている。二〇一八年七月に自民党の政治制度改革実行本部は「多様性を一層受容する開かれた国民政党へ：引き続き政権を託される自民党として」と題する提言を発表する。世襲候補が公認を得ようとする場合にも「公募プロセスを経なければならない」として、公募の実施を求めた。さらに、「公募選考プロセス期間は、開かれた公募制度の下でベストな候補者を選考するに足る、必要かつ十分な時間を確保しなければならない」とした。

同本部の下に設置された「多様な候補者擁立推進部会」の提言では選挙の二年前には現職が進退を明確にすることを求めた。この背景には衆議院の解散後に現職が引退表明し、後継を選ぶ時間がほぼなく、世襲候補が公認される例や公募が行われた場合にも、期間が短く、機会が事実上失われることがあったためである。

世襲議員は次章でみるように、知名度や資金が重視される個人中心の選挙と地方組織の組織化が不十分なことによる。そのため、選抜段階では少なくとも提言にあるように、世襲が結果として起きる場合にも、公募制度の下で選考過程を透明化し、十分な時間が確保されるべきである。

一体性か開放性・民主性か

もう一つの論点である政党の一体性をどこまで求めるのかについてである。数が多い世襲議員や議員の前職をみると、候補者は政治や政党に長く携わる人びとから選ばれてきたことがわかる。また、公明党や共産党ではほとんどの候補者が内部での選抜で、政党の一体性を重視している。ただそれだけでは人材が限られる。

公募制は人材の多様性や競争機会の確保に貢献している。政治に関与していなかった人びとにも機会を広げ、多様性の確保に寄与している。

もちろん、公募制には能力や適性を短期間で評価する点に課題がある。政党内部や関係者からの選抜とは異なり、公募候補は政党とのかかわりが薄い場合もあり、長い時間をかけて働きぶりが評価されていないため、当選後にチェックすることにもなる。結果として、適性、言動が疑問視されることもあり、県連が地方議員との軋轢《あつれき》、地元活動の不足から公認申請を見送る例もある。そのため公募制が一概によいとはいえない。

これに対して、公募に多くの条件を付ける方向がある。県連関係者や一定数の党員からの推薦を条件とする例もある。ただし、それでは該当者が絞られ、開放性が低い。そのため、選考前後に候補者自身および関係者が適性を判断できるように、一定期間の活動の経験を踏まえることも考えられる。

他方、選抜段階ではなく、現職優先の見直しのように、当選後にあらためて現職を含めた形で選考する方向もある。これは自民党の若手議員と執行部の両サイドから提起されてきた。

二〇〇四年頃の自民党の党改革論議では、新人が現職に挑戦する機会を求める新人チャレンジが提案された。当時は基盤の安定しない若手議員への影響を懸念し見送られたが、世論調査実施を要求できるなど、新人にも挑戦する機会を提供するものであった。他方、執行部も現職優先を当然のものとせず、比例復活議員を中心に徐々に見直しを進めてきている。

選挙基盤が不安定な当選回数の少ない現職には配慮しつつも、一定の年齢や当選回数、勤続年数を重ねた段階で新人チャレンジの機会を開くことも考えられる[44]。

戦後の日本では選挙の労力が増すにつれて、徐々に政治家へのルートが固定化し、特定の個人や家族、集団が担う面が強くなった。政治改革によって政党助成も行われるようになり、政党が候補者を擁立するようになりつつあるが、依然として政治家の担い手の層の薄さや候補者の偏りがある。それは議員と有権者の間で認識や政策の乖離《かいり》を生じさせるだけでなく、政治は私たちと異なる特殊な世界、特定の人びとや集団のものと認識され、政治不信を高める懸念が消えない。そのためにも、候補者の偏りや機会の格差を是正し、より社会に開放するべきだ。

第2章　当選に向けた活動とは

戦前から国会議員を務め、衆議院議長を歴任した大野伴睦《おおのばんぼく》は「猿は木から落ちても猿だが、代議士が選挙で落ちればただの人」と述べたという。議員の頭には選挙しかないのかと思われるかもしれないが、選挙があるからこそ、議員や政党は私たちの望んでいることに注意を払い、私たちは議員、政党に影響を及ぼすことができる。

候補者や議員は当選に向けてどのように活動しているのか。議員がいかなる活動に注力し、有権者とどのような関係を構築しているのかは、その国や地域の民主主義を考える基礎である。選挙運動、日常活動をみることで、活動や当選の原動力が個人主体か、政党主体であるのか、政治資金が必要な実情もうかがえる。

この章では当選の原動力が政党になり、国会議員と有権者の関係は稀薄《きはく》になりつつも、依然として議員個人に負う部分も大きいことを示していく。

1　日常活動——減少する陳情と後援会のなかで

非常に厳しい選挙運動規制

候補者のポスター掲示板が立てられ、選挙カーから候補者名を連呼する声が聞こえると、選挙が始まったと感じる人も多いだろう。他方で、選挙カーから発っせられる呼びかけは騒音にしか聞こえず、名前の連呼に意味があるのかと思うかもしれない。

候補者の選挙運動のあり方は一九五〇年に施行された公職選挙法で厳格に規定されている。その規制の起源は一九二五年の衆議院議員選挙法改正にまで遡《さかのぼ》る。[1]この改正の中心は二五歳以上の男子普通選挙であるが、同時に多くの選挙運動の規制が導入された。

たとえば、供託金制度、選挙運動員の人数制限、戸別訪問の禁止、文書図画の制限、選挙運動費用の制限などである。一九三四年にはさらに規制が強化され、現在に継承されているものも多い。

日本の選挙運動の規制が厳格であることは国際比較でも指摘されてきた。五二ヵ国の選挙運動規制の比較によると、日本は厳格な規制を持つ国として位置づけられている。[2]その特徴は、欧米の選挙法が違法な運動を個別具体的に禁止しているのに対して、日本の公職選挙法は運動そのものを包括的に禁止し、合法的な運動を限定的に列挙していることだ。

日本の選挙運動規制の背景には候補者間の機会均等の考え方がある。候補者の経済力の差が選挙運動に反映され、富裕な候補者が有利にならないようにと配慮している。

一九二五年から選挙公営制度が導入され、徐々に拡大してきた。選挙公営制度とは、国や地方自治体が選挙費用の一部を負担するものである。これも選挙費用の抑制、経済力による選挙の不公平を防ぐ目的で実施された。選挙公営制度の範囲は、国政、地方選挙によって異なるが、ポスター掲示板の設置、政見・経歴放送、選挙公報の発行とともに、選挙用自動車の使用、通常はがきの交付、ビラやポスターの作成などを金銭面で保証している。

ただ、当初は結びつけられていなかった選挙運動規制と選挙公営の考え方が連動するようになり、[3] 公営として認められる以外の多くの活動が禁止されるようになっている。

公職選挙法の選挙運動についての部分は一九五〇年代をピークとして、八〇年代まで規制強化の方向で進んできた。その後は規制緩和の方向にあり、二〇〇〇年代以降もマニフェストやネット選挙の解禁など、[4] 改正されてきた。ただ、一九九四年の選挙制度改革を契機に法改正や選挙運動への関心が低下し、結果として、多くの規制が残されたままになっている。

変わらないアプローチ

では、候補者たちの日常活動はどうか。選挙前、また告示後の選挙運動期間は報道が増え、注目も高まるが、候補者はそれ以前から選挙に向けた活動を始めている。選挙期間中に流れが変わることもあるが、告示後は最終段階で、日常の取り組みが重要になる。

日常活動の基本は選挙区の各地域を歩くことである。「どぶ板選挙」という言葉は候補者が細い路地の家を一軒一軒訪ねて歩く戸別訪問から転じて、地域に密着した選挙運動を意味する。田中角栄《たなかかくえい》の選挙の教えは半世紀以上を経てもなお現在に引き継がれている。たとえば、「歩いた家の数、手を握った数しか票は出ない」は、候補者が地域に密着した活動をするように説いた言葉として現在も伝わる。

地域をひたすら徹底して歩く選挙は、昔もいまもあまり変わりがない。官僚から政治家へ転身した後藤田正晴《ごとうだまさはる》（一九七六年衆院初当選・徳島）は、自身にとって最初の衆議院選挙に向けて、次の取り組みを行ったと述べている。「まさに選挙をやりますと、歩かない選挙は勝てない、今の日本の選挙では。そこで計画を立てました。次の選挙が昭和五一年〔一九七六〕十二月でしたか、それまでの間に、私の家内と男の子二人と私の四人で、五万人歩きました。徹底して歩いた」[5]。

また、後藤田と同じく官僚から政治家になった平沢勝栄《ひらさわかつえい》（一九九六年衆院初当選・東京）も「立候補に際し、『一日五百軒回るつもりで』と助言されたが、五百軒はオーバーながら、相当歩いた。〔中略〕足が擦り減って短くなるほど歩かなければダメだと、〝痛感〟したものである」[6]と述べている。

地域や年代の違いを超えて、選挙には共通する部分が多い。

地域をひたすら徹底して歩くスタイルは、二〇〇〇年代以降も変化していないようだ。むしろ、政治資金、組織、知名度など代替手段のない候補者の場合、特にどぶ板選挙になる。たとえば、宮川典子《みやがわのりこ》（二〇一二年衆院初当選・山梨）は二〇一二年総選挙に向けて、次のように述べている。

> 一五万戸程度ありますか。しかしそれを全て選挙までに歩いてみせると言って、どこでも全て歩きました。〔中略〕選挙区であった甲州市、山梨市、旧春日居町、ここはもう全戸です。甲府は結局選挙が来てしまったので回り切れなかった所もあるのですが、ここはという住宅密集地はほとんど歩いた。〔中略〕もうそれしかなかったのです。[7]

街頭活動、戸別訪問、ミニ集会

候補者はどのように支持を広げていくのか。

まず、認知度を上げていくための街頭活動である。辻立《つじだ》ち、朝立ち、街頭演説がある。四回目の国政選挙（一九八〇年衆院・東京）で初当選し、のちに首相に就任した菅直人《かんなおと》は主な選挙運動として、「一番安くて少人数でできる朝の街頭演説を一〇年以上、毎週月曜日に続けてきました〔中略〕地道な活動ですが、自分なりのテーマを訴えきれるかどうかが重要だと思います」[8]と述べている。

一九九三年に日本新党から出馬・当選した山本孝史《やまもとたかし》（一九九三年衆院・大阪）も「お金がない、地盤がない、顔も売れていない、という人間は、朝から晩まで街頭に出て徹底的に自分の主張をしまくる以外にありません」と述べている。

また、候補者は戸別に地域を回る。公職選挙法では選挙の投票依頼を目的とした戸別訪問を禁じている。ただ一律に禁止しているわけではなく、投票依頼と見なされない形では可能である。自民党の場合、地域差があるものの、議員は地域のまとめ役のような人物やスタッフとともに歩くことも多い。また、公明党では二〜三名で訪ねて回る。

さらに、一〇名前後のミニ集会を開催し、支持を広げていくこともある。つながりの薄い地域の場合、後援会を形成するのは容易でない。一定の人数が集まった場合には一時間程度のミニ集会を開催する。支援者の家や職場に出向き、数名程度の集会を開いてもらい、要望を聞きつつ、支持を訴える。自分はどのような人間で、何をやりたいのか、という流れをうまく伝える工夫、ストーリー性を大切にして訴えることは、有権者にイメージを残すことにつながる。

候補者の一日のスケジュールについて、先述の宮川典子は次のように述べている。

> 当時の一日のスケジュールを申し上げると、朝、駅に立ってまずは誰というところから始まるわけです。別に私は地元で何か目立つような活動をしていたわけでもないので、

突然候補者に選んでいただいて出ることになったので、まずは名前と顔を覚えてもらうということが重要で。〔中略〕

毎朝最も乗降数が多いので甲府駅に立ち、おはようございます、いってらっしゃいませと、名前は言えないのでそのように言って、〔中略〕それをした後、ずっと夕方までは今お話ししたように、お一人お一人をとにかく説得に行く活動だったのです。〔中略〕

二〇〇軒を目標に歩こうということは決めて歩きました。あとはそのうち理解してくださる方が出て、では私が地域を連れ回してやると言ってくださる方〔中略〕その方たちにお願いして歩くなどということはありました。従って本当に最初はその秘書役の方しかいなかったので、非常に孤独だったのですが、そのうち応援団が増えて、ではあちらへ行こう、こちらへ行こう、こちらの企業に行こう、この地域を回ろうなどと言っていただいたので、それが日中の活動です。[10]

二つのスタイルと資金

日常活動には二つのスタイルがある。特定の個人や団体をターゲットとするものと、街頭演説などで不特定多数の有権者に支持を訴えるものである。前者では人海戦術という面があるため、ある程度のスタッフを雇用する必要があり、資金も必要になる。街頭演説を中心にする場合、前者よりは大きな費用負担がないが、人びととのつながりは弱く、安定した支持は得にくい。

このように政治家の支持者拡大の取り組みは、ある程度共通しているが、どのような手段を重視するかは選挙区の社会経済環境による。

人口密度が低く、地域が分散している農村部の選挙区では戸建てが多く、戸別に訪ねる一方で、街頭活動の比重が低くなり、事務所を複数構える必要がある。人びとの移動も多く、オートロック付きのマンションが多い都市型選挙区では戸別訪問の比重が下がり、街頭活動やイベント出席の比重が高まる。

さらに、議員を地域の行事や集会に呼ぶ風土があるかどうかである。政治家との交流に積極的な地域もあれば、政治家との距離をとる地域もある。前者の場合、新年会や夏祭りなどのイベントのたびに出席競争のような状況にもなる。

他方、候補者の活動資金については大きく変わった。中選挙区制下では活動資金が派閥や団体からの支援、個人の負担に負う部分が多かった。しかし、一九九〇年代の政治改革を経て、候補者の活動資金は党から支給されるようになる。政党助成法を受け、政党が公認候補者（総支部長）に活動資金を提供するようになった。

たとえば、民主党では公認候補に月五〇万から七〇万円を活動資金として支給していた。民進党の場合も同様で、それを政党支部への交付金という形で受け取るか、交付金と業務委託契約の二つに分割する形で受け取っていた[11]。

ただ、現在でも候補者自身の資金負担は大きい。党本部から配分される交付金は政党や時期にもよるが、年間に一〇〇〇万円から二〇〇〇万円前後である。地元で事務所や車を借り、スタッフを一名程度雇用すると、党からの資金が尽きる。他に、ビラやポスターをはじめとした費用もかかる。そのため、候補者自身の資金、借入金などで選挙を乗り切る候補者も存在する。

金帰火来

当選後も安定的にキャリアを重ねられるとは限らない。「一回生の仕事は再選すること、二回生になること」と言われる。派閥の領袖《りょうしゅう》や党首クラスの議員でも最初の選挙や初当選後の選挙で落選を経験していることもある。それだけ議員として生き残ることは難しい。

議員は有権者から見えることが重要である。しかし、当選後は国会での活動があるため、地元での活動量は減る。それは一部の有権者から見れば議員となったことで、選挙区での活動を軽視しているように見える。

また、政務官などの役職に就任すると、地元での活動量はさらに減少する。政務官クラスだと役職にともなう仕事は有権者から見えにくい。そのため、東京で遊んでいるのではないかといった声が議員に届くこともある。これは議員にとって次の選挙への不安にもつながる。対立候補も日々活動しているため、普段から一人でも多くの有権者を引きつけ、支持を広げる努力を続けなければならない。

国会議員は国会開会中、金曜日の晩には国会のある永田町から選挙区に戻り、週末は選挙区の有権者とのつながりを保つようにするのが一般的である。東京近郊や新幹線などで行き来がしやすい地域の場合は日々、東京と選挙区を往復することもある。

選挙区では街頭活動のほかに、国政報告会やミニ集会で支持者に会う。議員によっては多くの項目を提示し、参加者がそのなかから選んだものや国会の活動を説明したり、有権者からの疑問に答えたりする。このように、議員の話だけでなく、参加者の話を聞き、対話を重ねることで、議員は日々の政治や政策への反応をつかむ。また支援者や団体からの相談を受ける。

週明けにはまた東京に戻り、政党内での政策活動や国会で活動し、地元やさまざまな団体からの陳情や要望の実現、自らがライフワークとする政策に取り組む。夕方以降も会合や会食が入る。また、毎週もしくは隔週で開催される政党内の派閥・グループの会合に出席し、情報を得るとともに、つきあいを深めていく。そのため、国会議員は国会の開会時に「金帰火来（月来）」というスケジュールになる。

では、議員はどの程度、選挙区で活動しているのだろうか。地方紙のなかには地元国会議員の動静を掲載しているものがある。本書では共通の形で利用可能な九紙九県を対象にみてみよう。[12]

2-1　議員の選挙区滞在の割合（1985〜2012年）

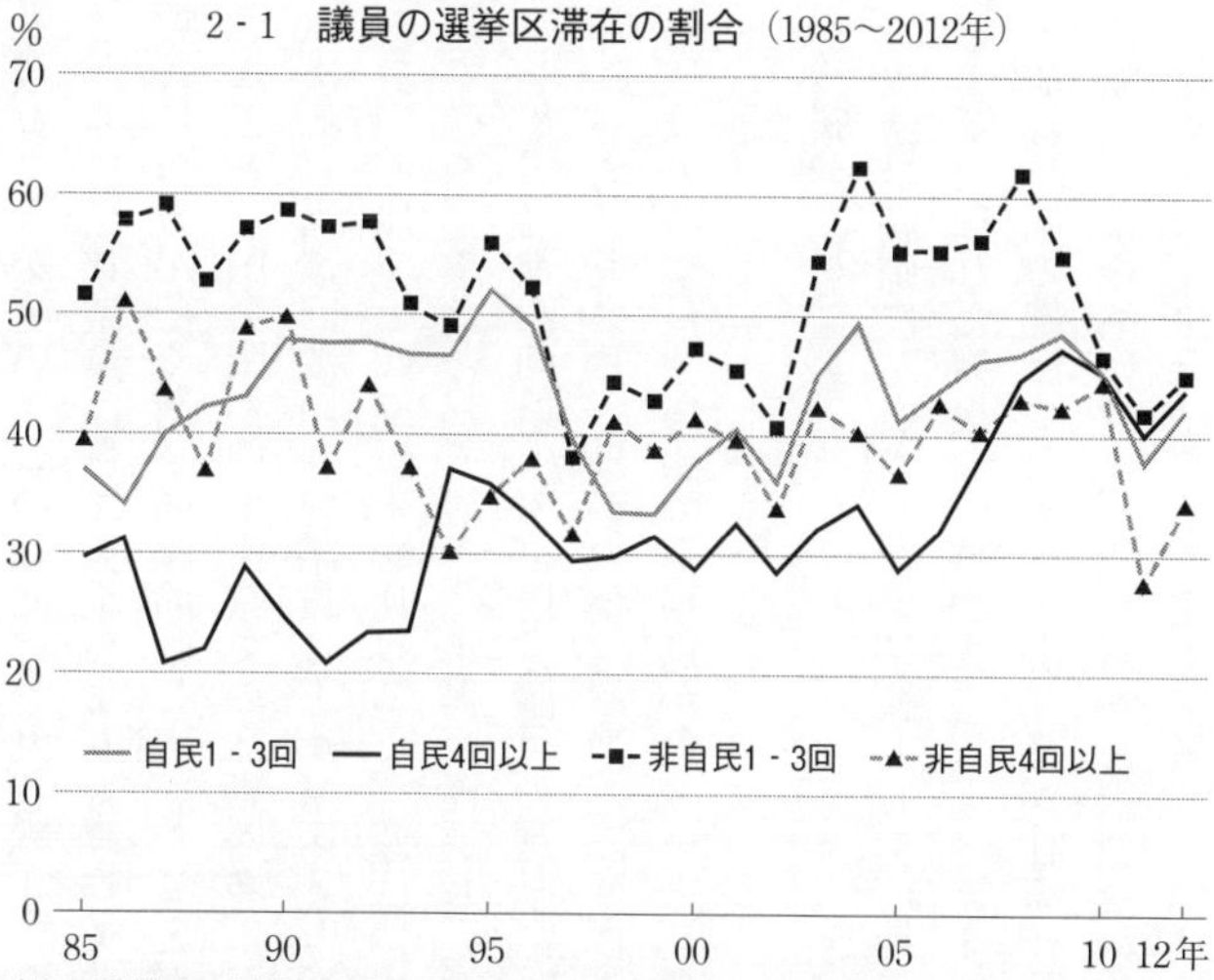

註記：議員が1年間に選挙区に滞在している割合の平均値
出所：『秋田魁新報』,『福島民友』,『いはらき新聞』・『茨城新聞』,『富山新聞』,『奈良新聞』,『山陰中央新報』,『日本海新聞』,『四国新聞』,『佐賀新聞』を基に筆者作成

ここでは各議員が選挙区にいるかどうかを記事から算出している。国会開会時には選挙区入りが減り、夏場に増えるなど、議員の活動には時期による差がある。このような月ごとのばらつきも大きいため、年単位でみている。

2-1は一九八五年以降、議員が選挙区にいる割合の平均である。自民党議員（実線）とそれ以外の政党の議員（破線）別に平均を算出している。当選を重ねるにつれて、活動スタイルは変化するため、当選三回までを一つの区分として比較する。

まず、政党による差がある。自民党議員とそれ以外の政党の議員では選挙区にいる程度が異なり、非自民党議員の方が多い。この傾向は一九八五年から九三年の期間に顕著である。この期間をみると、非自民党議員は自民党議員よりも平均で一二ポイント高い。年間で四〇日程度は非自民党議員の方が多く選挙区で活動していたことがわかる。これは自民党議員が選挙に比較的強いことと、国会閉会中も東京での活動が多いためである。

次に、当選回数の多い議員ほど選挙区入りが少ない。これは党派を超えて共通する。当選回数三回以下と四回以上を比べると、四回以上の議員は一〇〜二〇ポイントほど選挙区を離れている。議員として約一〇年程度経過し、選挙地盤が安定してきたことがわかる。

ただ、当選四回以上の自民党議員の選挙区入りが徐々に増えている。特に、二〇〇七年以降に平均が上昇し、ほかの政党や当選三回以下の議員のそれとほとんど差がない。自民党の中堅以上の議員であっても再選が危ういと認識し、地元活動を増やして備えていたようだ。

後援会、冠婚葬祭

政党の評価に左右されない基盤として、地方や国政に関係なく、日本では多くの政治家が第1章で触れた後援会を持っている。スポーツ選手の後援会だと、遠征費用やトレーニングを積む時間の確保のために、関係者が仕事や資金面で支えるものだが、政治家の後援会は政治家側が積極的に作り、支持者から会費をほとんど徴収しない。

政治家の後援会は政策や主義主張に共鳴する人びとが作る応援団というよりも、政治家自身が親族（血縁）や小中高校時代の同窓生、出身地域（地縁）やそれまでの仕事で知り合った人脈を通じて支持を拡大させようとする組織である。実際、明るい選挙推進協会の世論調査によると、後援会加入の理由では縁故や義理の関係がもっとも多い。

後援会は活動や維持管理が不十分であれば、選挙の際に動ける組織とはならない。会員との関係を維持する恒常的な努力が必要になる。後援会は政治家がお願いして作るもので、会員をつなぎとめようといろいろなサービスに努める。新年会、ゴルフ大会、講演会、バスツアーや国会見学などの東京観光旅行を企画するなど、さまざまなレクリエーションを提供し、莫大《ばくだい》な資金をつぎこむ政治家も珍しくなかった。近年はこうした傾向は減ったが、議員はそれでもいろいろなサービスを提供し、後援者への気遣いに神経を使う。

このようにして形成される後援会は、議員側の資金負担がきわめて大きい。

ここから、政治改革以前の中選挙区制時代の状況を少し辿《たど》ってみよう。自民党の若手国会議員が参加したユートピア政治研究会（一九八九年）の公表した数字によれば、後援会費に一人の議員が年間約一九〇〇〇万円を支出していた。

また、冠婚葬祭への出席も信頼関係を維持するうえで重視されてきた。朝日新聞社の自民党代議士一〇〇人調査（一九八九年）によれば、政治家の冠婚葬祭への出席は月に平均で結婚式が九・六回、葬式が二六・五回にのぼった。[13] もちろん、議員がすべてに出席することはできないため、秘書や家族が代理で出席する。ただ、その際に相応の祝儀や不祝儀が包まれる。一件の相場は当時で結婚式が二万〜三万円、葬式が一万円程度とされ、社会慣習からみても特に高い額ではない。ただ、その回数が非常に多いため、総額では大きな負担になっていた。

先のユートピア政治研究会（一九八九年）の公表した数字によれば、冠婚葬祭費に一人の議員は年間で約一七〇〇万円を支出していた。朝日新聞社の先述の調査でも慶弔《けいちょう》費が月に五五万円、会合費が八〇万円であり、合計で年間に約一六〇〇万円程度を支出していた。

こうした政治資金の高騰、金銭スキャンダルの多発するなかで、それを抑制するため制度改革も進められた。

一九八九年末に公職選挙法が改正され、政治家（立候補予定者を含む）は本人が出席する結婚式と葬式を除いて、冠婚葬祭や各種会合への寄付は罰則つきで禁止された。主な改正点は、次の四点である。①本人が出席しない冠婚葬祭への寄付の禁止、②新聞などの名刺広告の禁止、③後援会の花輪、香典、祝儀の禁止、④答礼のための自筆のものを除き、年賀状やあいさつ状の禁止などであった。①から③の違反には罰則があり、罰金刑が確定すれば公民権停止となるなど、規制が厳しくなった。

虚礼廃止の動きは戦後徐々に強まってきた。衆議院では一九五四年に議院運営委員会で虚礼廃止の決議が行われ、七五年の公職選挙法改正により、虚礼廃止の徹底を申し合わせた。自筆以外の年賀状や時候のあいさつ状などを禁止し、違反者は氏名を会議で公表するとされた。その後も禁止事項に賞品の授与、記念品の贈与が加えられた。

一九八九年の法改正は規制をより強化した面があった。一九九四年の小選挙区比例代表並立制への改革は有権者サービスが横行する個人中心の選挙から政党、政策中心の選挙への移行をめざし促すものであった。

ただ、選挙制度改革後も政党側は後援会を通じた支持の拡大を指示している。たとえば、自民党では一九九六年の総選挙に際して、党本部が候補者に後援会の形成を促していた[14]。二〇〇五年総選挙後に行われた新人議員の育成でも後援会作りが指南され、その後も新人議員に日常活動の徹底を促してきた。

後援会や日常活動を重視する姿勢は自民党以外でも同様である。民主党党首だった小沢一郎は日常活動の不足を指摘し、活動の徹底を呼びかけた。さらに、共産党も後援会の位置づけは異なるが、二〇二〇年の党大会で個人後援会を四〇年ぶりに解禁した[15]。無党派層での支持拡大や他党との連携を考慮したものとされる。

後援会加入者の多くを占める自民党の調査（二〇一四年）によると、後援会の人数は平均三万人だった。当選一～二回の議員の支部は一万五〇〇〇人で、自民党は全国の衆院小選挙区支部の後援会人数を二万人以上にすることを柱とした地方組織の強化策をまとめたが、次期衆院選に向け、若手議員を中心に地盤強化を進めるものだった[16]。

このように、後援会は議員による長年の努力によって作られ、選挙の基盤であると同時に親睦《しんぼく》団体でもある。後援会は選挙のとき以外も日常的に活動している、非公式の党外組織である。資金負担は大きいが、党に依存しない集票組織として、後援会は議員の自律性の基礎にある。

陳情の実態

国会議員となると、さまざまな人びとからの陳情も増える。たとえば、就職の斡旋《あっせん》や病院、特別養護老人ホーム、保育園などの紹介のような、個人からのさまざまな相談事が持ち込まれる。[17]また、選挙区内の首長や団体からの政策要望を受けることもある。

国会議員は有権者からどのような要望をどの程度受けているのだろうか。

京大・読売調査では陳情の内容を三つに区分した。具体的には就職の世話などの個人的な相談、地元のための公共事業、関係のある団体の利害にかかわる政策である。

2‐2は内容別の陳情の頻度である。政党別にみると、自民党議員の方が陳情を受ける頻度がやや高い。「数日に一回」以上を合計すると、個人的相談は自民党で二〇・三%、民進党で一三・七%である。地元のための公共事業は自民党で二七・二%、民進党で一一・七%である。関連団体の政策は自民党で三四・七%、民進党で三一・四%である。関連団体の政策については政党間に差があるとはいえないが、個人的相談や公共事業に関しては七〜一五ポイントの差があり、自民党議員は地域とのつながりが深い。

2-2　陳情を受ける頻度（2016年）％

		1ヵ月に1回未満	1ヵ月に1回	1週間に1回	数日に1回	毎日	N
自民党	個人的相談	28.3	27.3	24.2	15.2	5.1	99
	地元のための公共事業	19.2	23.2	30.3	23.2	4.0	99
	関連団体の政策	12.2	28.6	24.5	28.6	6.1	98
民進党	個人的相談	39.2	21.6	25.5	9.8	3.9	51
	地元のための公共事業	23.5	29.4	35.3	7.8	3.9	51
	関連団体の政策	13.7	31.4	23.5	25.5	5.9	51

註記：Nはサンプル数
出所：京都大学・読売新聞共同議員調査（2016年）を基に筆者作成

内容は地元の公共事業や団体からの陳情頻度が個人的な相談よりも比較的高い。よろず相談などの形で個人から幅広く陳情を受けない方針の事務所もある。地元や団体からの要望は次章で述べるように、議員の部会選びにも影響する。自民党議員は国土交通部会などへの参加が多いが、それには陳情を受けやすいことがある。[18]

陳情についての各議員の態度は異なる。陳情を受ける議員とあまり受けない、もしくは依頼されない議員に区分できる。三種類の陳情の頻度には正の相関があり、個人的な相談を受ける議員は地元や団体からの陳情も受けることが多い。傾向をみると、個人的な相談は都市部議員に多く、地元の団体や首長からの要望は農村部議員に多い。

ただ、陳情自体は全体として減っている。団体への継続的な調査によると、団体と関連のある議員が減り、議員との接触も減っている。[19]一九八七年と二〇〇二年の国会議員調査でも首長、地方議員、団体との接触が選挙制度改革前よりも減り、地元で受ける相談内容も公共事業から中央の政策や地方の問題に変化している。[20]

緩やかな地方議員との関係、縮小する後援会

候補者や議員自身の取り組みだけでなく、国会議員は地方議員と連携関係にある。

一九九四年以前は、国会議員と大半の地方議員が中選挙区制の下で選挙を戦っていた。同じ政党の議員同士の競合があり、自民党では代議士系列として、都道府県議会議員をはじめとする地方議員を自らの系列に加えていった。市町村議会では政党所属がみえにくいが、実際には党派性があり、無所属議員の八割程度は自民党系であるとみられる。国会議員の協力として多いのは応援演説などで、地方議員からは国政選挙に際して支持者の動員、電話や郵便による投票依頼などが行われる。

ただ、定数削減と市町村合併で地方議員が減っている。そのため、地方議員や団体を通じた間接的な動員ではなく、国会議員自らが支持者を広げていく必要性が強まっている。また、衆議院の選挙制度は小選挙区制が入り、同士討ちがなくなったため、多くの議員を擁する自民党では従来の親分‐子分関係から緩やかなパートナーシップへと変容したとされる。[21]

労力や資金が投入される地元活動であるが、どれほどの人びとが後援会に加入しているのだろうか。後援会への加入については明るい選挙推進協会の世論調査がある。2‐3は後援会加入率である。

2-3　後援会への加入率（1971〜2019年）

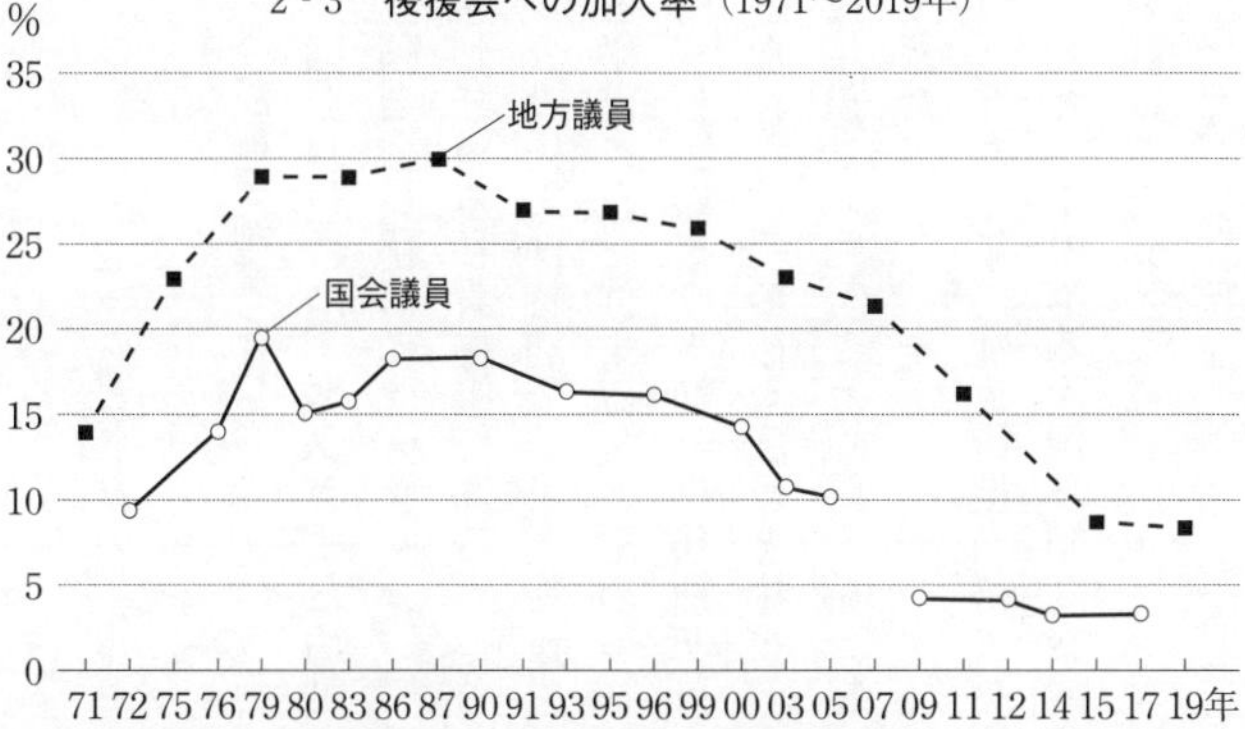

註記：後援会とは政党や政党支部ではなく政治家個人を結集核として，選挙における特定個人の当選を目的に作られる組織
出所：明るい選挙推進協会調査を基に筆者作成

国会議員の後援会への加入率は一九九〇年をピークに低下している。一九九〇年には約一九％であったが、二〇〇五年には約一〇％と半減している。国会議員の方は調査形式が二〇〇九年以降変更されているが、加入率は三％前後と低いままである。

地方議員の後援会への加入率も低下している。一九七〇年代に加入率が一四％から二九％へと倍増し、九九年まで二五％以上を維持した。しかし、その後は急速に減りはじめ、二〇一一年には一六％、一五年以降は八％程度にまで減った。一九八〇年代から九〇年代までの最盛期に比べると、三分の一程度にまで縮小している。

議員にとってはもっとも身近な層の支持者が減ることは、有権者とのつながりをさらに稀薄にしていると言えよう。

2　秘書の体制——平均六人の運命共同体

公設秘書制度と仕事

国会議員には、さまざまな活動を支えるために秘書が存在する。

国会議員秘書には大きく分けて二種類あり、税金で賄われる公設秘書と議員が個人的に雇用している私設秘書である。

公設秘書は特別職国家公務員で、国会法一三二条で「各議員に、その職務の遂行を補佐する秘書二人を付する」と定められており、一般に第一秘書、第二秘書と区別される。ちなみに、公設秘書は当初、事務補助員という名称だったが、一九四八年の国会法改正により秘書となった。その後も議員と秘書の双方から公設秘書の増員が要望され、一九六三年から二名に増員された。これ以降も第三秘書の新設の要望はあったが、財政事情から増員は見送られてきた。[22]

一九九三年には政策担当秘書が創設され、公費で賄う秘書は三名となった。契機として、一九九〇年の第八次選挙制度審議会の第二次答申で「国会議員の政策活動が充実し、国民の負託にこたえるよう、政策スタッフとしての議員秘書の増員」が提言されたからだ。さらに、「国会議員の秘書に関する調査会」でも審議され、立法機能を活性化する観点から、一九九九一年に政策担当秘書の創設が提言され、九三年の国会法改正により、政策担当秘書も雇用できるようになった。

政策担当秘書には政策立案や立法活動を補佐するために、資格要件が四つある。

第一に、国が実施する国会議員政策担当秘書試験に合格した者。第二に、司法試験や国家公務員（一種・総合職）試験などの高度な国家試験の合格者や博士号取得者。第三に、三冊以上の著作を出版し、専門知識を持つ者。第四に、公設秘書などを一定期間以上務めた者が研修を受講し、修了することで資格を得られる。研修では最終日に試験が実施されるが、修了できなかった者はほとんどいない。そのため、公設秘書の勤続年数が長ければ、政策担当秘書の資格を得ることができる。政策担当秘書の多くは第四の要件を満たした者である。

第一の要件である政策担当秘書資格試験には、一九九三年度から二〇一九年度までに六七〇名が合格している。ただ、合格率一〇％程度の試験であり、採用まで保証されていない。二〇一九年時点で、国会議員に政策担当秘書として採用されているのは合格者のなかで八五名にすぎない[23]。また、後述するように、仕事の内容が選挙活動に振り向けられることも多く、制度創設の目的である政策形成、立法機能強化に資するものであるのか疑問も呈されている。

公設秘書の仕事は多岐にわたるが、大きくは政策と選挙に分けられる。政策面の仕事として、政策会議や院内集会、勉強会に代理出席し、その概要を報告したり、議員の関心事項について国会の調査室や国会図書館、専門家に問い合わせたりする。地元をはじめとする、さまざまな陳情の受付・処理、質問・演説原稿の作成、政党や政府との折衝・政策調整などもある。

ただ、公設秘書も半数近くは選挙区で活動しているとみられる。衆議院に提出される現況届によると、勤務地として議員会館以外の場所が選択されていた公設秘書は約四六％で、半数近くは地元で主に活動している[24]。

具体的には、地元で行われる行事・集会に代理出席したり、支持者宅を頻繁に訪問したり、議員活動を宣伝しつつ、選挙情報を収集したりする。各種陳情・要望の議員会館への取次、慶弔の処理、名簿整理、スケジュール管理、事務所経費の管理など、その仕事は幅広い。

公設秘書の経験者によると、議員秘書の任務のすべては議員を選挙で当選させることの一点に集約される[25]。秘書の重要な仕事は後援会や支持者の世話で、議員の政策研究や立法活動にはあまり関与しない。議員からの評価も選挙実務にいかに長《た》けているかが重要な要素とされる。地元からの陳情を処理できる者が「実力秘書」と見なされるのが現実とされる[26]。

私設秘書

三名の公設秘書だけでは人手が足りず、多くの議員は私設秘書も雇用している。公費で賄われる公設秘書以外は私設秘書と理解されるのが一般的である。ただ、議員との私的な契約に基づいているため、待遇・職務・労働条件などは事務所によって大きく異なる[27]。

2-4　**政党別の平均秘書数**（1989，2002，12年）

	1989 衆院	2002 衆院	 参院	 両院	2012 衆院
全体	8.6	7.3	4.8	5.7	7.0
自民党	13.8	9.5	6.2	8.4	8.6
社会党／社民党	3.8	4.4	3.3	4.1	6.8
民社党	8.5	−	−	−	−
公明党	3.5	5.1	4.3	4.7	4.4
共産党	4.8	3.8	3.7	3.7	4.0
民主党	−	6.4	4.6	5.8	6.6

出所：1989年は岩井奉信『「政治資金」の研究』（日本経済新聞社，1990年），136頁．慶應義塾大学曽根泰教研究室『政治家の組織経営規模』（曽根泰教研究室，1989年），9-10頁．2002年は読売新聞社調査，12年は東京大学谷口研究室・朝日新聞共同政治家調査（2012年）を基に筆者作成

議員は、どれだけの秘書を雇用しているのだろうか。2-4は秘書の平均人数である。衆議院議員を対象とした政治学者の曽根泰教らの調査（一九八九年）によると、当時秘書は全体で平均八・六人が雇用されていた。政党別にみると、自民党が一三・八人、民社党が八・五人と続き、共産党が四・八人、社会党が三・八人、公明党が三・五人だった。当時は公設秘書が二名だったが、自民党は平均で一〇名程度の私設秘書を抱え、その人件費は年間約三〇〇〇万円にのぼった。

二〇〇〇年代以降では〇二年と一二年の調査がある。読売新聞社調査（二〇〇二年）では「公設、私設を含め、給与や報酬を受け取っている秘書は何人いますか」として、衆参両議員に秘書数を尋ねている。[28]

この調査では議員一人当たり平均五・七人の秘書を抱えていた。三名の公設秘書を考慮すると、私設秘書は二〜三名である。政党や議院、選挙制度によっても秘書数は異なる。政党別の平均をみると、自民党が八・四人、

民主党が五・八人、公明党が四・七人、共産党が三・七人だった。

さらに、衆議院と参議院を比較すると、衆議院の方が二人程度多い。自民党衆議院議員が九・五人、参議院議員は六・二人、同様に民主党は六・四人に四・六人、公明党が五・一人に四・三人、共産党が三・八人に三・七人である。共産党内では差がないが、衆議院議員の方が私設秘書を多く雇用している。選挙制度の違いもあり、比例区選出議員の方が秘書数はやや少ない。このように秘書数は政党と選挙制度によって異なる。

東京大学谷口研究室・朝日新聞共同政治家調査（二〇一二年）でも秘書数を尋ねている。[29]総選挙に合わせた調査で、前衆議院議員および候補者が回答している。

現職（前議員）に限定すると、議員一人当たり平均七人の秘書を抱えていた。公設秘書を考慮すると、私設秘書は四名程度である。政党別では自民党が八・六人、民主党が六・六人、公明党が四・四人、共産党が四・〇人だった。私設秘書が多ければ、それだけ人件費はかかるが、議員は平均で三〜四名を雇用している。

ただ、議員間の差も大きい。2－5は自民党議員の当選回数別の秘書数である。自民党と民主党では当選回数を重ねると、秘書数が増加する傾向にある。さらに、同じ当選回数のなかでも差は大きく、当選一回の頃から秘書数が一〇名を超える議員もいる。

このように、秘書数は議員差も大きい。公設秘書に私設秘書一〜二名だけの議員もいる一方で、多くの私設秘書を雇用している例もある。自民党議員の二極化は指摘されているが、[30]

2-5　当選回数別の自民党議員の秘書数（2002，12年）

2002年	3人以下	4-6人	7-9人	10-12人	13人以上	N
1回	4.0	28.0	40.0	24.0	4.0	25
2回	3.0	12.1	42.4	33.3	9.1	33
3回	0.0	21.4	14.3	42.9	21.4	14
4回	0.0	5.9	70.6	11.8	11.8	17
5回以上	0.0	10.4	35.4	29.2	25.0	48
全体	1.5	14.6	40.1	28.5	15.3	137

2012年	3人以下	4-6人	7-9人	10-12人	13人以上	N
1回	0.0	40.0	20.0	20.0	20.0	5
2回	0.0	27.3	54.5	9.1	9.1	11
3回	0.0	30.8	30.8	23.1	15.4	13
4回	6.7	13.3	53.3	26.7	0.0	15
5回以上	0.0	23.4	38.3	29.8	8.5	47
全体	1.1	24.2	40.7	25.3	8.8	91

註記：Nはサンプル数
出所：2002年は読売新聞社調査，12年は東京大学谷口研究室・朝日新聞共同政治家調査（2012年）を基に筆者作成

それは秘書数の面でもうかがえる。調査方法は異なるため注意を要するが、政治改革を経て秘書数は全体として減少した。ただ、一部では多くの秘書を抱え、地盤形成に努めるスタイルが続いている。

秘書は一定の地域を担当し、後援会幹部のケアを主に担う。幹部はミニ集会では地域に呼びかけ、参加を促すほかに、ビラ配りやポスター貼《は》りなども担う。秘書は後援会幹部、企業や団体などにも顔を出し、陳情を受けたり、関係を維持したりする。秘書が多ければ、それだけ地域に根差した活動が展開しやすく、後援会も維持、活性化されるため、資金繰りの範囲内で私設秘書を多く雇用する場合がある。

私設秘書の多くは三〇代以下で、最初の給与は月二〇万〜三〇万円あたりで、多く雇用

するほど、資金面での負担も大きくなる。

事務所費・人件費

ほとんどの議員は選挙区に事務所を構えている。政治学者の曽根泰教らの調査（一九八九年）によると、衆議院議員全体では平均で二・九の事務所を抱え、自民党は三・六、民社党が三、社会党が二・二、共産党が二・一、公明党が二だった。これは東京の事務所を含むものだが、地元には二つ程度が平均的な姿だった。中選挙区制ということもあり、特に自民党議員では最大で九つの事務所を抱えている例もあった。[31]

東大・朝日調査（二〇一二年）によると、現職議員の地元事務所は一・四で、規模は縮小した。小選挙区比例代表並立制に移行し、選挙区の面積にもよるが、選挙区に一つの事務所が一般的になった。中選挙区時代を経験した谷垣禎一《たにがきさだかず》は次のように述べている。

それまでは（複数が当選する）中選挙区だったので金がかかったことは事実だ。自民党同士が争ったのが理由という言い方もあるが、選挙区が広かったという事情もある。秘書や事務所も相当の数を抱えなきゃいけない。笑い話のようだが、当時は選挙区の全ての葬儀業者と契約していた人がいた。誰かが亡くなったと事務所に連絡があると、必ず花を出して線香を上げにいく。こんなことをやっていると金がかかるのは当たり前だ。[32]

事務所を置けば、光熱費や水道代、機器や備品代などの経費がかさんでいく。選挙区を回るための車やガソリン代もかかる。政党や議員の差も大きいが、二〇一五年度の政治資金をみると、私設秘書の人件費や事務所費などの合計は平均で年間二〇〇〇万～三〇〇〇万円になる。

活動資金は政党交付金という税金で、ある程度賄われている。一九九四年に成立した政党助成法により、現在では政党交付金三二〇億円が議席率や得票率に基づいて各党に配分されている。共産党は受け取っていないが、ほかの政党はその一部を議員に配分している。二〇一八年は、衆議院議員に対して、自民党では一二〇〇万円、立憲民主党では九〇〇万円、日本維新の会は一三〇〇万円が配分されている。

しかし、それだけでは足りないため、議員はさまざまな方面から資金を集める場合も多い。ただ、個人献金の活発なアメリカとは異なり、日本では個人で献金してくれる人がほとんどいない。政治資金パーティーが頻繁に開催される背景には、先の人件費や事務所費用を賄う必要があるからだ。議員自らの歳費、資金の持ち出しも含めて、選挙を戦う生活は資金繰りとの戦いでもある[33]。

秘書の待遇面

政治資金のやり繰りは秘書の待遇の問題と相まって、一九九〇年代後半から二〇〇〇年代前半にかけて、さまざまな事件として表面化した。

公設秘書の給与は「国会議員の秘書の給与等に関する法律」で定められている。二〇二〇年段階では、第一秘書では月給が三四万から五三万円、第二秘書では二七万から三九万円である。政策担当秘書も同法の一級二号給（四三万円）以上が支給されている。他に諸手当も支給される。

政治資金の確保として、公設秘書の名義貸しと秘書給与問題が何度も発覚している。勤務実態のない人物を公設秘書に据え、秘書給与を詐取した詐欺罪や公設秘書の給与の一定額をプールしたりする不正流用が問題視されてきた。その結果、当該議員の離党や辞職、現職国会議員の逮捕にまで発展したものもあった。

背景には秘書の待遇の問題がある。議員が秘書の任免権を握り、議員が落選・引退したとき以外にも、議員が秘書を解雇できるため身分保障がない。労働環境も個々の議員の裁量による部分が大きい。このように身分が不安定なため、秘書は議員に従わざるを得ない立場になりがちである。

その後、二〇〇四年には秘書給与改正案が成立し、秘書給与は直接本人に支給されるようになった。公設秘書への寄付の勧誘や要求なども禁じられた。ただ、秘書が議員に寄付することは可能である。その後も秘書採用時に一定額を寄付するように求められる事案が指摘されるなど、秘書給与の問題がなくなっていない。

さらに、二〇一二年以降は秘書に対する暴行、暴言などが表面化し、離党や辞職に至る例も出てきている。もちろんそれ以前から潜在的にはあった問題で、根本的には秘書の待遇の仕組みを考える必要がある。

3　強まる政党の影響、求められる自助努力

政治参加の後退

議員側の取り組みに対して、有権者はどのように政治や選挙に関わっているのかを長期的な傾向からみていこう。

投票率は低下傾向にあるが、投票以外にも参加の手段はある。政治や選挙に関係した会合・集会への出席、献金やカンパなどの資金面での支援、党員としての関与など、その幅は広い。人びとはどれほど政治に参加しているのだろうか。２‐６は過去一年間の政治参加の経験率を示している。

２‐６からは有権者の政治参加の後退が明らかである。一九八〇年代までは署名や集会への出席など、やや高くなったものもあったが、その後はすべての活動が低調である。対照的

2-6　**政治参加の推移**（1973～2018年）　%

	73	78	83	88	93	98	03	08	13	18
デモに参加	4.0	3.5	2.4	1.8	0.7	0.9	0.7	0.6	0.6	0.6
署名運動に協力	24.4	25.1	29.6	32.0	21.2	24.5	21.6	18.5	16.4	10.7
マスコミに投書	0.7	0.7	0.7	0.6	0.4	0.6	0.5	0.4	0.5	0.3
陳情や抗議，請願	4.5	4.4	4.4	3.8	2.4	2.1	2.2	1.4	1.3	0.9
献金・カンパ	14.2	13.4	14.5	12.8	9.0	9.3	7.4	8.2	8.5	4.6
集会や会合に出席	12.6	12.2	17.2	13.7	12.1	9.5	11.4	8.3	7.3	5.2
政党・団体の新聞や雑誌の購読	11.0	8.8	9.9	7.6	6.0	5.5	4.7	4.0	4.5	2.9
政党・団体の一員として活動	3.1	2.6	4.4	2.9	2.5	1.9	2.2	1.8	1.9	1.1
特に何もしなかった	60.1	60.6	55.5	54.9	63.7	64.6	65.4	69.1	71.5	80.8

出所：NHK放送文化研究所編『現代日本人の意識構造』（NHK出版，2020年）付録29頁を基に筆者作成

に、特に何もしなかったという割合は一九七三年から八八年にかけてやや減少するが、その後は再び増加し、二〇一八年には八〇・八％となり、これまでもっとも参加が低調になっている。[34]

個人として政治に参加する以外にも、組織や団体を通じて意見を表明したり、影響力を間接的に及ぼすこともできる。候補者や議員からみると、団体は人びとの要望を伝えてくれる存在で、個々の有権者よりも見えやすい。

日本の特徴は数多くの生産者団体の存在である。団体への国際比較調査によると、日本は農業団体や経済団体の割合がほかの国々に比べて高い。[35] これらの団体は選挙運動にも比較的熱心であり、選挙時には団体が推薦することもある。選挙事務所には為書《ためが》きが貼られ、それは団体がその候補者を応援しているという意思表示である。

団体は主に会員への投票の呼びかけ、街頭演説など

2-7　団体の選挙運動に接した有権者の割合と団体非加入率
（1972～2011年）

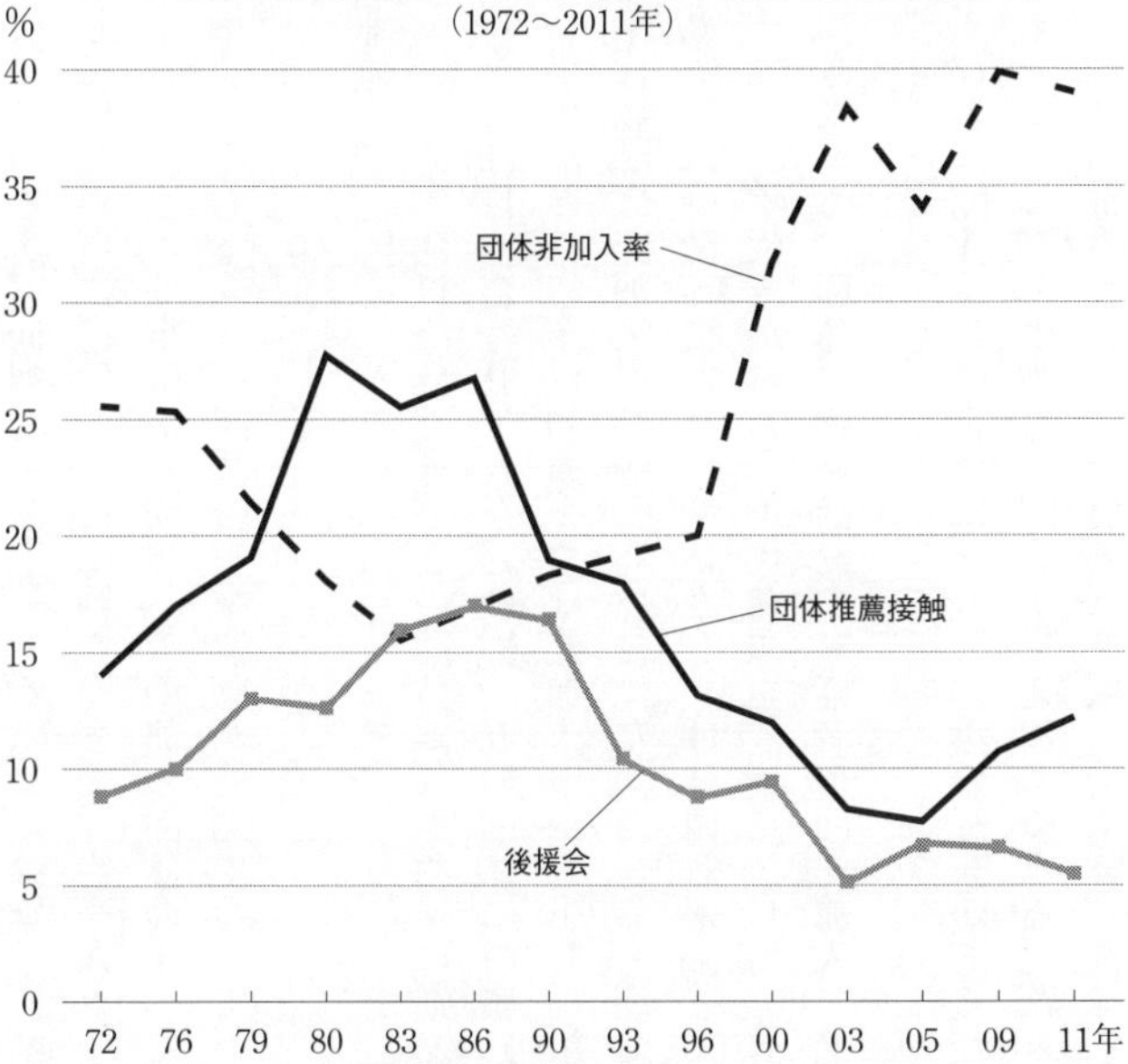

註記：団体推薦とは，団体の候補者推薦に接触したかどうかである．三つの回答（労働組合，同業組合などの仕事関係の団体，その他の団体の推薦）を足したものである
出所：明るい選挙推進協会調査を基に筆者作成

への参加呼びかけなどを行う。団体に所属する人びとの投票率は属さない人びとに比べて高い。このように、そもそもの割合と選挙運動への関わりも比較的高いため、これらの団体の声は大きくなりやすい。

どれほどの人が団体の選挙運動に接しているのだろうか。2-7は団体と後援会の選挙運動に接した有権者の割合である。

団体の選挙運動と接触する有権者が一九九〇年以降低下し、その後はや

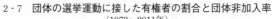

や戻しているが、低調である。一九八六年には延べ約二七%の有権者が団体の選挙運動に接触していたが、二〇〇五年には約八%まで、約一九ポイント低下している。これは労働組合、同業組合などの仕事関係の団体、その他の団体のすべてに当てはまる。一九九六年以降は七二年の水準も下回り、団体の選挙運動が低調になっている。

進む団体離れ

二〇〇〇年代以降は、人びとの団体離れも急速に進んでいる。

調査では自治会やPTAなどの約一五の団体に所属しているかどうかを尋ねている。一九七〇年代から八〇年代初頭までは非加入率が低下し、組織への加入が進んだ一方で、二〇〇〇年代以降は非加入率が四〇%前後になっている。団体に入っている人でも加入団体数が一九九〇年以降減っており、全体として団体離れが進んでいる。[36]

一九八〇年代末から九〇年代初頭を分岐点として、有権者側の政治参加の後退が顕著になってきている。団体の選挙活動や有権者の団体加入の低下も二〇〇〇年以降に、より明らかになってきた。

人びとの団体離れは議員にとって二重の意味があるだろう。

第一に、人びとの利益や関心が見えにくくなる。たとえ少数だったとしても組織化され、意見を持ち寄られれば、議員側は把握しやすい。農林水産業の就業人口は多くないが、組織化され、要望が寄せられるため、見えやすく意見も反映されやすい。議員には受け身な部分があり、持ち込まれて初めて対応する面がある。

第二に、日常活動、選挙運動上の負担が重くなる。さまざまな団体を通じた投票依頼や大規模な集会を開催することも難しくなり、人びとをつなぎ止めにくくなる。そのため候補者自身による、より細やかな活動が必要となり、時間や資金などの負担が大きくなる。

地元利益代表観の後退

では、有権者は議員にどのような役割を求めているのだろうか。

有権者の抱く代表観は議員のあり方にも影響する。たとえば、有権者が全国よりも地元を重視する代表観であれば、議員もそれに応じた行動が求められるであろう。また、公認にあたっても地域とのつながりを考慮することになるだろう。

一九八〇年代まで、日本では地元重視とそれにともなう代表観が指摘されてきた。国政全体よりも地元の利益を重視し、その利益実現に資する候補者個人を重視するものである。地元利益獲得の手腕を地元出身の候補者個人に期待し、スキャンダルを大目に見るものだった。[37]

このような代表観は一九九〇年代以降に弱まる。まず、国政志向の有権者が増えた。明るい選挙推進協会の世論調査によると、一九八〇年代までは「地元の利益のために力をつくす人」を重視する有権者が増えたが、九〇年代以降は「国全体の政治について考える人」が増加し、多数派となった。ただ、農村部では地元利益志向の人が都市部よりもやや多く、これは議員の与党志向を強めている。

内閣府の社会意識に関する世論調査でも、国民の意識変化がうかがえる。個人の利益と国民全体の利益のどちらを大切にすべきかについて、一九九一年以降、国民全体の利益が大きく伸び、多数派となっている。個人の利益を選択する人も三〇%前後で推移しているが、都市部では国民全体の利益を選ぶ人が多い。

次に、有権者が重視する候補者の資質も一九九〇年代以降に変わってきている。「手腕のある人」という候補者特性が低下し、「見識のある人」という候補者特性が上昇した。

このように、一九九〇年代以降、国政志向の有権者が増え、候補者特性でも見識が重視されるようになってきた。地元利益の実現を重視し、スキャンダルは大目に見るという代表観は弱まっている。

政党志向とスウィングの高まり

有権者は、政党と候補者個人のどちらを重視して投票しているのだろうか。

2-8は有権者が候補者と政党のどちらを重視したかを示している。候補者個人を重視する割合は増減しつつも、二〇〇〇年代以降はおおむね低調である。一九七〇年から九〇年は政党重視がやや高く、九三年や九六年には候補者重視が多数派となった。ただし、これは従

2-8　政党重視か候補者重視か（1969〜2017年）

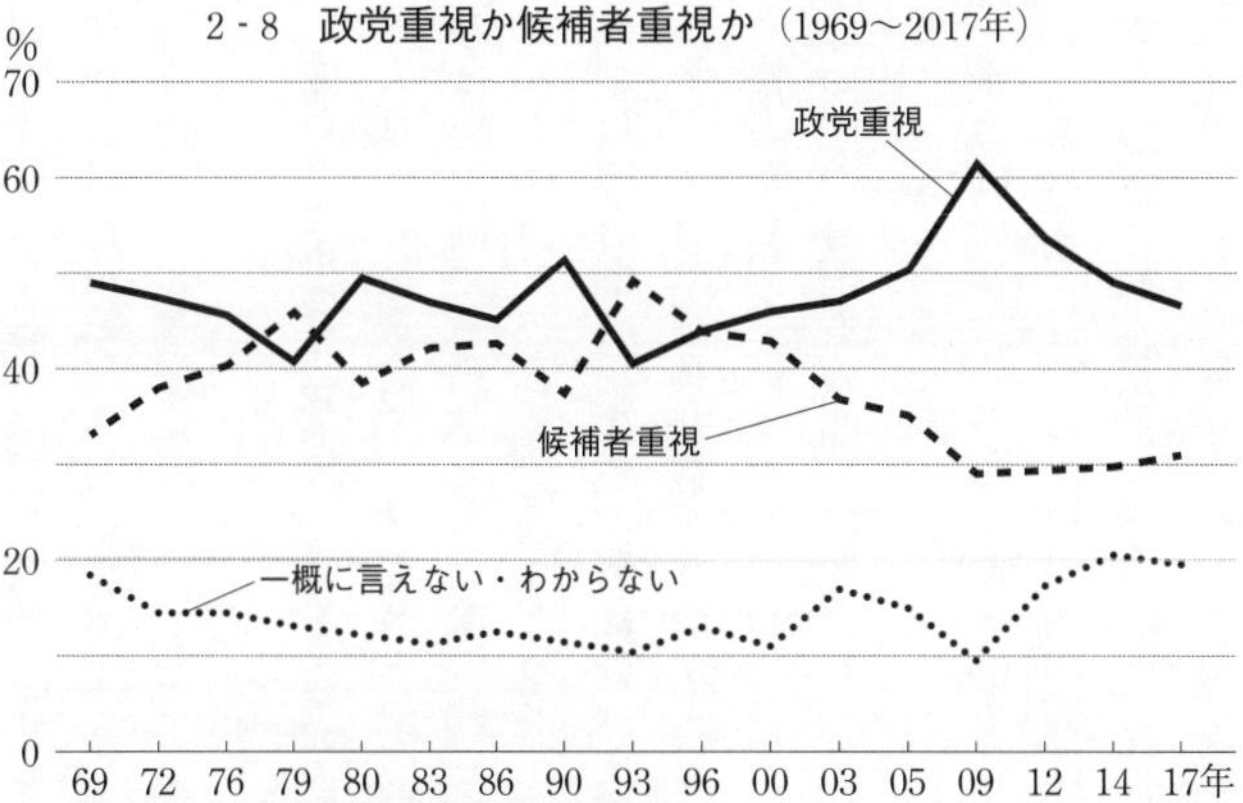

出所：明るい選挙推進協会調査を基に筆者作成

来の政党の枠組み（自民・社会・公明・民社・共産）が崩れ、新党の登場や自民党を含めた離合集散があった時期だからだろう。有権者は一時的に候補者重視に傾いたと考えられる。

二〇〇〇年以降は再び政党重視が増え、〇九年の政権交代のときには六一%と過去最高を記録した。その後、政党重視はやや減るが、候補者重視は三〇%程度のままで、政党重視が多い。

無党派層のなかでも政党重視が増え、多数派となっている。一九九〇年代前半まで、政党重視と候補者重視の比率はほぼ四対六で推移し、無党派層のなかでは候補者を重視する人びとが多数だった。しかし、一九九六年以降は差が縮小し、二〇〇三年以降は政党重視が候補者重視を上回っている。無党派層の動向が選挙結果を左右するなかで、どの政党に所属しているのかが重みを増している。

政党重視の投票は、わずかな得票差でも議席差が拡大する小選挙区制の特徴も相まって、選挙結果の流動性を高めている。特に、二〇〇〇年代以降はマニフェスト選挙（二〇〇三年）、郵政選挙（〇五年）、政権交代選挙（〇九年）、政権再交代の選挙（一二年）など、大幅な得票・議席変動をともなう選挙が頻発している。

変わる当選の原動力——強まる政党の影響

人びとの後援会や団体離れと無党派層の増加は、より得票を読みにくくしている。地方選挙は票を固める選挙とも指摘される一方で、国政選挙はどのような結果になるのかが予想しづらくなっている。議員はこのような変化をどのように認識し、対応しているのだろうか。

議員は有権者を複数の層に分けて認識しているとされる。[38] いかなる層から集票しているのかで、議員の選挙基盤がうかがえる。京大・読売調査では、議員が自らの得票をどのような有権者から得ているかを尋ねている。具体的には個人的支持者、政党支持者、他党の支持者、その他の有権者の四つに区分し、全体で一〇〇％になる。2-9は得票源の平均値と標準偏差である。

議員は得票の約八割を個人的支持者と政党支持者から集票したと認識している。どちらの党の議員も、自らの得票の四四％ほどを自身の支持者から得たとしている。自民党議員は政党支持者の割合が三八・五％（民進党は二九％）であり、他党とその他の有権者割合が一七・八％（民進党は二六・二％）を占める。政党支持者からの集票以上に、議員自らが構築

2-9　得票源の認識（2016年）％

		自身の支持者	政党支持者	他党支持者	その他	N
自民党	平均値	43.8	38.4	8.0	9.8	75
	標準偏差	22.3	21.3	7.8	10.9	75
民進党	平均値	44.8	29.0	12.7	13.5	46
	標準偏差	18.6	18.0	8.7	12.1	46

註記：Nはサンプル数
出所：京都大学・読売新聞共同議員調査（2016年）を基に筆者作成

してきた部分が大きいとみている。

では、議員は何が当選の原動力だったと認識しているのだろうか。

国政選挙（二〇一四年）の当選の原動力を「一　効果なし」から「五　効果あり」の五段階で尋ね、どのような要素が当選につながったと捉えているのかを尋ねた。2-10は政党別の平均値である。

自民党をみると、所属政党の力が四・四ともっとも高く、次いで後援会が四・三、関連団体、個人的な関係者が三・九となった。依然として後援会も高いが、政党が最大の原動力と認識している。

民進党をみると、個人的な関係者が四・三、後援会が四・一、自分の力量、自分の政策、関連団体が三・六で並んだ。自民党と異なり、所属政党の力は二・九とかなり低く、個人の力が当選の原動力と認識している。これは二〇一四年総選挙を振り返ってもらったものだが、民主党への評価が芳しくないなかで、当選してきたことを反映している。

当選の原動力として、政党が比重を高めたのは二〇〇五年とされる。自民党議員調査（二〇〇九年）によると、当選の原動力は二〇〇五年から党の評価が第一になり、個人の活動の効果よりも高いと認識する

2-10　当選の原動力の認識（2016年）

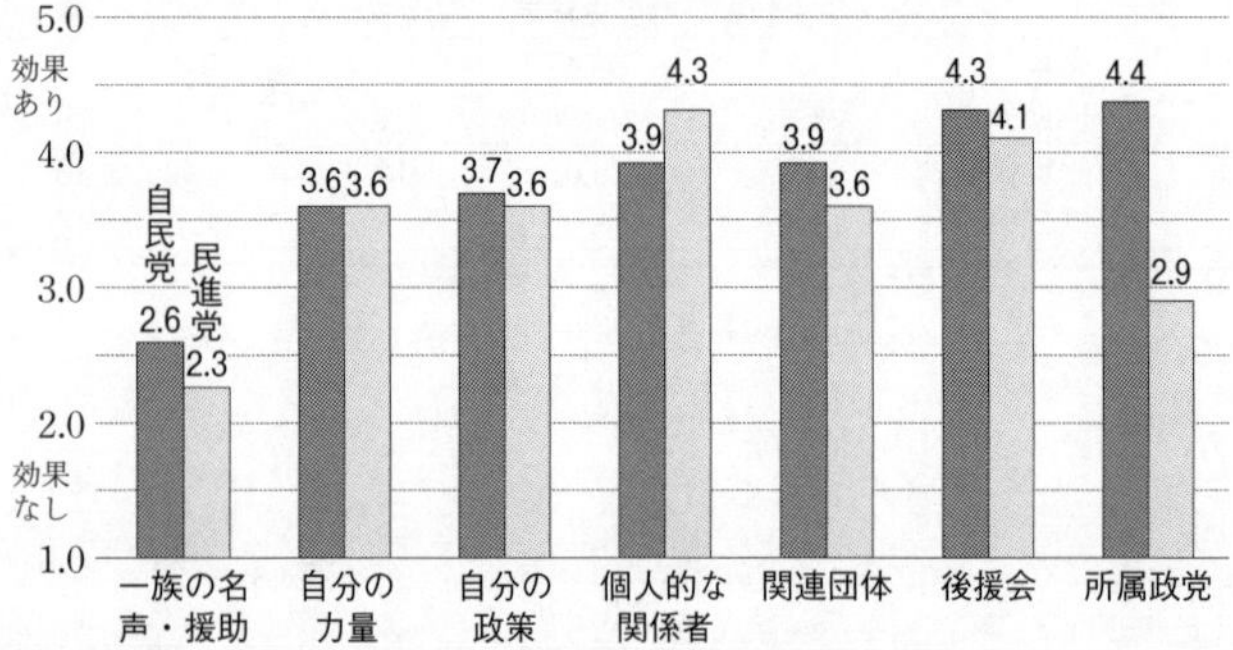

出所：京都大学・読売新聞共同議員調査（2016年）を基に筆者作成

ようになった。[39] 小選挙区制の導入から約一〇年を経て、選挙のあり方は大きく変わったのだ。

当選の原動力が変化するなかで、議員はどのように対応しているのか。政党幹部と一般の議員の間ではやや異なる面がある。

政党幹部は日常活動の徹底と後援会の拡充を促し、自民党の中堅以上の議員であっても全国的な得票変動に対応するため、選挙区活動を維持・拡大したことが読み取れる。ただ、中選挙区制下では日常活動が明確に得票につながっていたが、小選挙区制下ではその効果が明確とは言えず、日常活動の得票への効果は低下している。[40] 後援会活動に意味がないわけではないが、時間や労力のかかる後援会について、かつてほど重視しない姿勢を示す議員もいる。[41]

限定的、補助的なネットメディア

議員自らが地域を回る以外に、メディアを通じた集票活動はないのだろうか。

政治家は自らの存在、主張、活動を伝えるため、さまざまなメディアを活用する。日常生活でネット環境が進むなか、議員はテレビ、新聞、ネットメディアをどのようなものとして捉えているのだろうか。

東大・朝日調査（二〇〇七、〇八年）によると、テレビは新聞やインターネットに比べると、顔や名前、人柄を知ってもらう面が強い媒体で、投票行動への影響も大きいと認識している。他方、インターネットは政策や姿勢を知ってもらうもので、投票行動への影響はテレビや新聞に劣る、もしくはかなり限定的という理解である。議員の認識ではテレビ、新聞、ネットメディアの順序となる。

ただ、テレビに何度も出演する議員は限られる。テレビ・ラジオ出演について、年に一〇回以上の議員は一〇％程度だ。党の幹部は役職の関係から出演することもあるが、多くの議員にとっては頻繁に出演できるものではない。テレビは影響力が大きいと認識しつつも、やや縁遠い媒体だ[42]。

ネット選挙の解禁は二〇一三年だが、それ以前から候補者のウェブサイトはあった。二〇〇〇年衆院選時には開設率が二八％だったが、その後急増し、〇七年参院選以降はほぼ八割に及ぶ[43]。現職議員をみると、二〇〇〇年代前半までにほとんどの議員がウェブサイトを設けていた。さらに、二〇一〇年代にはＳＮＳを通じて情報を発信する議員が増えている。

二〇一三年に公職選挙法が改正され、ネット選挙が解禁された。これにより、ホームページなどウェブサイトで政党や候補者、さらに有権者による選挙運動が全面解禁された。ツイッターやフェイスブックも含め公示、告示から投票前日まで支持や投票の呼びかけが可能となり、政党や候補者はメール送信による運動も認められた。この改正までは、こうした運動が文書図画の頒布として禁じられてきた。

公職選挙法改正後の利用状況をみると、多くの議員がネットメディアを活用している。二〇一三年参院選では九割の現職候補、一四年総選挙でも七割を超える現職候補が数日に一回以上の頻度でツイッターやフェイスブックに書き込みを行うと回答している。[44] 二〇一七年総選挙時のメディアの活用状態をみると、半数以上の候補者が使用している。ツイッターは一一八〇人中六三九名（五四％）がアカウントを開設し、フェイスブックの利用率は七三％で、媒体はフェイスブックがより重視されている。

ただ、ツイッターでの政策論争は低調だ。二〇一七年総選挙時の投稿内容をみると、小政党は政策論争や双方向型のコミュニケーションに積極的だったが、大半は告知や報告だ。政策に関するものは全投稿の一五％にとどまり、政策が中心を占めたわけではない。これらの傾向は二〇一三年参院選も同様で、他国でも指摘されているものである。[45]

ネット選挙運動は広がってきているが、有権者への影響は、かなり限定的だ。[46]

明るい選挙推進協会の調査によると、二〇一七年総選挙で、インターネットによる選挙運動（政党や候補者のHP、ブログ、SNSなど）に接触した割合は一〇・三%にとどまる。そもそも選挙時に、インターネットを利用しなかった人が六二・一%で、選挙に関する情報を入手する経路としても中心的ではない。

ただ、少数ながらも特定の人びとには影響がある。二〇一七年総選挙でネット選挙運動に接触した割合は一〇・三%だったが、役立ったかどうかでは五・五%である。低い数値のようにみえるが、たとえば、政党・候補者の街頭演説への接触率は一九・七%とネット選挙運動の倍近いが、役に立った割合は五・九%である。現状では、ネット選挙運動は幅広く伝わるものではないが、届いた人びとにとっての有用性は比較的高い。

また、ソーシャルメディアの利用には副産物もある。議員への聴き取りで、ソーシャルメディアの利用は日常活動や自らの考えを発信することで、特定の人びとへの保温効果があるかもしれないとの認識や、ボランティアが集まることにつながったとの例が挙げられている。

さらに、日本の有権者は約一億人で、一%は一〇〇万人に相当する。もちろん数%の人びとがまとまった行動をとるわけではないが、それでも参議院の比例区でみれば、一%は一議席に相当し、無視できないものだ。[47]

4　政党・政策本位に転換したか

個人中心の選挙が政党、代表制に及ぼす影響

この章では、選挙に関連して候補者がどのように支持を広げていくのかをみてきた。候補者、そして当選後も国会議員は日常活動に勤《いそ》しむ。選挙区での活動日数は選挙制度改革後もあまり変わらず、秘書の配置や役割も地元活動に比重がある。ただ、政党や内閣の評価に基づく投票が強まり、当事者たちの日常活動が得票に結びつく程度は低下している。

他方で、多くの秘書を雇用し、個人的な依頼や陳情に対応し、後援会を拡充して選挙に臨むというスタイルは縮小している。ただ、政党組織が拡充されず、ネットなどの手段もまだ日常活動を代替できるものではなく、議員は街頭活動とともに地域を回り、イベント出席やミニ集会をこまめに行っている。

個人中心の日常活動、選挙活動のあり方は日本の政治にさまざまな影響を及ぼしてきた。

第一に、地元活動に時間を割きにくい人びとが選挙に参入しにくいことである。

地元活動を増やすには秘書などを雇用し、資金を投入するか、本人が時間を割くかである。たとえば、四代にわたる政治家で財力にすぐれた鳩山由紀夫《はとやまゆきお》は雇用していた秘書も多く、新人議員の頃から政治資金が豊富でそれを活用できた。鳩山はもちろん例外で、政治資金を投

入できない候補者の場合、自らの時間を活用することになる。ただし、それは地元活動に時間を割きにくい女性や共働き世代にとっては、政治家への参入障壁にもなる。

また、有権者とのコミュニケーションは欠かせないが、夜遅くまでの会合などに対応しにくい人びとを遠ざける可能性もある。一票の力を振りかざす有権者のハラスメント行為である票ハラスメントのような問題も起きやすくなる。

第二に、政党への影響である。特に、党幹部への昇進条件が左右される。

公明党や共産党のような組織政党は異なるが、議員個人が選挙基盤をある程度形成する政党では、選挙の安定度がその後の活動や昇進を左右する。昇進基準として議員歴の長さが重視されると、党幹部になるうえで当選を重ねることがより重要になる。この点で、世襲議員や選挙結果が比較的安定している農村部選出議員の方がキャリアを積みやすく、昇進しやすい構造になる。一票の格差是正など、農村部が手厚く代表される構造は弱まっているが、依然として都市部よりも農村部が代表されるのは、こうした傾向による[48]。

他にも、政党の不安定さを高める要因となる。地盤が安定せず、再選を見通しにくいことは議員が政党の評判を上げるために党首の交代を求めたり、自らの再選を重視した造反や政党を移動したりする可能性を高くする。党幹部レベルでも自らの選挙区に傾注する必要が高まり、党全体を見渡すことを難しくする。

日常活動や選挙活動のあり方は組織政党を例外として、政党内の昇進基準を媒介しつつ、女性や子育て世代の過少代表、世襲議員の輩出、農村バイアスを生み出している。

改革後の課題

議員個人による集票の努力は今後も減らないだろう。団体による集票活動は低下傾向にある。[49] さらに、自民党に顕著なことだが、市町村合併で地方議員を通じた集票力は低下している。公共事業予算も最盛期に比べれば減少し、補助金の獲得による支持の拡大も難しくなっている。特別交付税のように議員の働きかけが影響しているとみられるものはあるが、選挙アピールとしても地域向けの公約、農水や建設関係の公約は減っている。[50]

議員自身の活動量を減少させる要因は見当たらず、今後も議員の選挙区活動が横ばいか増加傾向が続く、もしくは地道な活動や後援会の拡張を回避する傾向を強める可能性を示唆している。

政治改革は当選の原動力と政治資金に変化をもたらしたが、個人中心の集票活動を変えるまでには至っていない。政党本位、政策本位の選挙が選挙制度改革時のスローガンとして掲げられたが、制度改革は候補者に政党を軸とした選挙区活動、組織整備を積極的に促すほどの誘因を提供していないからだ。候補者の活動レベルでは十分に浸透していない状態である。

政党の評価に左右されにくい支持を獲得するには、強固な党組織や集団の支持があれば別であるが、ほとんどの議員にとっては自身への支持を広げるしかない。

政策や政党中心の選挙に変えられるのか

選挙や議会を考慮すると、政党政治は必要である。政党があることで、有権者は候補者個人よりも安定的な担い手と政策を選択しやすくなる。政党を中心としつつ、判断の軸を個人のサービスではなく政策や業績などの評価に基づく形に移行する方向性を考えるべきだ。以下では選挙運動、日常活動を左右する公職選挙法と選挙制度の二点について特に述べておきたい。

第一に、選挙運動に厳格な規制を定めている公職選挙法の緩和である。公職選挙法は選挙運動を時期、主体、方法の三面から規制している。

時期については選挙運動期間を設け、それを徐々に短縮してきた[51]。衆議院は、一九五〇年の制定時には三〇日だったが、五回の改正を経て、九四年には一二日にまで短縮されている。参議院も当初の三〇日から四回の改正を経て、一七日まで短くなっている。選挙と選挙運動期間は、候補者や政党間の競争を機能させ、それまでの取り組みと今後の方向性を吟味する期間で、短い期間は望ましくない。

実際、選挙運動期間に投票先を決定する有権者が増えている。明るい選挙推進協会の世論調査によれば、一九七六年から二〇〇九年まで、投票先を告示日以前に決めている有権者は投票者の六〜七割程度だった。しかし、二〇一二年以降は選挙運動期間中に投票先を確定する投票者が四〜五割に増えており、判断に時間をかけていることがうかがえる。棄権した有権者も棄権を決めたのは選挙運動期間や投票日当日が多数である。

有権者と候補者、政党との関わりが薄くなり、投票率も低下するなかで、有権者が判断する期間を確保することがより重要になっているのだ。

主体と方法について、選挙運動の制約が多いことも問題だ。現在、有権者と政党、候補者間の接触の機会は抑制されている。たとえば、戸別訪問は一般的な選挙運動であり、政治参加を促すものだが、日本では禁止されている。また選挙ビラなどの文書図画も一定の種類と枚数を除き、禁止されている。インターネットの利用についても、候補者、政党以外の者が電子メールを送信することは禁じられている。

このように公職選挙法は候補者だけでなく有権者も縛り、有権者を受け身な状態にし、政治参加や知識、態度を身につけていく政治的社会化の機会を奪っている。有権者が参加し、候補者や政党を評価するうえでの材料を拡充する余地は残されているはずだ[52]。

もちろん、候補者の情報や候補者と有権者の関係が増えることによって、冠婚葬祭などの有権者サービスが増加しないようにする必要はある。

たとえば、日常活動や政治資金について、寄付に対する認識がある。政治家が選挙区内の人に寄付することは禁止され、原則として罰則の対象である。一九九九年から二〇一九年までの統一地方選挙時の有権者調査によると、九割の回答者は禁止されていることを知ってい

2-11　**有権者の寄付に対する認識**（1999～2019年）　%

	99	03	07	11	15	19
お歳暮やお中元	75.7	76.0	77.1	78.2	75.4	76.3
入学祝，卒業祝	62.8	63.1	65.1	67.5	66.0	68.7
町内会の集会や旅行などの催し物への寸志や飲食物の差し入れ	57.3	54.1	59.1	58.5	56.7	57.7
落成式，開店祝いの花輪	55.1	52.8	40.9	54.2	45.3	47.8
葬式の花輪，供花	51.2	50.6	53.5	46.8	37.4	37.5
お祭りへの寄付や差し入れ	51.6	50.4	51.4	53.9	46.9	49.3
地域の運動会やスポーツ大会への飲食物の差し入れ	50.4	48.3	51.7	53.6	48.0	50.3
秘書等が代理で出席する場合の結婚祝	41.4	42.5	42.0	45.3	34.9	39.0
秘書等が代理で出席する場合の葬式の香典	39.5	40.9	40.9	42.7	33.2	37.3
病気見舞	39.3	40.0	42.2	45.2	32.8	35.7

出所：明るい選挙推進協会調査を基に筆者作成

たと答えている。ただ、具体的な事例については認識にばらつきがあり、周知徹底の余地は大きい。

2-11は有権者の寄付についての認識である。

調査では「お歳暮やお中元」などについて、罰則をもって禁止されている寄付にあたると思うかどうかを尋ねている。「お歳暮やお中元」や「入学祝、卒業祝」は六～七割程度で、十分とは言えないが比較的認識されている。しかし、「お祭りへの寄付や差し入れ」「地域の運動会やスポーツ大会への飲食物の差し入れ」は五割程度で、「葬式の花輪、供花」、「病気見舞」、「秘書等が代理で出席する場合の結婚祝」、「秘書等が代理で出席する場合の葬式の香典」は四割未満である。禁止が十分に認識されていない。

政治家による寄付の禁止は認識されているが、具体的な行為については認知度に差があり、またこの二〇年間で数値にほぼ変化がなく、周知を徹底する必要性がある。[53]

第二に、選挙制度、特に国政と地方の選挙制度の関係である。[54]

選挙制度については、中央だけでなく、地方にも目を向ける必要がある。政治改革を経て、国政の選挙制度は政党中心となり、政党を軸に判断する傾向は強まった。だが、地方選挙ではいまだ政党が基準になりにくく、一貫していない。政党組織も個人の活動に依拠した状態で、組織の整備はあまり進んでいない。

二〇〇九年の野党転落時に菅義偉《すがよしひで》は次のように述べている。

地方組織がしっかりしているのが、自民党の一番の強みですね。ただ地方組織は後援会と一体化し、後援会の連合体になっていることが多い。そのまま党組織に移行するのは難しい。〔中略〕個人の後援会を強くするのは当然だ。そこはキチっとするのと同時に、党組織の問題がある。だが党組織は、日本ではどうしても個人についてきてしまう。[55]

地方議員の選挙制度は小選挙区制もあるが、中選挙区制がいまなお大半を占める。同士討ちをともなうため、同一政党内でも議員間に競争があり、協力を阻害している。結果として、地方レベルでは政党組織の形成を阻害し、国政レベルでの政党の不安定化につながっている。少なくとも議員間の協力を阻害する中選挙区制のような選挙制度からの変更が必要である。

たしかに国政選挙では、個人よりも政党が重視されるようになった。一方で、党組織や支持者は縮小している。有権者が参加し、政党や政策、候補者を判断しやすい環境を充実させると同時に、政党の組織化を促す必要がある。そうでなければ、有権者とのつながりが薄く、政党が政策や組織をともなわなくなるからだ。政党の評判が落ちると、政党の離合集散につながる。それでは政党が安定的な選択肢になりにくく、公約や業績評価の意味が薄くなる。結果として、統治の担い手も政策もどちらも選べない選挙になり、政治不信を高めてしまう。[56]だからこそ国政とともに地方も一貫した選挙制度により、政党を安定した組織にする必要があるのだ。

第3章　立法過程への参画——議員の仕事

国会議員の仕事は、有権者を代表し、優先順位を判断し、政策や法律を作り、異なる価値観を調整し、行政を監視することだ。

ただ、個々の議員が政党や国会でどのように活動しているのかは見えにくい。メディアの報道はその時々の課題や注目を集める法案が中心で、首相や大臣、幹事長などの役職者の動向を伝えることがほとんどだ。国会の審議も多くの時間が注がれているが、スキャンダル追及や大臣の失言、採決時の様子などの印象が強いかもしれない。

これは戦後から一九六〇年代までに徐々に形成された、政党内の事前審査制を軸とした立法過程が持続していることによる。与党は国会提出前に合意を形成し、法案の早期成立をめざす。野党の対案はほとんど審議されず、野党は内閣提出法案（閣法）の問題点の指摘や成立阻止の抵抗に傾注する。一九九〇年代の政治改革で議員レベルにはさまざまな変化があったが、国会改革は十分に進まず、それまでの立法過程が持続している。

この章では、議員が政党や国会で具体的にどのような活動をしているのか、またその背景にある仕組みをみていく。そのうえで、審議の充実と行政監視の強化という、目に見える形での活動が増える方向性を考えたい。

1 政党内での役割──継続する事前審査制

部会の仕組み、政務調査会の構成

政党では朝から会議が開催されている。3-1は二〇二一年二月一七日の会議情報である。午前八時から複数の会議が同時に開催されている。会議は朝食をまじえつつ、国会での委員会開催までには終了することが通例で、午後から始まるものも多い。ここでは国会とは別に政策についての活動をしている。与党議員の場合、提出前段階の議論が実質的な場である。

政党には政策審議機関がある。自民党の場合それは政務調査会である。政策の調査研究、立案のために設置され、党の方針や法案の形成、選挙公約の作成なども担う。トップは幹事長、総務会長に並ぶ党三役の一角を占める政務調査会長である。

政務調査会の下には位置づけの異なる会議体がある。その中心は部会であり、中央省庁、国会の委員会におおむね対応した一四の部会がある。農林水産関係は農林部会と水産部会に分けられ、内閣部会は案件の増加から二〇一六年八月に内閣第一部会、内閣第二部会に分けられた。これら以外は省庁と一致する。

3-1　各政党の政策会議（2021年）

自民党	
文部科学部会・知的財産戦略調査会合同会議	午前8時
金融調査会地域金融に関する小委員会	午前8時
所有者不明土地等に関する特別委員会	午前8時
航空政策特別委員会・航空議員連盟合同会議	午前9時30分
2050年カーボンニュートラル実現推進本部	午前11時
外交部会・外交調査会・国際協力調査会合同会議	正午
財務金融部会	正午
競争政策調査会	正午
データヘルス推進特命委員会	午後2時
いわゆる「ひきこもり」の社会参画を考えるPT	午後5時

公明党	
鳥インフルエンザ対策本部・農林水産部会合同会議	午後2時
法務部会	午後4時

立憲民主党	
総務部会	午前8時
NPO関連予算公開ヒアリング	午前9時40分
新型コロナウイルス感染症ワクチン接種に関する課題検討PT総会	午前10時30分
厚生労働部会	午後0時30分
農林水産部会	午後4時
財務金融・行政改革部会合同会議	午後5時
財務金融・党税制調査会合同会議	午後5時30分

日本維新の会	
文部科学部会	午前9時
拉致対策本部勉強会	午前11時

国民民主党	
新型コロナウイルス対策本部	午後5時

出所：『衆議院公報』（2021年2月16日）を基に筆者作成

3-2　自民党政務調査会と審議過程

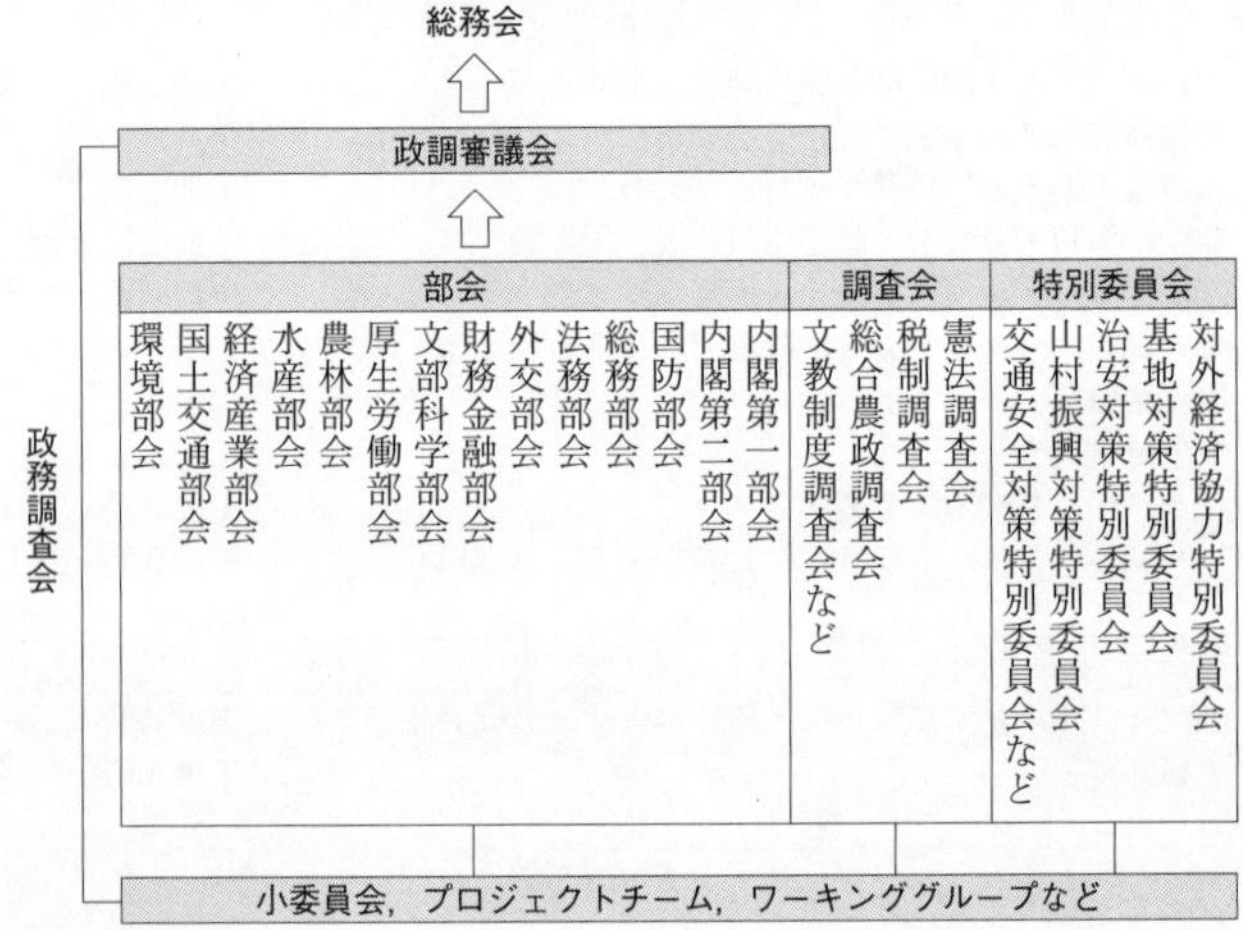

出所：筆者作成

部会は政策立案・法案審査などの実務の中核機関で、部会長が責任者となって運営する。法案などの内容に関わる修正の多くも部会で行われている。

政務調査会にはそのほかに調査会や特別委員会なども設置されている。調査会は中長期的、総合的な観点から基本政策を検討する。特別委員会は省庁横断的な特定の課題を扱うことが多い。部会や調査会には大規模なものもあり、個別の問題を扱う小委員会やプロジェクトチーム（PT）なども置かれる。[1]議員の参加に制約はなく、いずれの会議にも参加できる。

この他に、非公式な会議体として、役員会、幹部会（インナー会議）と呼ばれる、その分野に詳しく経験豊富な少数の議員による会合がある。先述の党所属国会議員であれば誰でも参加できる「平場《ひらば》」と呼ばれる会合と異なり、役員会、幹部会に参加できる議員は限定される。

役員会はほぼすべての政策分野にあるとされる。たとえば、農林役員会は約三〇名で農林部会や調査会に設置されている委員会の長などで構成される。役員会は決定の場ではないが、平場で決める案件の事前審査を行い、平場の議論が混乱なく進むようにする役割を担っている。

すべての政策分野にあるわけではないが、幹部会（インナー会議）もある。農林関係をみると、幹部会の構成員は一〇名前後である。メンバーは部会長や調査会長を補佐するために、相談役として存在し、長が判断に困った場合に助言する。また、幹部会での結論について、部会長や調査会長とともに責任を分担し、平場の議論では説得する側に回る。

たとえば二〇一九年九月以降の農林部会幹部会は、以下の九名の構成だった。塩谷立《しおのやりゅう》（農林・食料戦略調査会長）、吉川貴盛《よしかわたかもり》（同会長代理）、森山裕《もりやまひろし》（同特任顧問）、齋藤健《さいとうけん》（同幹事長）、宮腰光寛《みやこしみつひろ》（農業基本政策検討委員会顧問）、小野寺五典《おのでらいつのり》（農業基本政策検討委員長）、林芳《はやしよし》正《まさ》（農地政策検討委員長）、野村哲郎《のむらてつろう》（農林部会長）、山田俊男《やまだとしお》（都市農業対策委員長）。農林関連の役職者を中心に構成され、当選回数の少ない議員が入ることもあるが、この時期は九名中七名が閣僚経験者で、四名が農林水産大臣経験者だった。

政務調査会に属する会議以外にも総裁直属の本部がある。自民党の党則七九条には「総裁は、必要に応じ総務会の議を経て、臨時に特別の機関を設けることができる」と定められている。小泉純一郎や安倍晋三が総裁時には多くの本部が党内に設置され、政策提言が行われた。

では、各議員は、さまざまな会議があるなかで、どのような会議に参加するのか。それは数を含めて議員間で差が大きい。

部会では内閣提出法案（閣法）の審査など、比較的固まった案件が扱われる。案件の詰め具合は異なるが、すでに役員会での検討も行われており、部会は原案や議論の積み重ねのあるものが比較的多い。省庁から提示された原案はすでに与党の意向を踏まえたものでもあり、ほとんどが原案通りに承認される。[2]

他方、調査会や総裁直属の本部はゼロからの議論が可能となりやすい。その会議を重視し、新規のテーマや政策提言に意欲的な議員もいる。

活発な政党内での政策活動

では、政党の政策会議はどの程度開催されているのか。

国会開会中に議員に配布される『衆議院公報』から自民党と民主党の活動量をみてみよう。[3]

3-3は一九五五年から二〇一四年までの政策関係の会議総数である。

自民党をみると、年間で少なくとも一三〇〇回ほどの会議が開かれ、非常に活発に活動し

3-3　**自民党政務調査会，民主党政策調査会の会議数**（1955～2014年）

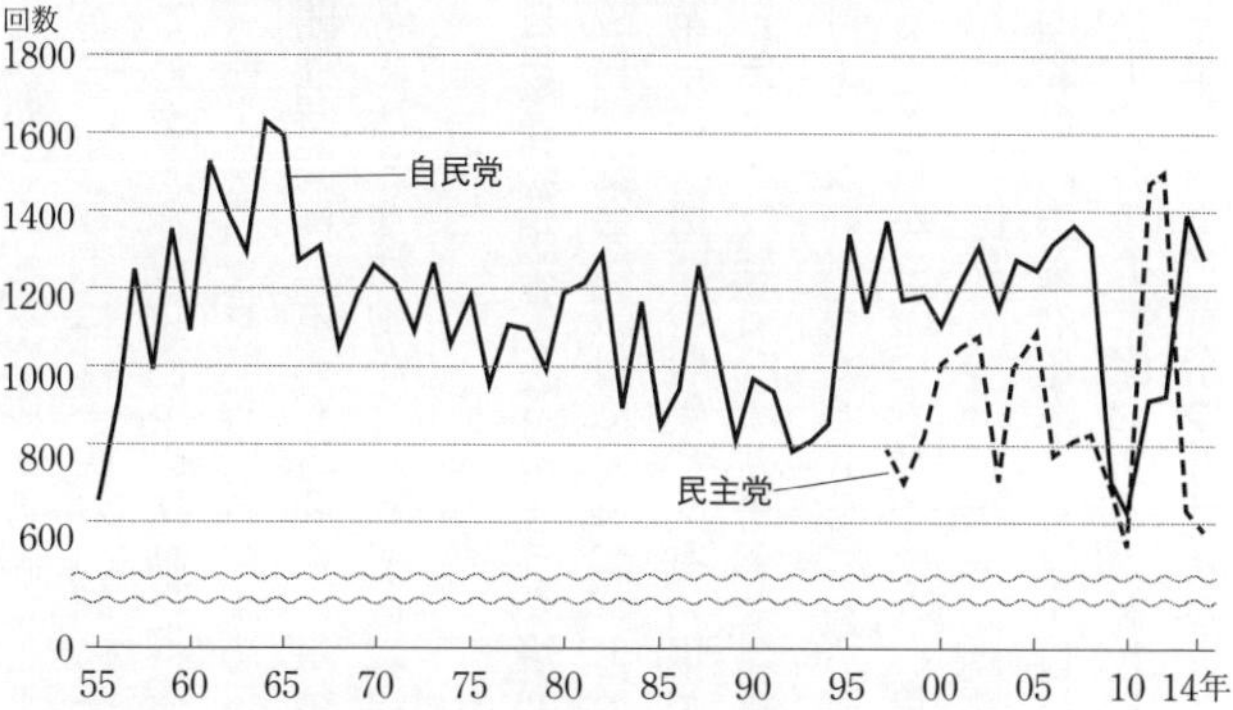

出所：1985年までは佐藤誠三郎・松崎哲久『自民党政権』（中央公論社，1986年），1986年以降は『衆議院公報』を基に筆者作成

ている。二〇〇〇年代以降、官邸主導の傾向が強まっているが、党側の活動量は決して低下していない。

会議開催数は与党であるか否かで差が大きい。野党時代の自民党では年間八〇〇回ほどで、野党時代の民主党と同程度だ。月単位でみると、与党と野党では、八月や年末の会議数で大きな差がある。与党の場合は予算編成のサイクルに合わせた活動があるが、野党時代の民主党の場合は国会審議に対応した活動が中心で、先の時期の活動が少ない。

与党時代の民主党の場合、同党が実行した事前審査制廃止の影響がうかがえる。民主党は年八〇〇回ほどの会議を結党の翌年から恒常的に開いていたが、政権獲得後の二〇一〇年の会議数が一九九七年以降の水準も下回っている。野党となった自民党よりも少ない。議員数が数倍になっている

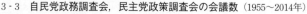

にもかかわらず、活動が低調なことは各議員の活動の場が十分でなかったことを示している。だが二〇一一年には一四六〇回の会議が開催され、それまでの一・八倍もの活動が行われた。

このような政党内での活動には密接な政官関係がある。各府省庁の業務量調査（二〇一八年）によると、官僚が出席を求められた政党の会議は一万一六〇七回にのぼる。国会の委員会開催時間は二六三七時間で、単純な比較はできないが、国会に法案が提出される前段階で、非常に活発な活動が行われている。

自民党政務調査会はどのような場か

政務調査会は議員にとって、どのような場なのか。主に四つの側面がある。

第一に、情報の収集や共有の場である。

部会などの会議には専門家や各種団体、当事者をはじめ、さまざまな人びとをヒアリングに呼ぶ。支持政党が自民党ではない団体や個人を含め関係者が参加し、現状や要望を伝えている。議員が会議に参加できない場合も秘書による出席や資料収集が行われている。

第二に、関係者の合意形成、調整の場である。

内閣提出法案の起案は官僚が担い、部会に出席し、説明や答弁をする。議員の発言を受けて修正するのも官僚である。もちろん部会に提出する以前の段階から官僚は部会関係者の意向を聞きつつ、省庁の方針との折り合いをつけながら進めていく。

業界団体は省庁に直接働きかけるだけでなく、議員へ陳情する。議員はそれを受けて団体からの要望を代表する面もある。さまざまな領域にまたがる問題では合同会議も頻繁に開催され、幅広い合意形成が優先されている。このように、部会は議員、官庁、業界の関係者間での調整の場となっている。

第三に、政府との調整の場でもある。政務調査会は与党議員の合意形成を進め、さらに政府との一体性を確立する場である。与党がまとまったとしても政府との調整がつかないこともある。特に、規制改革などの場合には改革を進めようとする政府と、慎重な立場を示す与党との間で調整がつかないこともある。調整が不調に終わると、法案の提出見送り、国会での審議の停滞、造反などの形で表面化する。

第四に、議員間での能力評価の場である。

会議への出席は関心の程度を示すことになり、日常的に参加していれば、徐々に認知される。会議での発言内容がほかの議員、特に各分野の幹部議員にも響くものであれば、人事の際に名前が挙がることも出てくる。また、部会長などの役職者の能力評価の機会でもある。有権者が判断できる機会という意味では国会などの公開の場が望ましいが、少なくとも関係する議員や官僚の間では誰が参加し、熱心に取り組んでいるのか、政策形成や調整の技量があるのかが認識され評価されていく。

このように、政務調査会は情報の収集や共有、与党議員間や関係者の調整、政府与党の一体化をはかる場、議員個人の能力評価の場として機能している。政策審議機関は各党に存在するが、どのような役割を果たしているのかには差がある。

事前審査の発達

自民党では部会、政調審議会、総務会の順に審議が進み、総務会の決定により党議拘束がかかる。

政調審議会とは政務調査会内の決定機関であり、政務調査会長と副会長から構成される。この会では各部会などで審議された案件を審査し、決定した案件は総務会に送られる。総務会とは党大会や両院議員総会に代わる、常設の最高議決機関である。総務は衆参両院の公選と総裁指名とによって選出され、ベテラン議員が就任することが多い。人事の承認をはじめ、政務調査会が決定した政策案の了承なども行う。総務会の議決は党則上、過半数とされるが、全会一致が慣行となっている。

内閣が法案を提出する際に、与党の事前審査を経たうえで提出される。事前審査自体は戦前から行われていたが、徐々に国会提出前に徹底され、党議拘束も強まった。一九五二年には自由党で議員立法の提出に党の承認を求めるようになり、五五年には他党も同様になった。自民党政権下では一九五〇年代前半の自由党時代の吉田茂《よしだしげる》ワンマン体制への反動から、事前審査が徹底される。それでも、政府提出の重要法案が自民党議員の反発により成立しないこともあった。

また、予算をともなう議員立法が政府案とは別に提出され、成立すると、予算の修正が必要となる。そのため、政府側から自民党へ議員立法抑制の申し入れが一九六〇年代前半まで続いた。自民党の要求が事前審査のなかに内閣提出法案や予算編成として組み込まれ、徹底される一方で、内閣の法案提出権を事実上制約するまでに制度化した。[4]

日本の事前審査の発達は国際的に特異である。

同じ議院内閣制を採用するイギリスでは、政府提出法案の内容は少数の与党幹部議員にのみ知らされ、一般議員は議会に提出されてから内容を知ることもある。一九九七年以降は草案の段階で政府が内容を公表し、庶民院（下院）の省庁別特別委員会などで草案を事前審査する仕組みが導入された。ただし、これは議会における委員会の審査で、対象となる草案も政府側の判断である。[5]

ドイツでは議会審議の始まる前の早い段階で法案を作成する各省から、連邦政府が正式に決定する前段階の法案を政党会派事務局などに送付し、事前の情報提供が行われている。[6] そのうえで、議会内での法案修正も活発で、議会での修正率の低い日本とは異なる。

イギリス、ドイツともに法案が提出された後に委員会と並行して政党内で審議される。そのため、与党が国会提出前にすべての法案を審議する日本の形とは異なる。[7]

強い党議拘束

日本の党議拘束の強さと対象範囲の広さも国際的に特異である。

まず、日本の多くの政党では、ほぼすべての案件に党議拘束がかかる。党議拘束のかからない場合を「自由投票」と呼ぶが、日本では自由投票はほぼない。政党の方針に従った議会内での投票行動が各議員に迫られる。多くの国で党議拘束は政党によって一様ではない。

ただし、日本でも例外がある。自民党をはじめ、多くの政党が党議拘束を外した珍しい例として、一九九七年の臓器移植法案がある。この法案への対応をめぐって、自民党では党議拘束を外すことを決めた。そして、臓器移植法案の成立後、議員個人の倫理観、価値観に判断を求める性格が強く、政調審議会で個々の自主的な判断を尊重すべきとされた場合、正規の手続きを経たうえで党議拘束を解除する例外的措置が作られた。二〇〇九年の臓器移植法の改正時も党議拘束が外された。ただ、ほかに該当するものはほぼない。

公明党や共産党も党議拘束が強い。公明党が党議拘束を外した例は二〇一六年のカジノを含む統合型リゾート（ＩＲ）整備推進法案がある。党内の意見集約に至らず、常任役員会で党議拘束を外すことを決めた。一九九八年のサッカーくじ（ｔｏｔｏ）法案のときにも党議拘束を外しているが、自由投票はきわめて限定的である。共産党の場合は臓器移植法案でも党議拘束をかけて臨んでおり、党の姿勢が徹底している。

異なる形を追求した民主党

内閣を制約するまでに発達した自民党の事前審査と非常に強い党議拘束に対して、民主党は異なる意思決定を追求してきた。民主党では一九九六年の結党から二〇〇〇年代前半まで政策決定のあり方をめぐる模索が続いたが、徐々にトップダウン型の政策決定を進めた。

具体的には代表が直接政務・党務に関与する仕組みである。政策決定も自民党の部会‐政調審議会‐総務会という三段階の過程に対して、部門会議とNC（ネクストキャビネット、次の内閣）の二段階だった。部門会議は省庁や国会の委員会におおむね対応し分野別に設置され、政策の基本方針や内閣提出法案への対応、議員立法の形成などが行われる。NCとは政策の最終的な決定機関である。

部門会議はNC大臣が統括するため、自民党に当てはめてみれば、部会長にあたるNC大臣が総務会にあたるNCの構成員である。このように、民主党の政策決定は審議の過程と担い手の両面で簡素化していた。

簡素化の背景には当時の役職者の取り組みがある。一九九八年以来、政策調査会長代理、政策調査会長を歴任した岡田克也《おかだかつや》によると、岡田は党の政策決定プロセスを確立すること、政策調査会長や同代理の権限を強め、より統率しやすくなることを志向していた。部門会議を置きつつ、最終的な決定権限が政策調査会長にあることを明確にしようとした。[8]

また、結党時からの有力者である菅直人によれば、社会党や新進党での同様の取り組みが有効に機能しなかった点を検討したという。菅は従来のイギリスのシャドー・キャビネットを参考にした取り組みが「政調との二本立てで屋上屋となり、有効に機能しませんでした」[9]と述べている。政策調査会とシャドー・キャビネットが併存することは、政策決定が二つある自民党政権の内閣と与党の関係と同じだと指摘し、簡素化をめざした。

他方で、民主党は強い党議拘束に慎重な姿勢だった。特に、一九九六年の民主党結党時、代表の一人の鳩山由紀夫はあるべき党の形として、「党議拘束も原則として行わない。指導部はあったとしても、党則を盾に権限をふるい服従を求めるハードなものではなく、あくまでも知的・政策的イニシアティブを豊富に提供してそれがネットワーク全体から評価される度合に応じて指導的でありうるような、ソフトなものでなければならない」[10]として、より分権的な組織運営を志向していた。

党内に反対論はあったが、政策調査会長の仙谷由人《せんごくよしと》も「政治文化の問題だ。常識を破って原則非拘束とし、重要案件も議論と説得で対応して処分はしないのが立党の精神にも合う」と、個人の結集、ネットワーク政党という結党理念を具体化する形で、党議拘束を原則廃止した。[11]

その後、羽田孜《はたつとむ》の率いる民政党などさまざまな政党が結集するなかで、党議拘束をかけるようにはなる。議員個人の生命・倫理、宗教観などにかかわる案件を例外としつつも、責任ある政党として、党議拘束の導入を決めた。ただ、その後も強い党議拘束を望まない議員が多く、ほかの政党に比べると造反が起こりやすかった。

政権交代後の模索

民主党は、二〇〇九年の政権交代後に政策調査会を廃止し、政策決定の一元化をめざした。政権交代直後には「政府・与党の一元化における政策の決定について」と題する文書が党所属の全議員に送られた。「『次の内閣』を中心とする政策調査会の機能は、全て政府（＝内閣）に移行する」として、政策調査会を廃止し、各府省政策会議を設置した。

この各府省政策会議は副大臣主催で、全与党議員が参加できるが、法案の事前審査を行わないものだった。そのため、大臣、副大臣、政務官の政務三役以外の議員は現状の説明を聞く機会が与えられるだけで、審議予定の法案もこの場で一方的に知らされるだけだった。

議員の不満が高まるなかで、政策調査会は二〇一〇年六月の菅直人政権下で復活する。ただし、政策調査会は提言機関として位置づけられ、事前審査制を採用しなかった。政策調査会長が閣議で署名することにより、党の了承を得たと解釈され、菅政権では玄葉光一郎《げんばこういちろう》が大臣と政策調査会長を兼務した。

さらに、二〇一一年九月の野田佳彦《のだよしひこ》政権下では事前審査制を採用する。「政府・民主三役会議」を党議決定の最終決定機関と位置づけた。政府・民主三役会議の構成は首相、官房長官、幹事長、政策調査会長、国会対策委員長、幹事長代行の六名である。政府側が二名に対し、党側が四名となっている。政策調査会長の上部に政府・民主三役会議を設けたのだ。

このように、民主党政権下では政策決定システムの模索が続き、党首の交代によって、党側の関与が徐々に拡大した。最終的に野田内閣では事前審査制を採用し、党議決定の仕組みが明確となる。

ただ、自民党の事前審査制と同じではない。民主党政権下の仕組みの方が代表（首相）は最終決定機関に参画でき、かつ構成員の数も六名と少なく、構成員の人事にも関与できるため、トップダウンの要素は自民党よりも強かった。[12]

なぜ事前審査制が発達したのか——政府の議事運営権の弱さ

なぜ事前審査制が発達し、民主党政権のように改革の試みがあったにもかかわらず、持続しているのか。

日本で事前審査制が発達したのは、制度上の二つの特徴による。第一に内閣の国会の議事運営への関与が弱いこと、第二に強い二院制である。[13]

第一については、日本では内閣が議事運営にほとんど関与できず、与党に依存していることによる。権力の融合という本来の議院内閣制の特徴が、憲法解釈や関連法規のなかで弱められ、立法権と行政権がお互いに抑制・均衡の関係にあるからだ。国会法と立法活動を例に具体的にみてみよう。

国会運営を規定する国会法は、内閣の国会審議への介入を否定する構造にある。たとえば、内閣が法案の議事日程の決定に関与できない。審議の進め方も議院運営委員会で議員らによって決められ、内閣、つまりは政府の代表が参加する余地がない。

イギリスやフランスでは政府が議事運営に強い影響力を持つ。イギリスでは政府の権限で政府提出法案の審議日を割り当てることができ、フランスでは政府に本会議の議事日程決定の優先権が与えられている。どちらの国でも政府側が議事日程の協議に参加できる。[14]

民主党政権で官房長官を務めた藤村修《ふじむらおさむ》は政府と国会の関係を次のように述べている。

与党に対しては官房副長官が与党の国対役員会に行って、「政府としてはこういう順番でやってほしい」とか「これを優先してほしい」ということを要請します。すると向こうは、日々そうして検討しながら、全体の状況を見て、「いや、そう言われているけれど、これは後になるよ」など、そういうのを決めるのは党の方です。日本の国会は英国を真似《まね》したというようなことを言われますが、政府の国会を動かす力は本当に弱いです。[15]

また、内閣が内閣提出法案の成立を促す手段がない。たとえば、日本では法案の議決に内閣の信任をかけられない。内閣の信任をかけるとは、法案が否決された場合、内閣不信任決議案が可決したと見なすことを意味する。議員に解散の可能性を認識させることで、法案への賛成を促す。

フランスでは首相が法律案の表決に政府の信任をかけることができる。信任をかけた場合、期限内に不信任動議が提出されなければ、法案は成立したと見なされ、不信任動議が提出された場合には表決となる。不信任動議が否決されれば、法律案は審議や表決なしに可決したと見なされる。これは与党の引き締めの手段として導入された面もあり、非常に強い権限である。二〇〇八年の憲法改正以降は使用回数が制限されている。

さらに、国会法で内閣の法案修正権が制約されている。議院内閣制としては他に例のない厳しさとされる。[16]

このように、内閣は法案を国会に提出すると、その後の扱いは与党の運営方針と与野党の協議に委《ゆだ》ねるしかない。議院内閣制は本来、内閣が強い権限を持つとされるが、日本の場合には権力分立制と組み合わされた憲法解釈と国会法などの関連法規の下で弱められている。

対等な二院制

第二の二院制の影響である。[17] 日本の国会は比較的対等な権限を持つ二院制である。たしかに衆議院と参議院の議決が異なった場合、衆議院で三分の二以上の賛成により再議決すれば、法案は成立する。衆議院は予算、首相の指名、条約の批准に関して、参議院の議決に関係なく成立させられる、衆議院の優越も認められている。

しかし、衆議院の優越はこれらに限られ、参議院は法案の成立について、衆議院と対等の権限を持つ。そのため、与党が参議院で過半数を確保できていない場合、与党は予算を成立させることはできるが、歳入を補うための特例公債法案などの予算関連法案を成立させられない。国際比較でも日本の参議院は対等型の第二院に近い[18]。

また、参議院は首相、内閣との関係でも自律性が高い。参議院議員の任期は六年に固定されて、首相が解散権を盾に議員の行動を変更させられない。

このように、内閣が国会に関与することが難しく、与党に依存する必要がある。内閣は法案提出後の見通しが不安定なために、事前に同意を取り付ける必要がある。

与党議員の多様性と自律性

二つの制度面以外に、事前審査制を促す根本的な要因がある。それは党内の意見の多様さと議員の自律性の高さだ。

内閣の議事運営権が弱い場合や対等な二院制であっても、与党が両院で多数派を形成し、まとまっていれば問題にならない。特に、与党議員間の政策の違いが小さく、また政策の違いがあっても党執行部が押さえ込めるものであれば、事前審査制は発達しない。逆に、党首や政党組織が公認や人事などの権限を行使し、反対派を押さえ込むことが難しい場合、事前に意見を集約しておく必要性が高くなる。

自民党は後援会、派閥、族議員がそれぞれ選挙、人事、政策の面で自律性を維持していた。党執行部がそれを押さえることは難しく、議員は中選挙区制により政策分野を棲《す》み分け、制度上も政策がまとまりにくい状態だった。そのため、内閣は国会提出以前に同意を取り付ける必要性が生まれたとみられる。

この点は民主党の体験からみることができる。民主党は自民党のような強いつながりを持った派閥がほとんどなく、事前審査制への疑問を提示していたにもかかわらず、先述したように事前審査制を導入したからだ。

政権交代直後から、与党となった民主党は事前審査制を設けなかったことで、議員の不満が蓄積されていった。たとえば、川上義博《かわかみよしひろ》は「みんなイライラしている。国会議員として選出してもらっても仕事にならない[19]」と述べている。また、政権交代直後は無役だった枝野幸男は次のように記している。

政権発足からの五ヶ月ほどは内閣や党の枢要なポストにつかず、他方、その後はたいへん多忙な仕事をお預かりしました。異なった立場を経験し、その情報量や忙しさの違いは、党の一体的な運営の大きな障害であると感じています。特に、枢要ポストについていなかった五ヶ月間に感じた疎外感や情報の飢餓感は、一歩間違えると党の遠心力につながると危惧《きぐ》していました[20]。

中選挙区制下よりも低下しているとはいえ、前章でもみたように、個人戦の要素も根強い日本の選挙では、事前審査を通じて与党の意向を取り入れる必要性は高い。菅直人政権で政策調査会長と大臣を兼務した玄葉光一郎は民主党政権での試みについて、次のように述べている。

やはり、イギリスのようなバックベンチャ〔平議員〕のありようは、日本には合わないというのを感じました。イギリスの場合は政党で選挙をしますので。日本の場合は同じ小選挙区であっても、かなりの程度個人で選挙をしているようなところもあるので、選挙区に入ったときに、与党議員として働いているという姿を示さないといけないというところがあったと思いますね。[21]

このように、事前審査制の背景には制度面での政府の議事運営権の弱さ、強い二院制に加えて、党内の多様性と選挙での自律性の高さがある。議員の自律性が中選挙区制下より弱くなったとはいえ、政党中心の選挙が徹底せず、政府が法案審議を促進する手段に乏しく、党に従わせる手段も十分でなく、強い二院制という障壁も高い。

与党内や政府与党間が対立状況になると、政府が政策を推進する手立てがなく、政策決定の不確実性が高まる。法案を国会に提出する前に与党の合意を取り付けるために、事前審査が必要になり、一度は廃止した民主党政権でも導入したと言える。

つまり、党のまとまりを強める政党組織改革や政府の国会審議促進策を盛り込み、一定の造反は黙認しなければ、事前審査制の廃止は困難だっただろう。

増加する議員立法

では、どれほどの法案が国会に提出され、成立してきたのか。

一九四七年の第一回国会から二〇一八年の第一九七回国会までを通算すると、内閣提出法案（閣法）が九九八六本（六三％）、衆議院議員提出法案（衆法）が三九九五本（二五％）、参議院議員提出法案（参法）が一八六三本（一二％）である。成立した数では閣法が八八六五本（成立率八九％）、衆法が一四四五本（同三六％）、参法が二三七本（同一三％）となっている。議員提出法案（以下、議員立法）は野党単独で提出されることが多いため、全体としては成立率が低い。

閣法が中心を占めるのは議院内閣制諸国では一般的だが、近年では提出数のうえでは議員立法も多い[22]。一九九九年から二〇一八年をみると、閣法は二一八七本、議員立法が二〇九九本、割合では五一％と四九％で、提出数ではほぼ同数だ。議員立法への取り組みも活発になっている。

ただし、増加している議員立法だが提出までに多くの壁がある。

まず、国会法に規定されている発議要件である。議員立法の場合、衆議院では二〇名以上、参議院では一〇名以上の賛成が要件となる。[23]予算をともなう法案の場合、衆議院では五〇名以上、参議院では二〇名以上の賛成が要件となる。制定当時の国会法では人数要件はなく、議員が単独で法案を提出できた。しかし、一九五三年の大水害に際して、議員が特例法案を多数提出し、選挙区サービスを競う状態となった。これは国費の濫用と批判を浴び、一九五五年の国会法改正で人数要件が設けられた。

また、議院法制局の審査がある。議員立法を扱う衆参両院事務局の議事部議案課は、事前の議院法制局による審査を法律案受理の前提としている。議院法制局は政策内容の合憲性や既存の法体系との整合性など、法的観点から法案の中身を判断する。提出議員が同局を「関所」と捉えることもあった。[24]

さらに、議員立法には所属会派の承認（機関承認）が必要となる。[25]たとえば、自民党では部会、政調審議会、総務会を通過する必要があり、いずれも慣例として全会一致であるため、反対や疑問を呈されると、なかなか承認されない。議員立法のなかでも省庁の関わりが弱い場合、各議員が説明に赴くなど、根回しが重要となる。超党派の場合も各党内での承認を得る必要があり、議員は与野党を問わずさまざまなところに人間関係を作っておく必要がある。

このように、多くの労力を要する議員立法だが、先述のように議員立法は一九九〇年代後

3-4　議員立法の提出数（1947～2020年）

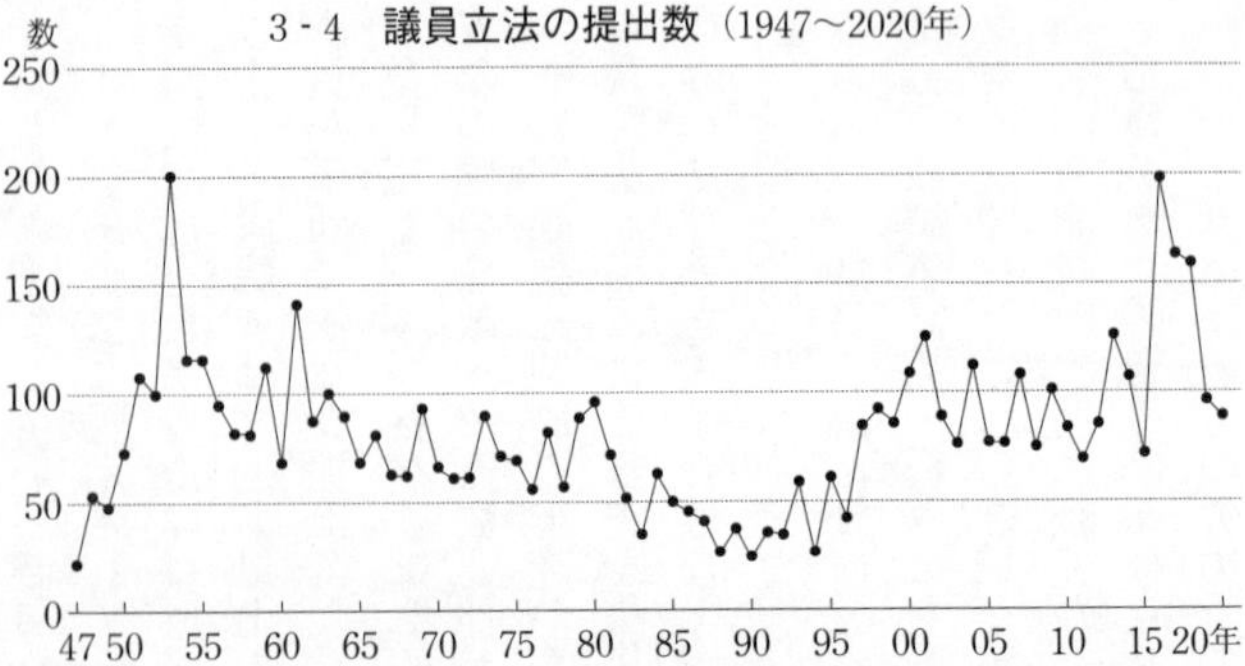

註記：1955年以降は提出にあたって，人数の要件がある
出所：古賀豪・桐原康栄・奥村牧人「帝国議会および国会の立法統計」『レファレンス』（2010年11月号），117-155頁などを基に筆者作成

半以降、増加傾向にある。

3-4は議員立法の提出数の推移である。一九八〇年代には年五〇本程度であったが、二〇〇〇年代以降は年一〇〇本程度になっている。これは一九九〇年代後半から、新進党、民主党と野党第一党が積極的に議員立法を提出しているからだ。

特に、民主党は対案路線を標榜《ひょうぼう》してきた。一九九八年一月七日の統一会派宣言では「野党第一会派としての責任を自覚しつつ、政府・与党と毅然《きぜん》と対峙《たいじ》し、対案を提起する建設的対抗勢力として行動する。統一会派は、国会を言論の府として復権し、透明度の高い国政を実現すべく共同で行動する」姿勢を明らかにした。

ただ、閣法が優先されるため、野党提出の議員立法は増えているが、国会で議論されないことも多い。それでも議事日程に上れば発議者は委員会で法案の意義を説明し、質問に答弁しなければならない。

議員立法の副産物

野党提出の議員立法はほとんど審議されず、成立する可能性もほぼないが、提出することにはさまざまな副産物がある。

第一に、法案の形成自体が議員の教育機会となることだ。議員立法を国会に提出するには労力を必要とするが、政党では議員立法を議員の能力形成の機会として重視してきた。たとえば、ネクストキャビネット（NC）を提唱した菅直人は「NCは若手を育てる制度でもあった」[26]と述べている。また、岡田克也は「政策責任者として私が心がけたことは、議員立法をつくることだった。〔中略〕議員立法を実現するためには、整合性のある法案を準備しなければならない。若い議員を鍛えるには最適の方法」[27]で、民主党政権を実現した際に政策を進めていくうえで必要だと述べていた。

第二に、議員立法が政党のアピール、公約の充実、政権担当能力の評価につながることだ。党内での政策論議が議員立法につながり、公約や政策集に取り入れられることもある。有権者の投票行動でもマニフェスト（政権公約）の効果が指摘されてきた。二〇〇三年、〇五年の投票行動の分析によると、マニフェストに触れたり、その評価はそれぞれ自民党、民主党への投票を促している。過去の投票経験を踏まえたうえでも、マニフェストへの評価が政権担当能力評価を押し上げていた[28]。

第三に、議員立法は官僚制への問題提起になることだ。法案の問題意識や内容が官僚に検討を促し、閣法として部分的に盛り込まれ、のちの国会で成立していく場合もある。たとえば、最低賃金法案は野党が先に提出し、五年後に閣法として成立した。このような政策先取型として括《くく》られる議員立法もある。

第四に、議員立法は議員の党へのアピールになる。議員立法の提出には非常に大きな負担・時間が要求され、NPO法などにも関わった辻元清美は「『選挙区でのドブイタをやらずに、法律ばかり作っていたら、落選するよ』とよく言われ」たと述べている。それでも政府や党の要職に就いていない議員たちが議員立法を提出するのは、政策面での能力を党にアピールできるからだ。

提出者をみると、選挙制度改革以降、経験を積み、かつ法律や政策の知識が豊富な議員ほど、法案をよく提出している。人事の分析では議員立法で示す政策能力の高い議員ほど、政務官、副大臣、大臣への就任が早い傾向にあり、党内では積極的な評価につながっているとみられる[30]。

このように議員立法には政党、選挙、官僚、議員個人にとってさまざまなメリットがある。これは与野党が入れ替わっても同様で、自民党が二〇〇九年に野党になった際にも議員立法に積極的であった。一九九〇年代半ばの政治改革で政党や政策が中心となり、政党もそれに応じて政策活動が活発化し、党の政策形成に資する人物を処遇するように変わってきたのだ。

2　族議員の弱体化——進むジェネラリスト化

族議員

議員は政党の政策決定でどのように活動しているのか。

自民党では特定の政策分野で経験を積み、政策決定の中核を担う族議員が注目されてきた。族議員とは、政務調査会の部会などで指導的な役割を果たしている議員だ。特定の分野で政務次官、政調副部会長、部会長、国会常任委員長、大臣などの役職を積み重ねることが多い。それによって政策知識を蓄え、関連する省庁や団体との関係も作られる。このように、族議員の特質は、①特定の政策分野への専門化、②関連する団体との関係ならびに団体寄りの姿勢、③インフォーマルも含めた日常的な影響力の行使である。

族議員は一九六〇年代後半に形成され、七〇年代末までには主要な政策分野に明確な形で存在するようになったとされる。[31] オイルショック以後、経済成長が鈍化し、予算の制約が強まり、人びとの求めるものも多様化するなかで、族議員が政策決定に影響力を発揮するようになった。かつて大物政治家が独占してきた影響力を比較的無名な中堅議員が日常的に行使するようになる。[32] 団体の側も政党ではなく議員個人をランク分けし、大物議員だけでなく族議員を中心に献金するようになっていく。[33]

規制改革では族議員が特定の業界の利益を代表し、規制改革を進めようとする首相との対立が表面化することも多かった。特に小泉首相は自らの改革に反対する人びとを抵抗勢力として批判し、道路公団改革や郵政民営化を進め、道路族や郵政族との軋轢《あつれき》も多かった。

族議員を生み出す背景には中選挙区制の影響もあった。複数名が当選できる中選挙区制では自民党内で複数の議員が競争し、政策分野を棲み分けることがあった。たとえば、同じ選挙区に三名の自民党議員がいる場合、Aは農林、Bは建設、Cは社会労働というように、政策分野を分け、それが族議員をつくる要因の一つだった。ただ、衆議院は小選挙区比例代表並立制となり、政策分野を棲み分ける必要がなくなり、カバーする範囲が広がった。

人気部会、不人気部会

議員はどのような政策分野の会合に参加しているのだろうか。京大・読売調査では政党の部会（部門）への参加頻度（二〇一四年一二月からの約二年間）を尋ねた。3－5は自民党と民進党で参加頻度の高い順に部会・部門を並べている。なお、民進党の部門は自民党の部会にあたる。

3－5のように人気部会と不人気部会の差が大きい。自民党の場合、いずれの部会でも五～一五％程度の議員が恒常的に参加している。ほぼ毎回参加する部会での最小は法務部会の五・七％、最高は国土交通部会の一七％である。しかし、人気の差も大きく、「ある程度」

3-5　部会・部門会議への参加頻度（2016年）　%

自民党	参加していない	ほとんど参加していない	時々	ある程度	ほぼ毎回	N
国土交通部会	20.8	12.3	23.6	26.4	17.0	106
経済産業部会	18.9	17.0	32.1	19.8	12.3	106
農林部会	20.8	24.5	20.8	17.0	17.0	106
厚生労働部会	19.8	24.5	23.6	17.0	15.1	106
外交部会	23.6	21.7	17.9	23.6	13.2	106
文部科学部会	23.6	25.5	28.3	9.4	13.2	106
国防部会	25.5	27.4	18.9	17.9	10.4	106
内閣部会	23.6	25.5	27.4	16.0	7.5	106
環境部会	33.0	28.3	16.0	6.6	16.0	106
総務部会	30.2	23.6	29.2	11.3	5.7	106
水産部会	37.7	24.5	14.2	11.3	12.3	106
財務金融部会	35.8	25.5	19.8	11.3	7.5	106
法務部会	34.9	33.0	17.9	8.5	5.7	106

民進党	参加していない	ほとんど参加していない	時々	ある程度	ほぼ毎回	N
厚生労働部門	18.5	24.1	33.3	9.3	14.8	54
経済産業部門	16.7	29.6	31.5	7.4	14.8	54
内閣部門	22.2	22.2	31.5	14.8	9.3	54
総務部門	24.1	27.8	22.2	13.0	13.0	54
外交部門	27.8	18.5	33.3	9.3	11.1	54
財務金融部門	27.8	20.4	27.8	16.7	7.4	54
国土交通部門	29.6	31.5	18.5	9.3	11.1	54
文部科学部門	22.2	38.9	27.8	1.9	9.3	54
農林水産部門	33.3	31.5	16.7	9.3	9.3	54
環境部門	25.9	38.9	22.2	9.3	3.7	54
法務部門	31.5	42.6	16.7	3.7	5.6	54

註記：Nはサンプル数
出所：京都大学・読売新聞共同議員調査（2016年）を基に筆者作成

以上を合計すると、自民党では国土交通部会に四三・四%が参加している一方で、法務部会は一四・二%にとどまる。

人気部会は国土交通部会、経済産業部会、農林部会である。これらは業界団体も多く、また地元からの陳情も多い分野である。中選挙区制の頃から人気があり、「御三家」とも呼ばれた。これらの部会には若手や農村部の議員が参加する傾向にある。厚生労働部会も上位に位置し、こちらも業界団体や有権者の関心の高い分野である。

中選挙区制下と異なるのは外交部会が上位に入ったことだ。「御三家」に加えて、厚生労働部会、外交部会が続き、ここまでは「ある程度」以上を合計すると、三割以上の議員が参加している。外交部会が上位に位置する点は、外交や安全保障への注目が高まったことを反映したと考えられる。なお、外交部会や国防部会には男性議員、都市部の議員が比較的参加する傾向にある。

スペシャリストか、ジェネラリストか

議員は特定の分野に専門化するのか、それとも多くの分野に関与するのか。3-6は議員の参加分野数(専門化の程度)である。参加頻度が「四 ある程度」以上を参加分野としてカウントした。

自民党ではジェネラリスト型が多い。四分野以上に参加している議員が四四・三%と半数

3-6　スペシャリストかジェネラリストか（2016年）　%

スペシャリスト ←→ ジェネラリスト

	0	1	2	3	4	5分野以上	N
自民党	15.1	9.4	15.1	16.0	17.9	26.4	106
民進党	5.6	29.6	27.8	18.5	5.6	13.0	54

註記：Nはサンプル数
出所：京都大学・読売新聞共同議員調査（2016年）を基に筆者作成

近くを占める。国際比較調査では二分野以下をスペシャリストとして測定しているが[34]、それを基準にすると、特定の分野に特化するスペシャリスト型は調査時の自民党で一般的ではない。これは若手議員が多いからではない。このような広範囲に参加するジェネラリスト型の議員は当選回数に関係なく存在する。自民党では当選回数と無関係に専門分野が一か二の議員が三割を占める。議員のキャリアが始まった当初から、どちらかに分かれているのかもしれない。

民進党では特定分野を軸としたスペシャリスト型が多い。四分野以上に参加している議員は一八・六%で、逆に一つの分野に集中的に参加する議員が二九・六%を占める。二分野以下の議員割合は六割前後で、自民党と同様に当選回数とは関係がない。

自民党と民進党のスタイルの違いは与党であるか否か、外交・安全保障に対する姿勢の差にあると考えられる。

自民党議員へのインタビューによると、参加する部会の選択にはおおむね三つの基準がある。第一に、自らの前職・経歴との関係である。地方議員出身者であれば総務部会、金融関係出身者は財務金融部会などである。第二に、地元からの要望に応えることを考慮し、国土交通部会などの関連部会への参加も重視されている。第三に、国会議員として外交・安全保障への理解、見識が必要であるとの認識である。

これに対して、民進党は野党であるため国土交通や農林などへの参加があまり重視されず、外交・安全保障については党内論議が低調であった。そのため、政策領域が自民党議員よりも狭く、スペシャリスト型の傾向が強くなったとみられる。

密接な政官関係の持続と弱まる根回し

族議員は官庁からの根回しの対象で、それ自体が議員にとっては自らの地位を認識させるものだ。3-7の調査では法律や予算に関して、与党責任者や所轄官庁からの相談の程度を尋ねた。法律や予算の策定作業で議員は省庁や党との間にいかなる関係を築いているのか[35]。

上段をみると、官庁から与党議員、野党議員への根回しの範囲は与党責任者からよりも広い。官庁からの相談が「五 非常にある」与党議員は三〇%以上で、野党議員でも一〇%程度になる。官庁は与党責任者よりも幅広く調整に動いていることがわかる。

官庁から与党議員、野党議員への事前相談の程度は下がっていない。省庁の根回しを受ける頻度は一九八七年から二〇一六年まで変わっていない。官邸主導が指摘されるが、省庁側の調整の努力は低下していないようだ。

下段をみると、与党責任者から与党議員への相談の程度は落ちている。一九八七年には与

3-7　法律や予算に関する相談の程度（1987，2002，16年）　%

	所轄官庁から与党議員			所轄官庁から野党議員		
	1987	2002	2016	1987	2002	2016
5　非常にある	38.3	30.0	32.4	8.5	12.3	17.3
4	35.0	38.6	38.2	16.9	13.8	32.7
3	26.7	30.0	23.5	52.5	35.4	36.5
2	0.0	0.0	5.9	15.3	13.8	7.7
1　まったくない	0.0	1.4	0.0	6.8	24.6	5.8
N	60	70	102	59	65	52

	与党責任者から与党議員			与党責任者から野党議員		
	1987	2002	2016	1987	2002	2016
5　非常にある	18.3	10.3	8.0	8.5	1.5	3.8
4	26.7	29.4	23.0	13.6	4.6	7.7
3	46.7	33.8	45.0	30.5	20.0	34.6
2	6.7	19.1	20.0	28.8	23.1	30.8
1　まったくない	1.7	7.4	4.0	18.6	50.8	23.1
N	60	68	100	59	65	52

註記：Nはサンプル数
出所：政策アクター調査（1987，2002年），京都大学・読売新聞共同議員調査（2016年）を基に筆者作成

党責任者からの相談が「五　非常にある」議員は一八・三％いたが、二〇〇二年には一〇・三％まで減っている。四以上を合計すると、一九八七年には四五％だったが、一六年には三一％まで減っている。与党責任者から一定の事前相談を受ける議員が減り、党内の根回しは弱まっている。

与党責任者と野党議員の関係も稀薄になっている。一九八七年には四以上が二二・一％で、与党議員ほどではないが、事前の接触があった。しかし、二〇〇二年以降をみると、一〇％程度まで減っている。後述する国対政治の関係は変化したことがうかがえる。

3-8　政策決定で影響力があるのは誰か（1987，2002，16年）

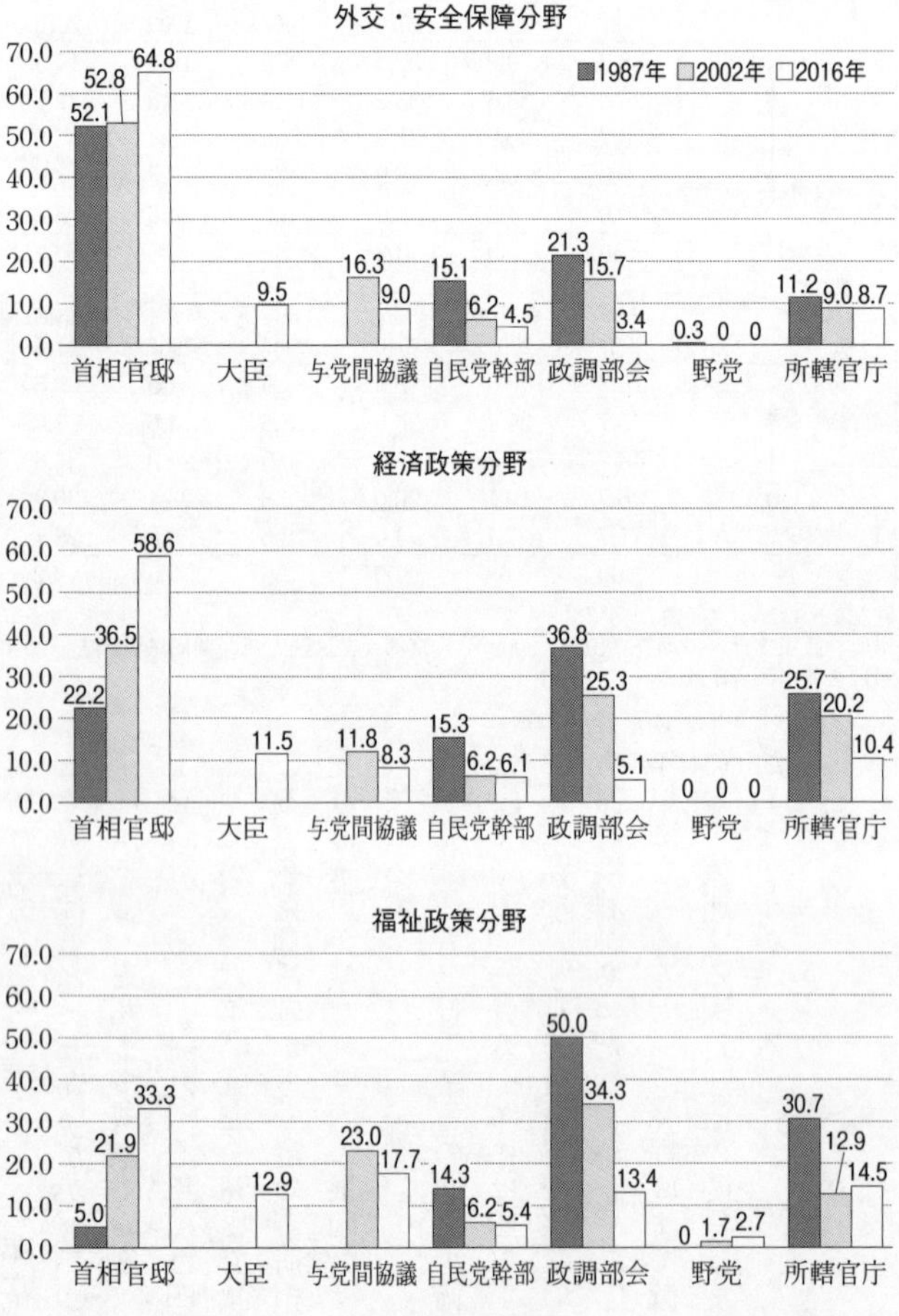

公共事業分野

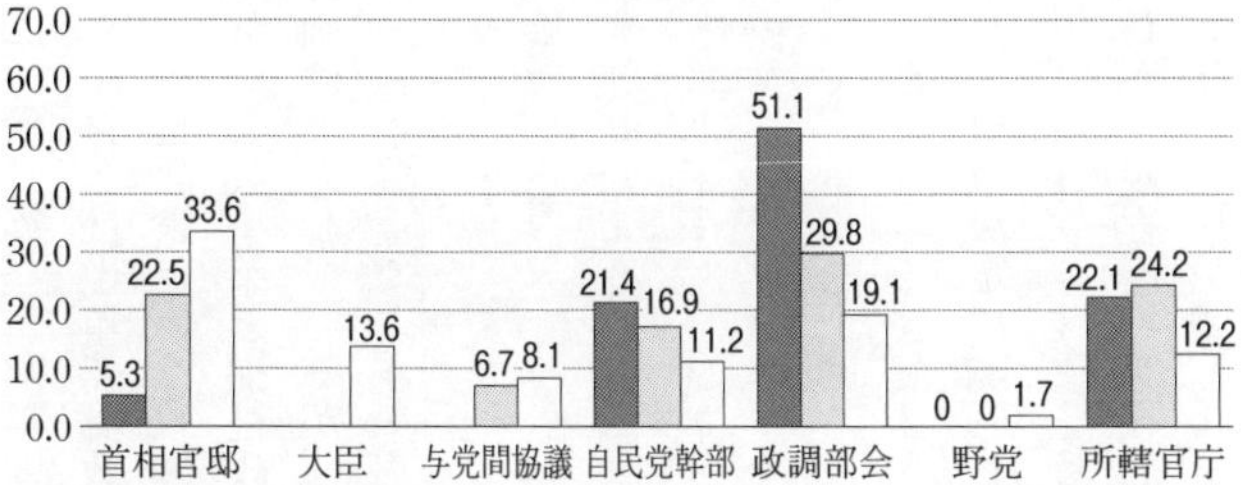

出所：政策アクター調査（1987年，2002年），京都大学・読売新聞共同議員調査（2016年）を基に筆者作成

低下する影響力

議員は政策決定でどの程度影響力を発揮しているのか。図3－8は国会議員の影響力評価の結果（一九八七年、二〇〇二年、二〇一六年）である。調査では政策分野ごとに影響力があると思われるものとして、「首相官邸」「大臣」「連立与党間協議」「与党第一党幹部」「与党内政策審議機関等」「野党」「所轄官庁・官僚制」のなかから選択してもらった[36]。図は「外交・安全保障」「経済」「福祉」「公共事業（地域振興）」分野の結果で、数値が高いほど影響力があると議員から評価されている。

興味深いことに首相の影響力は分野と時期で大きく異なる。外交・安全保障は一九八七年の段階からほぼ一貫して首相の影響力が強い分野と評価されている。次いで、マクロ経済政策も首相の影響力が強い分野となってきた。他方、公共事業や福祉政策では一九八七年に族議員が活躍する政調部会の影響力が首相のそれを大きく上回っている。首相が強いと認識する議員はかなり少なかった。

二〇〇二年、一六年と時代が下るにつれて、政策決定の集権化は明らかになってくる。まず、道路公団改革や郵政民営化など、族議員との対立が激しかった小泉政権期には、公共事業や福祉政策という政調部会の影響力評価が高い政策領域で、首相の評価が向上している。ただ、公共事業と福祉政策などでは首相官邸と政調部会の評価が拮抗《きっこう》し、首相官邸の影響力評価は上昇しているが、二〇〇二年調査の段階では首相官邸側が優位に立ってはいない。二〇一六年調査でようやく、さまざまな分野で首相の影響力が第一位となっている。[37]

族議員再考

先述したように族議員とは特定の政策分野で経験を積み、政策決定の中核を担う議員である。その特質は、①特定の政策分野への専門化、②関連する団体との関係ならびに団体寄りの姿勢、③インフォーマルも含めた日常的な影響力の行使だ。外交や安全保障を除く多くの分野で、首相を上回るほどの影響力が指摘されてきた。

いままでみてきたように、党側の影響力は低下しているが、今後も特定分野に強い関心を示し、政策決定に関わる議員は現れるだろう。立候補時に特定の政策や目標を掲げる議員もおり、ライフワークとする政策を抱えている議員も多い。先の調査でもスペシャリスト型の議員が一定程度、存在した。

ただ、それが②と③を含めたものとは言えなくなっている。議員にとって団体との関わりは官庁・業界とのコネを作ること、政治資金ルートの安定化、選挙協力への期待という一石三鳥と指摘されてきた[38]。しかし、団体と議員の関係は一九九〇年代以降、徐々に疎遠になり、団体側の影響力も低下している[39]。それは首相と団体の意見が異なる場合、議員や省庁がどちらを重視するのかを左右する。議員が団体よりも首相の意向に近い形で活動する面は明らかに強くなってきている[40]。

3　国会内の活動――強まる多数主義

本会議・委員会

法案が国会に提出された後、審議のうえ可否が問われる。法案はその過程で国会の制度や慣行によって方向付けられる。では、議員たちはどのような仕組みの下で活動しているのか。国会のあり方を左右する制度や議員の活動をみていこう。

国会には本会議と委員会が両院に存在する。本会議はその院の議員全員が集うものである。委員会は各分野の法案審議を担い、衆議院では一七の常任委員会がある。それは内閣の府省と対応した一二の常任委員会、具体的には内閣、総務、法務、外務、財務金融、文部科学、厚生労働、農林水産、経済産業、国土交通、環境、安全保障委員会がある。それとは別に五つの常任委員会として、国家基本政策、予算、決算行政監視、議院運営、懲罰委員会がある。

国家基本政策委員会は党首討論を行うもので、予算委員会は予算だけでなく重要政策や政府の政権運営など幅広く審議される。

提出された議案は委員会にまず付託され、審議される。委員会での採決の後に本会議に進み、可決されればもう一つの議院で同様に委員会、本会議で審議される。本会議での審議時間は年間に五〇時間程度で、審議の中心は委員会が担っている。

会派

国会は会派という単位で運営される。会派とは衆議院、参議院それぞれの院内で組織される議員の団体である。通常、会派は政党と一致するが、政党と無所属議員、政党同士、無所属議員間で会派が形成されることもある。委員会、調査会の委員は所属議員数に比例して各会派に割り当てられる。

審議時間は会派の規模に応じて割り当てられ、国会内の議事運営も会派間の交渉で決められる。交渉に参画できる規模、質疑の時間配分や役職配分を考慮し、会派の多数派形成をめぐる競争が起こることもある。

国会全体の議事は両院にそれぞれある議院運営委員会が決める。各委員会についてはその委員会の理事会と理事懇談会で決定する。理事は国会の役職だが、その対応は各政党にある国会対策委員会（国対）が決めている。

国会対策委員会

国対の仕事は多岐にわたる。

まず、国会の開会前に各委員会の配属を決める。議長、副議長、内閣メンバーを例外として、議員は少なくともいずれか一つの常任委員会の委員になる必要がある。常任委員会をはじめ、各委員会の所属希望を踏まえつつ、国対が世代や経験のバランスをみながら決める。与野党を問わず、厚生労働委員会は有権者の関心が高いこともあり、希望者が多い。公共事業や現業部門を抱える委員会も希望者が比較的多く、調整に腐心する。

次に、国対は法案の重要度を仕分けし対応を検討する。委員会の法案審議は原則として「先入れ先出し」である。法案の提出された順に審議、採決を進める。慣行が破られることもあるが、ある法案の審議が始まれば、その法案が委員会を通過するまで他の法案は進めない。与党の国対は限られた国会会期のなかで法案とりわけ閣法を通過させるため、どの法案を優先して審議するかを官邸や各省の要望、野党の動向も踏まえつつ決める。

野党も国対や政務調査会が政府の提出予定法案について省庁からヒアリングし、重要度を判断し、審議の順番などを検討する。国対委員長を歴任した笠浩史《りゅうひろふみ》は次のように述べている。

これは例えばAランクつまり重要広範議案で総理と質疑を行う。次に大臣登壇もの、あとは普通の委員会ものというように、大体三ランクぐらいに分けるんです。そういったものを議員できちんと議論をしてもらって、そういう中で当然その重要度に応じて、各委員会で求めていく審議の時間なんかも決定している。あるいは重要な案件になれば参考人[41]も呼んで議論するとか、そういうような形で差別化というか、きちんと整理をしていく。

政務調査会の意見を踏まえつつ、国対は法案をおおむね三ランクに分ける。どの法案を首相が審議に入る重要広範議案[42]とするのか、大臣の登壇物にするのか、通常の委員会審査とするのかを決める。野党はその優先順位に応じて与党と交渉し、各委員会で求める審議時間なども決定していく。

国会が開会すると、国対役員は日々国会に詰めている。自民党であれば、一年生議員はすべて国対委員になる。中堅議員が副委員長になり、筆頭副委員長や委員長代理がまとめ役で、その上に委員長がいる。正副委員長は毎朝会議を開き、国会対応を検討する。特に、国対委員長は委員会が開いていれば、朝から晩まで国会に詰めることになる。

国対は法案審議に対する全体方針を立てる。国対委員長が日々の動向から法案審議を全体として進めるかどうかを判断し、個々の委員会がそれに合わせて動く。

特に、野党の国対からみると、対決法案や疑惑の追及にあたって、対立を特定の委員会にとどめるのか、全体で行うのか判断が必要となる。各委員会の理事はそのうえで、段取りや時間配分などを交渉する。ただ、各理事は所属委員会をみながらの判断となるため、国対は全体を見回しながら、ある程度の審議日程の目安を判断し、議院運営委員会などの正式な決定に上げていく。与野党ともに国対は委員会間の調整にあたる。

各委員会の与野党の理事は、それぞれの役割と判断がある。与党の筆頭理事の役割は法案を通すことである。野党の理事は審議の充実をはかるためとして、少数派の意見の代表・反映を求める。もちろん、最終的には採決となるが、審議時間の十分な確保や修正を勝ち取ったり、附帯決議を行うかなど、実のある法案審議を実現していくことが役目である。

理事は修正案の提出も判断し、その成否は与野党の筆頭理事間の人間関係、それぞれの党内での影響力に左右される面がある。野党の筆頭理事には野党間のコンセンサスを形成し、それを踏まえつつ、与党の筆頭理事と協議していく役目もある。

理事間での交渉が決裂し、本会議や委員会を開会できなくなったときには、与野党の国対委員長が開会の条件などを話し合う。議院運営委員会や国対のもっとも重要な役割は「赤十字的なもの」つまり、議場をはじめさまざまな問題が持ち込まれ、対応を求められる。平場ではまとまらないものを本音で交渉し、調整する場とされる。

このように、国会対策委員会は内閣などが提出した法案を、どのような順序で審議し、いつ採決するのかという段取りをつける役割を担っている。

審議日程をめぐる駆け引きが必要なのは、短い会期と会期不継続の原則という国会の制度による。

日程闘争

日本では会期、つまり国会が開会されている期間が短い。国会は召集があって初めて活動が開始される。国会の召集は天皇の国事行為だが、実質的な決定権は内閣にある。

国会の定例会期は通常国会（常会）で、毎年一回、一月に召集する。常会の会期は一五〇日に定められている。一九九〇年の国会開設一〇〇年を契機に国会法を改正し、一一月ないし一二月であった召集時期が一月となった。ただし、衆議院が解散すると、そこで会期が終了する。

常会の他に臨時国会（臨時会）と特別国会（特別会）がある。臨時会は内閣の決定により、またはいずれかの議院の総議員の四分の一以上の要求があった場合に召集される。また衆議院の任期満了による総選挙または参議院議員選挙が行われた後、新議員の任期の始まる日から三〇日以内に召集する。臨時会の会期は召集日に両院一致の議決により決定するが、一致しない場合には衆議院の議決による。

特別会は衆議院の解散、総選挙が行われた場合に、総選挙の日から三〇日以内に召集される。

常会、臨時会、特別会いずれの会期も延長できるが、常会は一回、臨時会および特別会は二回までと定められている。ただ、常会、臨時会など、複数の会期に分かれるため、一つひとつの会期は短い。

また、会期不継続の原則がある。これは「会期中に議決に至らなかった案件は、後会に継続しない」(国会法六八条)による。このため、審査未了の法案は閉会中審査や継続審議と議決されない限り、会期切れを理由に廃案となる。これが与野党の審議をめぐる攻防が繰り広げられる原因の一つとされる。

このような日本の国会のあり方は、国際的にみるとかなり例外的だ。アメリカ・イギリス・ドイツ・フランスでは会期とは別に下院議員の任期に等しい立法期という時間的単位があり、イギリス以外は議案も継続される。会期不継続の原則があるイギリスでもその原則が緩和されてきた。[43]

日本の場合、会期の短さに加えて、委員会審議と二院制のために、一つの案件にかかる時間が大きく制約されている。

野党の戦略——修正か阻止か

こうした審議に制約が多い日本の国会のなかで、野党はどのように対応しているのか。一般に野党は与党に対して二つの対応がある。一つは対決法案の成立阻止を重視する抵抗型、もう一つは対決法案に対案を提示する対案型である。

もちろん、二つは両立しないわけではない。対案を提示しつつ、成立を阻止しようとすることはある。ただ、限られた時間のなかで、どちらを重視し、国会対応にあたるのかで大きな差を生む。特に、最終段階で反対に徹するのか、一定の拘束をかけることを重視し、修正や附帯決議を取りにいくのかは大きな選択となる。

野党が与党に対して自らの存在を主張する方法として審議引き延ばしがあるが、それもさまざまなものがある。[44] 法案審議に関連して、本会議での「吊《つ》るし」と呼ばれる趣旨説明要求、委員会での審議入りの引き延ばし、対決法案の前に審議される「まくら」と呼ばれる法案の審議に時間をかけるなどである。

また、委員会運営に対して、定例日以外の審査には応じないとする定例日遵守の主張、理事会での全会一致を背景とした審議不十分の主張、定足数不足の指摘などがある。

さらに、採決前の段階では委員長や大臣の不信任決議などの動議の提出、長時間の演説（フィリバスター）、記名投票における牛歩戦術などがある。いずれにせよ、政府の対応への不満を理由とした審議拒否により、時間をかけることで法案成立の抑制や廃止に追い込み、自らの姿勢をアピールする。

では、野党第一党の戦略として、何が有効なものと認識されているのだろうか。調査では

3-9　野党第一党としての有効な戦略（2016年）　%

		1 有効ではない	2	3	4	5 有効	N
政府与党への対案，対立軸の明示	自民党	0.0	1.1	9.8	31.5	57.6	92
	民進党	0.0	5.8	13.5	23.1	57.7	52
政府与党の政策の修正	自民党	4.4	8.8	16.5	46.2	24.2	91
	民進党	3.8	19.2	32.7	26.9	17.3	52
政府与党の政策の遅延，阻止	自民党	57.1	29.7	8.8	3.3	1.1	91
	民進党	22.0	22.0	40.0	14.0	2.0	50
自党の政策の見直し	自民党	2.2	3.3	22.8	30.4	41.3	92
	民進党	0.0	3.9	13.7	45.1	37.3	51
候補者の日常活動の増加	自民党	2.2	4.4	24.2	28.6	40.7	91
	民進党	0.0	1.9	7.7	23.1	67.3	52
地方選挙での候補者擁立による地盤強化	自民党	2.2	4.4	28.6	30.8	34.1	91
	民進党	0.0	0.0	7.7	34.6	57.7	52

註記：Nはサンプル数
出所：京都大学・読売新聞共同議員調査（2016年）を基に筆者作成

政策対立軸の明示などについて「一　有効ではない」から「五　有効」の五段階で尋ねた。

3-9をみると、二大政党に共通する戦略がある。四以上を合計すると、政府与党への対案を提示し、有権者に対立軸を示すこと、自党の政策の見直しは八〇％前後で、ほとんどの議員が有効な戦略として認識している。

一方で、二大政党間の相違もある。自民党では政府与党と粘り強く交渉し、野党からみてよりましな政策に修正させることが七〇・四％と高く、民進党の四四・二％よりもかなり高い。遅延・阻止は全体的に有効性が低いとみられているが、民進党では有効性が比較的高く評価されていた。対立軸を提示したうえで、政策の修正を迫るのか、阻止を迫るのかについては二大政党間の差が大きい。

実際、民主党や民進党の国会戦略には幅があった。特に二〇一二年の自民党への政権交代後はそれぞれの委員会の現場でも徹底的に審議拒否をしたり、委員長席に詰め寄ったり、ビラやプラカードを掲げるといった物理的抵抗を望む議員もいた。だが、そのような対応でも結果は変わらず、また有権者からそのような対応は評価されないとして、対案路線を望む議員もいた。

国会対応にみる野党像は立憲民主党と国民民主党の差としても表れている。国民民主党は対案路線が重視されている。反対の場合も理由を述べつつ、問題点に歯止めをかけることを重視している。その手段として、附帯決議に懸念事項を示し、足枷《あしかせ》をかけつつ、政府に対して検討を促していく手法が重視されていた。

与党の対応には強硬型と妥協型がある。

強硬型は委員長の職権による委員会の開催や、審議を打ち切る動議から採決に進む。妥協型は審議で野党の慎重審議の要求を踏まえて採決を延期する、また野党の主張に沿った内容の答弁確認や資料の提出などである。さらに法案では野党の意向を盛り込んだ附帯決議、将来の見直しを義務付ける見直し条項の追加、野党の要求に応じた法案の修正がある。最終的にはその会期での法案成立を断念し、継続審議や廃案とする決定がある。[45]

世論、メディア、解散権

与野党の国会対応はメディア、世論を意識したものである。

与党は審議を打ち切り、採決に入ることもできるが、メディアや世論の反発を見きわめる必要がある。野党は少ない議席数を覆すためにも世論の支持を必要とする。世論を背景に与党からの譲歩を引き出せることもある。たとえば二〇二〇年の検察庁法改正案では世論の批判の高揚を受けて採決が見送られ、廃案となった。

メディアと世論の反応によって、国会戦術も変化する。戦後直後は物理的抵抗も多かったが、徐々に減っていった。牛歩戦術や審議拒否は批判や有効性に疑問が投げかけられ、牛歩戦術はほぼみられなくなり、審議拒否日数も減少している。この点ではメディアの報道の仕方の影響も大きい。たとえば、審議拒否の場合、与野党のどちらに非があるかの報じられ方によっても与野党の対応は変わる。

また、日本は国政選挙が多く、首相が解散権を自由に行使することによって、方向づけられている。幹事長を歴任した大島敦《おおしまあつし》は次のように述べている。

解散のあるなしによって、国会運営が違ってくる。解散があるとどうしても、常に解散を意識しながら争点をつくるということが野党の仕事になる。これが四年間任期が固定されると、また国会運営が全然変わってくる。恐らくそうなると国対の運営も変わってくる。今は全て解散を前提として、常に争点をつくりながら。何か追い込んで解散までというのは、常に野党としては意識しがちになっている。[46]

首相・内閣が自由に解散できるのは、議院内閣制諸国のなかでも少数で珍しい。日本以外ではスペイン、スウェーデン、デンマーク、ニュージーランドのみだ。信任がある場合に解散できない（規定がない）国、元首の同意が必要な国も多い。

四年任期の議院内閣制諸国をみると、任期満了まで続く議会と、比較的早期に解散される議会の違いがある。日本は平均二・八年で解散し、デンマークの二・六年に次いで早期に解散している。[47]

与党の事前審査制、強い党議拘束、また解散権が自由に行使されるなかで、国会は解散を意識した対応になる。早期の解散もあり、常に解散を意識し、争点をつくることが野党の仕事となる。そのため日程闘争やスキャンダルの追及などの側面が強くなっている。

質疑と情報源

では、それぞれの委員会審議はどのように進行していくのか。

審議時間は各会派の所属議員の比率に応じて配分され、各委員会の理事会で申し合わせる。議院内閣制の下では政府と与党が一体的に政権運営、政策形成が進められる。与党が野党に質疑時間を譲り、野党による代表、行政監視、争点明示機能を促してきた。ただ、具体的な配分割合は時期によって異なる。

本会議の場合は議院運営委員会で、委員会の場合は理事会で質疑の日程が決定されると、会派ごとに質疑時間が割り振られる。各会派では希望を踏まえつつ、質問に立つ者を決める。理事から質疑者に指名されることも多い。委員の差し替えが頻繁にあり、委員以外の議員でも委員会に出席し、発言できる。

委員会の質疑は法案質疑と一般質疑がある。法案質疑は文字通り閣法や議員立法についての質問である。一般質疑は委員会の所管省庁に対して、議員が自らの問題を質問、提起する。

議員は質疑にあたって、省庁に説明（レクチャー）や資料を要求するのが一般的だ。国会には国会連絡室があり、議員との窓口になる。業務量調査によると、国会連絡室経由での議員からの資料要求と説明の依頼は二〇一八年の一年間で五万四一三〇件になる。[48]厚生労働省は九一二〇件ともっとも多く、次いで国土交通省、内閣府、経済産業省、農林水産省などが五〇〇〇件程度と多い。

議員は省庁以外にも国立国会図書館調立局（調査及び立法考査局）、衆議院調査局・参議院調査室や専門家などに問い合わせ、情報を収集する。

国立国会図書館調立局の依頼処理件数は二〇一八年度には三万七八九七件、議員からの問い合わせに対応している。[49]そのなかでも調査報告は一九九〇年代半ばまでは年に一〇〇〇件程度であったが、その後は急増し、二〇〇〇年代に入って三～四倍になり、活発になっている。衆議院調査局の調査依頼処理件数も二〇〇四年に五〇〇〇件台だったが、〇八年には一万六〇〇〇件台にのぼる。参議院調査室でも増加傾向にあり[50]、議員の姿勢の変化がうかがえる。

質問の作成には党組織による関与から、議員事務所単位での取り組みまで幅がある。共産党の場合、内部資料を入手し、数十人で分析する。党所属の秘書団、赤旗記者、同僚議員らで資料を検討し、全衆議院議員が集まる代議士会も質問作成のための知恵を出し合う場とされる[51]。これに対して、他の政党では多くの議員が本人と秘書らによる個人的な取り組みの面が強く、議員個人の差が出やすい。

与野党での情報源の違いも大きい。野党は情報源として官僚の割合が非常に低い。国会議員調査（二〇〇二年）では国会活動の情報源を第三位まで尋ねている。自民党では官僚（二八%）、所属政党（二三%）、学者・専門家（一二%）、秘書や個人的な相談相手（一二%）である。他方、野党では国会の補佐機構（二七%）がもっとも高く、次いで学者・専門家（一七%）、秘書や個人的な相談相手（一七%）、所属政党（一五%）となり、官僚は三%である[52]。

長期政権下で自民党と官僚制の結びつきが強くなり、情報源としても偏りが大きくなっている。ただ、国会の立法補佐機関も省庁に問い合わせるため、省庁に情報を依存してはいる。

情報公開、公文書の重要性

「情報なくして参加なし」といわれるように、行政活動を統制するには情報公開が不可欠だ。国の情報公開制度は国の行政機関が保有する情報を対象としている。ただ、外交、防衛、捜査などの情報は省庁の判断で非開示にできる。文書が開示された場合でも重要な部分が黒塗りにされていることもある。

非開示決定に不服の場合、総務省の情報公開・個人情報保護審査会による審査を求めることができ、さらには地方裁判所に提訴することができる。これに対して官僚が情報開示を避けるため、文書を作成しなかったり、短期間に廃棄したり、問題化することがしばしば起きている。

二〇一一年四月から施行された公文書管理法では、省内の会議や省庁間の申し合わせなどについて、文書を作成し保存することを義務付けた。公文書の保存期間は文書の重要性や性質に応じて一年から最長三〇年までである。さらに歴史資料として重要なものは国立公文書館に移管される。

ただ、文書管理規則で定められた類型に当たらない文書と官僚が判断した場合、保存期間は一年未満で、内閣府の審査なしに廃棄してきている。

不十分な情報や情報入手の難しさは国会審議の争点になってきた。野党からすれば、審議する材料が出てこないために審議できないことにもなり、審議拒否で対抗し、与党側の譲歩を求めることにもなる。これについて立憲民主党の櫻井《さくらい》周《しゅう》は次のように語る。

資料や参考人招致についても、過半数でやると、必ず与党の思いどおりになります。議決は過半数でいいかもしれないけれども、少なくとも資料、それから参考人や議論の材料を提供することについては、せめて四分の一にするとか。〔中略〕委員会の理事会がありますけれども、理事が提案したことについては、それはやる。そういうルールをつくらないと、資料がないから審議できない。結果的に審議拒否になってしまい、何か堂々巡りになってしまう。[53]

守られない質問通告とその弊害

情報収集の後、議員は具体的な質問内容が固まった段階で省庁に連絡し、聴取に来るように通告する。議員が委員会などの質問内容を事前に省庁に伝える質問通告があると、省庁の担当者が議員会館で議員や秘書に詳細を聴き取る質問取りがある。省庁の担当者は質問内容と答弁要求者を訊《き》く。質問取りへの議員の対応には差があり、詳細を示すものもあれば、概要のみを示す場合もある。

質問通告には申し合わせがあるが、形骸《けいがい》化している。与野党は一九九九年九月に原則として「前々日の正午までに質問の趣旨などを通告する」ことを国対委員長間で申し合わせた。ただ、各委員会の開催が二日前の午後以降に決まることもあり、通告が質問日前日の夕方や夜になることも多く、守られていない。

官僚の国会対応への負担は、よく指摘されてきた。厚労省の若手チームが本省職員に行ったアンケート（二〇一九年）によると、六五％の職員が自らの業務量について、「非常に多い」「多い」と回答している。特に、負担を感じるものとして、国会関連業務が六三％を占める。これはもっとも業務量の多い厚労省の調査だが、それ以外の省庁を含めた調査や聴き取りでも国会関連業務への言及が多い。

負担感の一因には国会待機と短時間の答弁作成である。国会待機がかかり、割り当てがある部分では答弁書案の作成があり、深夜や翌日の未明まで対応に追われることもある。通告が質問項目のみの簡略な場合、質問議員への詳細な内容の聴き取り、想定問答を作成することになる。

内閣人事局が発表した三回の調査結果によると、[54]半数程度の省庁は全議員からの質問通告が出そろうまで待機する。質問通告がすべて出そろうのは全省平均で前日の二一時近くである。通告を受けた質問について、担当部署の割り振りが確定するのが二二時三〇分頃である。その後に答弁が作成され、退庁が深夜に及ぶことになる。

割り振りがもっとも遅い例として、午前二時や四時の場合もあり、職員にとってかなりの負担だ。大臣などへの早朝からのレクチャーもあり、審議中も答弁を支えることになる。日程闘争などによる委員会日程のずれ込みは質問通告の遅延にもつながり、国家公務員の長時間労働や過労の要因になっている。

答弁者をみると、長期的な変化がある。答弁者の推移（一九四七年から二〇〇九年まで）をみると、国会審議活性化法後の二〇〇〇年以降、大臣の答弁割合が高まり、副大臣・政務官の割合もやや高まっている[55]。

業務量調査（二〇一八年）でも国会での答弁は全体で四万九六二三回にのぼる。そのうち、大臣は二万一一二一回、副大臣の二一八〇回、政務官の一五一二回に比べると、圧倒的に大臣に集中していることがわかる。大臣などをはじめとする政治家の答弁の比重が高まり、それを支える官僚の役割も大きい。

こうした国会のあり方は、官僚制における女性の代表性の低さにもつながっている。日本の省庁では女性の割合がきわめて低い。国会議員だけでなく、官僚も政策決定の中核であるが、日本では男性への偏りが大きい。

たしかに、国家公務員の採用者に占める女性割合は全体および総合職の双方とも二〇一五年に三〇％を超え、非常に緩やかだが増えてきている。ただ、二〇一九年で係長相当職は二五・六％、本省課室長職相当は五・三％である。この背景には省庁の負担の大きな働き方が挙げられている。

質疑の意味

さて、国会審議の中心となる質疑についてである。[56]

質疑の意味は大別すると、三つに分けられる。[57]①選挙区民の声を政府に伝える（代表）、②政府から政策に関する情報を引き出し、争点について政府の公式見解を引き出す（行政監視）、③政府の政策に批判を加え、新たな対応を迫ることで、自身の政策を主張する機会とすること（争点明示）だ。議会での質問は選挙区民の声の代表、情報の公開と行政監視、与党・政府との政策競争の喚起という多様な役割を果たす。

与党議員の場合は事前審査もあるため、その合意の範囲内での質疑となる。そのうえで質疑には、議事録に記し、その後の評価や検証が可能となるようにすること、党内で行われた議論を示すといった意味がある。政府に再度自らの考えを迫る機会として捉えている議員もいるが、[58]党議決定後の委員会審議段階であらためて議論するかどうかは個人差も大きい。その場合でも党内でまず述べていることが前提となる。

野党議員の場合は政府の姿勢を明確にさせ、問題点を明らかにするという役割がある。行政府とは異なる視点からも問題を抽出し、問題解決に向けて立法府と行政府の共同作業を促すことなどが挙げられる。行政の時間軸はやや長いため、一度の問題提起では行政の対応が引き出せないことも多く、対応を記録し、進捗《しんちょく》を確認しながら何度も取り上げる継続性が必要となる。

会議録と審議映像は公開されている。国会図書館の国会会議録検索システムでは、第一回国会以降のすべての会議録を検索できる。

また、衆参両院の事務局では審議映像をインターネットで提供し、ライブラリに保存した動画を視聴することもできる。NHKの国会中継は首相の演説や党首討論、予算委員会の一部だが、衆議院では二〇一〇年以降の映像が公開され、参議院は会期終了日から一年間は公開されている。比較議会情報プロジェクトが提供する「国会審議映像検索システム」では会議や議員、発言をピンポイントで視聴することができる。[59]

増加する質問主意書

議員の政府への質疑は口頭に限らず、文書による質問も認められている。これは質問主意書[60]と呼ばれ、議員は政府に質問したい事項について簡明な主意書を作成し、議長に提出する。議長の承認のもと質問主意書は内閣に送られ、内閣は受け取った日から七日以内に答弁しなければならない。

議員立法は提出にあたって人数の要件があるが、質問主意書は一人でも提出できる。党首レベルから一回生まで、幅広い議員が提出し、質問主意書と答弁書はすべて書面化され、衆議院・参議院のウェブサイトに掲載されている。

質問主意書が課題の発見、追及につながったケースもある。総理大臣の靖国神社参拝に関する政府の見解（二〇〇一年）、北朝鮮の核実験に対する政府の公式見解（二〇〇六年）など、質問主意書への答弁書で政府の重要な政策指針が明らかになり、これが報道されることもある。薬害エイズ問題や社会保険庁問題のように、問題の追及につながったものもある。質問主意書は必ず回答しなければならず、委員会で質問時間が限られるなかでは情報を引き出す手段として有用だ。

衆議院の質問主意書は一九九八年以降、増加している。戦後から一九九八年までは年に一〇〇件未満だったが、その後は徐々に増えている。二〇〇六年から一〇年は鈴木宗男《すずきむねお》による多くの質問もあるが、全体でも質問数が増加し、一五年以降は毎年九〇〇件程度が提出されている。参議院の方は二〇〇五年まで年に一〇〇件ほどだったが、その後は増加し、二〇〇八年以降は三〇〇件ほどである。衆参両院で質問主意書が増えている。

政府は二〇〇四年八月に「答弁書の作成に時間がかかり行政を阻害している」として、提出制限を提案したこともあるが、制度は維持されている。

国際的にみても日本の質問主意書制度が、多くの負担を政府に強いているとは言えない。各国の答弁に要する日数を比較すると、日本の七日という答弁期限は短い部類に入るが、特別短いわけでもなく[61]、回答の延期も可能である[62]。同様に短い期間で答弁が作成されるデンマークやオランダでは日本の数倍の質問が提出されている。日本での一年当たりの質問数も二〇〇五年で六五二であり、この四〇年での増加率ではデンマークに次ぐが、他国と比べるとまだ少ない。

他方で答弁書での「お答えすることはできない」や「政府としてお答えする立場にない」のように、情報が提示されない場合が増えてきている。小泉内閣以降は二五〜三〇%程度の答弁にこのような文言が含まれている。[63]質問の内容にもより、一概には判断できないが、批判や疑問を呈される質問のあり方は、結果として議員活動を狭めることになる。

採　決——強まる多数主義

国会では質疑による審議を経て採決となる。採決の方法には異議なし表決、起立表決、記名投票および、参議院だけで採用されている押しボタン式投票の四つがある。

記名投票は重要法案について議長が必要と認めたとき、または出席議員の五分の一以上の要求があったときに実施される。賛成者は自分の氏名が書かれた白票、反対者は青票を投じる。記名投票の結果は会議録に記載される。

では、議員は政党内、国会内での意思決定について、どのような形が望ましいと考えているのだろうか。調査では多数決が望ましいかどうかを「一　望ましくない」から「五　望ましい」の五段階で尋ねた。3-10はその結果である。

党内と国会の両方で多数決が望ましいとされている。四以上を選択した割合をみると、自民党では党内意思決定で七〇・一%、民進党でも七〇・六%となった。従来、自民党では全会一致のように、なるべく多くの関係者の同意を重視する面が指摘されてきたが、それより

3-10　多数決での意思決定は望ましいか（2016年）　%

		望ましくない◀				▶望ましい	N
政党内	自民党	3.1	7.2	19.6	41.2	28.9	97
	民進党	0.0	7.8	21.6	54.9	15.7	51
国会内	自民党	0.0	0.0	3.1	40.2	56.7	97
	民進党	0.0	3.9	23.5	47.1	25.5	51

註記：Nはサンプル数
出所：京都大学・読売新聞共同議員調査（2016年）を基に筆者作成

も多数決のように迅速な意思決定を好む傾向にある。

また、国会でも多数決が望ましいとする認識が強い。自民党では国会内の決定では九六・九％、民進党でも七二・六％となった。

近年、TPP法案、IR法案（カジノ法案、二〇一六年）、組織的犯罪処罰法改正案、入管法改正案など、重要法案の審議では委員長職権による開催などが実施されている。組織的犯罪処罰法改正案をめぐっては委員会での採決を省き、審議途中で法案を本会議に上げる「中間報告」も実施された。このような運営には強くなる多数主義が背景にあるのかもしれない。

一九九〇年代の政治改革は、政策決定の集権化をめざしたが、議員レベルでも集権的な意思決定を望ましいとする認識が浸透してきているようだ。

4　進まない国会改革——審議充実のためには

変わる議員、変わらない政党と国会の制度

日本の立法過程は、法案が国会に提出される前の段階とその後に分

けられる。いままでみてきたように国会提出前の省庁や与党内の過程では事前審査制、族議員の存在、党議拘束の強さが特徴である。国会提出後は国会の制度的制約から日程闘争と野党による質疑中心の審議が繰り広げられている。

政治改革を経て、議員レベルでは立法過程への関わり方が変わった。たとえば政党内、国会内での政策活動は増加傾向にある。国会発言、部会参加、議員立法や質問主意書も顕著に増えている。また、特定の分野に関わるスペシャリスト型からジェネラリスト型へと変わった。ただ、議員が積極的に参加しているのは農林、経済産業、国土交通、厚生労働部会である。資金と票の結びつきが強いと指摘されてきた部会で、中選挙区制下との連続性はある。だが、外交部会なども上位に位置するようになるなど、幅広い分野に関心を持つようになってきている。さらに、集権的な政策決定や多数決を望ましいとする認識もある。

一九九〇年代以降の政治改革に即した変化の一方で、国会制度や政党組織には変わっていない部分が多い。

事前審査制や日程闘争にみられる国会のあり方は変わっていない。これらは与党の国会活動や議員間の討論を抑制している。日英仏の三ヵ国の審議の比較からは、国会議員間の直接の意見交換を討論として捉えると、日本の委員会審査では〇・五%、本会議では〇・三%である。他方、英仏の下院本会議では三〇%を占めている。日本は討論が圧倒的に少ない[64]。

議員からも超党派や政党単位で国会改革が断続的に提起されている。二〇一〇年代をみても、一一年には河野太郎《こうのたろう》らによる提言、一三～一四年にかけては自民党・公明党の国会改革が提案され、一四年には与野党合意もした。その後も二〇一八年には自民党若手議員による提言が示され、立憲民主党や国民民主党、日本維新の会も国会改革案を提起している。

日程闘争を弱め、審議の充実を促すには

国会改革の方向は、日程闘争を弱め、内閣の国会審議への関与を強め、少数派の行政監視を強め、国会審議の充実をはかるものである。日程闘争を弱めることで、国会審議の余地を広げ、多数派が構成する内閣と少数派の双方に権限を与えることで法案の修正、対立軸の明示、行政監視を促す必要がある。これは政党・政策中心をめざした政治改革の一方で、政策対立軸が十分に提示されない点、集権化の一方で、行政監視、透明性が十分でない点を補完するものである。有権者の政党、候補者評価を政策や業績に移していくうえでも求められる。

第一に、国会の会期を長期化し、日程闘争を弱めることだ。

日程闘争を弱めるには会期の長期化を進め、特に会期不継続の原則を見直すことである。会期が短く、会期不継続の原則は与党に国会での活動を抑制させ、野党には会期末に時間切れに追い込むインセンティブを生む。会期は細かく途切れているが、日数自体は年間に二三〇日程度に及んでおり、通年会期に近い。議員の任期に合わせた会期も想定できる。

会期が長くなれば、問題点の指摘や対案の提示などに注力される。議員立法の提出数は諸

外国に比べて引けを取らないもので、活発である。ただ、ほとんど審議されない状態は変わっていない[65]。日程闘争を弱め、閣法の審議を充実させるとともに、議員立法とそれを通じた選択肢や対立軸の提示を促すことである。

第二に、内閣が国会審議に関与する権限を強めることだ。内閣や多数派が国会で原案の成立に注力するのは、内閣の国会審議への関与がほとんどできないからだ。内閣が審議日程の決定に関与し、国会審議を受けた修正案をより柔軟に提示できるようにすることである。現状では国会の自律的な運営を求められているが、内閣が優先的な審議日程を組むことを認めるなどの手立てが必要になる。

第三に、少数派による行政監視を強めるため、少数者調査権を拡充していくことだ。少数者調査権とは議会内少数者が議会の調査権を発動できる権利である。たとえば、ドイツ下院では議員の四分の一の動議が出されたときには、下院は調査委員会を設置する義務を負う。フランス上院では会派を単位とした権利付与制度が導入され、各会派は会期年度に一度調査委員会または調査団を設置できる[66]。

日本では一九九〇年代の国会改革のなかで衆議院に予備的調査制度が導入され、二〇一二～一八年を除き、活用されてきた。ただ、調査権限も強制力をともなわないもので、少数党の調査権を十分に確保するものではない。集権化の一方で、国会による行政統制の拡充も求められる。

内閣、多数派と少数派の権限を再考することで、国会審議の充実をはかるべきだ。たしかに、国会と政党組織の双方を視野に入れた改革は課題が注目されにくく、議員自身に取り組むインセンティブが弱い。ただ、国会への有権者の不満や不透明感は強く、定数削減や議員の待遇をめぐる批判も繰り返されている。

ここ四半世紀の間でも何度も結党された新党は議員定数削減などをコストのかからない政策として主張しやすく、既成政党を批判し、一定の支持を得てきた。二〇一〇年代にはほとんどの政党が定数削減を打ち出し、自らを不要であると主張する事態に至っている。しかし、議員や国会の役割を縮小し、声が届きにくくなる方向ではなく、国民の目に見える国会審議の場での活動が評価される方向こそが求められる。

第4章　不安定な議員——政党制の問題

議員は人びとの声を代弁する存在だ。同時に、一定の方向性を人びとに提示し、説得する存在でもある。議会や大規模な選挙を考慮すると、議員は政党を結成したり、入党したり、政党との関係が生まれる。ただ、政党では意見の異なる人びとと行動する必要がある。そのため選挙に不利となったり、自らとは異なる主張を受け入れる必要もある。また誰が主導するのかという問題もあり、政策や人をめぐる党内対立の結果、分裂や離党が起きることもある。政党の離合集散は一九九〇年代以降繰り返し行われてきた。

首相を支える与党が形成される議院内閣制では、政党が議決などでまとまる一体性が政治的安定と意思決定の効率性に直結する。与党の一体性が低いと、政権は不安定になり、意思決定も困難になる。政党の一体性が低いと、有権者に方向性を示すことができず、選択肢としても十分に機能しない。このように政党の一体性は政党政治の根幹を成す。

この章では、議員や政党がどのような政策や利益を代表し、政党の離合集散が続くなか、政党がどのように一体性を確保しようとしているのかをみていく。

1 政策の対立軸——社会経済政策とイデオロギー

イデオロギー

政党は共通の主義や主張を持つ人びとによって組織され、政策実現のために活動し、政権獲得をめざす集団である。その一員となる議員は何らかの主義・主張を持ち、政策決定を担う。選挙となれば、政党や個人としての主張を公約として掲げ、自らの姿勢を示す。

ただし、何が利益で、どのようにそれを達成させるかは、政党のなかでも一致しない。たとえば、経済発展と環境のどちらを優先するかは折り合いがつけにくい。平和のようにめざす方向は一致しても、到達する手段として、軍事力の増強や均衡を重視するか、軍備の縮小を重視するかで異なる。それは社会のあり方についても同様である。そのため政治では「左」と「右」、「左派（左翼）」と「右派（右翼）」、「保守」と「リベラル」など、立場の違いを表す用語があり、これをイデオロギーと呼ぶ。

イデオロギーとは望ましい社会経済のあり方を示す価値や信念、世界観である。より詳細には、①現状認識と将来ビジョンを備え、②目標に到達するための方向性・段階を示し、③多くの人びとに訴えかけられるように、単純な言葉で表現される。[1]

ある価値に基づいて一貫している複雑な思想・意識の体系を、イデオロギーは誰にでも理解できるように、単純な言葉、イメージ、シンボルなどで表現する。難解な言葉をそのまま使っては多くの人に理解されない。たとえば、小泉純一郎首相は「官から民へ」「地方でできることは地方で」として、小さな政府の方向性を簡潔に提示した。

イデオロギーは自己正当化の手段で、どのような社会が望ましいのか、それに到達するにはどうしたらよいかを示す。ここでも小泉首相は自身の改革への反対派を「抵抗勢力」と批判すると同時に、「改革なくして成長なし」として規制緩和などの構造改革への賛同を求めた。その後、民主党は現状を格差社会として批判的に捉えたうえで、「国民の生活が第一」「コンクリートから人へ」「チルドレン・ファースト」として自民党と異なる社会像、スローガンを提示し、それがめざすべき社会とした。

このように、イデオロギーは一貫した政策や判断を促す。議員は有権者よりもさまざまな政策に一貫した姿勢を示す傾向があるが、そこには基底的な信念体系がある。

他方で、イデオロギーの明確さやその実現へのこだわりは議員や政党によって差がある。政策上の立場を表明し、その忠実な実現を重視する立場もあれば、仮に部分的であっても政策の実現を重視する立場もある。そのような差はありつつも、議員や政党は何らかのイデオロギー、方向性を示す存在である。

一貫した姿勢は、イデオロギーだけでなく有権者や他の政治家からも求められる。有権者からみると、一貫した姿勢は政治家の発言や公約の信用にかかわり、一定の有権者を引きつける。また、過去の言動との不一致は、ほかの政治家やメディアから変節やぶれたと批判されるため、その点でも一貫した姿勢が重視されやすい。

保守・革新、リベラル

戦後日本の政党、政治家は政策面で何をめぐって対立、協調してきたのだろうか[2]。

戦後政治では憲法や安全保障を対立軸に展開してきた保守－革新の構図が形成された。自民党などの保守側は日本国憲法に象徴される戦後の民主化された体制を見直し、日米安全保障条約を基軸とする同盟関係を強化すべきとの立場を示した。社会党や共産党などの革新側は戦後の体制を維持・発展させるべきで、日米同盟については距離を置くべき、あるいは廃棄の立場をとった。一九六〇年代の有権者の態度も保革イデオロギーで統合され、体制・安全保障をめぐる対立軸だった。

この対立軸は、ほかの自由主義諸国とは異なる。国家の社会経済への関与を対立軸にしていることが多いからだ。一般に「右」の立場は減税や規制緩和のように国家の関与の縮小を重視する。他方、「左」と呼ばれる立場は国家の役割を重視し、所得の再分配や社会保障の充実を重視する。

日本で社会経済が対立軸として浮上するのは一九七〇年代だった。高度成長にともなう公害や都市問題、成長による富の配分をめぐる対立である。

保革イデオロギーとの関連性もあり、憲法や安全保障をめぐる軸とともに、福祉・参加・平等をめぐる対立軸も現れた。具体的には自助、小さな政府、効率・経済成長を優先する保守と、福祉、大きな政府、環境保護を重視する革新の対立軸である。一九七〇年代までは革新の伸張がみられたが、八〇年代は財政赤字の拡大するなかで保守回帰が進んだ。

一九九〇年代に入ると、革新という表現自体が使われなくなり、新自由主義的改革に積極的か否かが対立軸としての比重を高めていく。

少子高齢化による社会保障費の増大、グローバル化にともなう規制緩和や自由化、経済構造の見直しが求められた。新自由主義的な手法による改革を主張する政治家が自民党内だけでなく、多くの新党として現れ、行政改革や地方分権も提起された。一九九六年総選挙では自民党から共産党まで、すべての政党が行政改革を公約に掲げ、自民党と野党第一党の新進党の対立は社会経済改革をめぐるものが比重を高めた。

議員レベルでも、新自由主義的改革に積極的か否かと関連した対立軸が少なくとも二〇〇九年まで持続していた。特に小泉政権期はこの対立軸が鮮明だったが、その後は自民党が従来の路線に比重を移し、遅くとも二〇一二年以降は対立軸としての比重を低下させている。[3]

他方で、憲法・安全保障軸は一九九〇年代以降も残っている。一九九〇年代には自社さ政権の下で、社会党が自衛隊を合憲として政策を転換し、政策の相違は大きく縮小した。しかし、その後も周辺事態法、イラク特別措置法などをめぐる問題が存在した。二〇一〇年代以降も自衛隊の海外での活動を積極的に展開するかどうか、安保法制のように日米同盟の強化をはかるかどうかなど争点が変化しつつも、憲法や安全保障問題は依然として対立軸となっている。

有権者は選挙のときに憲法や安全保障の問題をそれほど重視していない。だが、議員レベルでは、二〇一七年に野党第一党の民進党が希望の党や立憲民主党などに分裂してしまう一因ともなった。

有権者レベルでのイデオロギー

では、こうしたイデオロギーと投票行動にどのような関係があるのか。

有権者は自身と各政党を保革イデオロギーのライン上に位置づけることができる。革新勢力が後退した一九九〇年代以降も、それは同様だ。この間、イデオロギーの調査で「わからない」と答える人の割合は一〇%前後で変化していない。

ただ、近年は保守や革新が何を意味するのかについて、世代によって認識が異なることもある。[4] 二〇一〇年段階で四〇代以下と五〇代以上では保守と革新の概念や意味が異なっている。四〇代以下では保守革新の意味が憲法や安全保障についてではなく、改革への姿勢として認識している人が多くなっている。

また、政策に対するまとまった姿勢は低下している。保革イデオロギーは経済よりも憲法や安全保障問題との関連性が強く、それらの政策への姿勢には一定のまとまりがある。ただ、政策への姿勢は一貫したものではなく、イデオロギーの拘束力は弱く、問題によってさまざまな立場をとるようになっている。

さらに、保革イデオロギーと投票行動に関連性はあるが、時代を経るにつれて低下している。イデオロギーは自民党と共産党・社民党のどちらに投票するのかには規定力があるが、自民党と民主党のどちらに投票するのかを規定する力は失われている。

このように、保革イデオロギーは新自由主義的改革などの社会経済争点との関連性があるが、投票行動への規定力、特に二大政党間の選択には影響を及ぼしていない。そのため、各選挙の投票行動ではイデオロギーよりその時々の争点や政府の業績評価、党首評価、政権担当能力評価に基づく投票をもたらしている。[5]

争点設定をめぐる駆け引き

一九七〇年代以降、日本でも社会経済対立軸がみえるようになった。だが、二〇一〇年以降は政党間の政策的な違いを特徴づける争点にまでは至っていない。その背景には自民党・公明党政権が社会経済争点について、野党の主張を自らの政策として取り入れ、野党との政策の違いを小さくしていることもある。

選挙は候補者自身の取り組み、組織の支援も重要であるが、何が争点かも無視できない。

争点によっては少数派が勝利することもある。争点に基づく投票はなかなか起こりにくいが、以下の三つの条件の下で成立すると考えられている[6]。社会党の勝利、自民党の敗北となり、消費税導入をめぐる争点投票が起きた一九八九年参院選を例にみてみよう。

第一に、大多数の有権者が争点に関心を持ち、明確な意見を持っていることである。多くの有権者が関心を持つ争点は限られるが、消費税や報道の集中している争点などは意見が形成されやすい。

第二に、有権者の意見が一方に偏っていることである。消費税であれば、一九八〇年代後半は反対の意見が多数だった。

第三に、有権者が政党間の差別化を明確に行っていることである。賛成の政党と反対の政党を認識している必要があり、消費税であれば、自民党が賛成派、社会党が反対派として明確になっていた。そのため社会党への投票に結びついたとされる。

この三つの条件が成立した場合、投票行動に与える影響は大きい。国政選挙では一九八九年の参議院選挙、二〇〇五年の郵政民営化をめぐる衆議院選挙も争点投票の側面が強い。地方選挙でも争点が決め手になることがある。

たとえば、二〇〇六年の滋賀県知事選挙では自民党、公明党、民主党が相乗りした現職候補が社民党の支持する嘉田由紀子《かだゆきこ》候補に敗れた。政党支持率だけをみれば、各党が支持した相乗り候補が圧倒的に有利だが、新幹線の駅の新設を争点にした嘉田が当選した。原発を争点とした首長選挙で多数派が敗れる例もあり、争点の影響は無視できない。

選挙では有利な争点をいかに設定するかだが、自らに有利な争点を強調するだけでなく、自らに不利な争点を回避（争点隠し）しようとしたり、相手の主張を取り込み、差を小さくしたりすることもある。

たとえば、二〇一七年総選挙では安倍晋三首相は幼児教育や高等教育の無償化を主張し、現役世代向けの拡充を主張していた野党の政策を取り込み、争点を打ち消すこととなった。

社会経済政策については憲法や安全保障政策に比べて、政党の主張が変わりやすい。二〇〇三年から一七年までのアンケートの分析によると、候補者は新自由主義または社会民主主義の考え方に基づく論理一貫した立ち位置を選択していない。また時々の政治・経済状況で立ち位置が変化するため、安定的な選択肢を有権者に提供できていない。[7]

くさび争点としての憲法・安全保障

他方、憲法・安全保障政策は安定的な対立軸であるとともに、くさび争点として考えられる。くさび争点（wedge issue）とは党員や支持者を分裂させる争点である。

連立政権となる多党制の下では将来の連携も考慮し、くさび争点を打ち出すことを避ける傾向が強い。[8]たしかに日本の憲法・安全保障問題は自民党と公明党の間に差があるため、争点化が抑制される。ただ、この問題はそれ以上に非自公側、野党の間に不和を生んできた。

野党が比較的まとまった際には党内の意見集約を困難にし、野党が個別に存在する場合には野党間の連携を阻害する争点として作用する。

憲法問題も、どのような部分が争点になるかで影響は異なる。憲法をめぐる世論の分析によれば、有権者が憲法問題を捉える枠組み（フレーム）には防衛政策フレームと統治機構フレームがある。

防衛政策フレームとは憲法の九条問題や自衛隊などを焦点にし、統治機構フレームとは首相公選制や内閣機能強化、参議院改革などの統治機構を焦点にする。一九八〇年代までは防衛政策フレームが意識されていたが、九〇年代から二〇〇〇年代中頃までは統治機構フレームが争点の中心となった。しかし、小泉政権を経て統治機構改革の機運が低下し、民主党も憲法論議を抑制する方向に転換し、防衛政策フレームに焦点があたるようになってきた。自民党は憲法草案を作成するなど具体化を進め、この問題では党内がまとまってきている。

野党間では政策上の差が大きい憲法・安全保障政策が争点として浮上すると、連携が困難になり、分裂状態が続く。二〇一七年の民進党から希望の党への合流時には憲法、安全保障政策への姿勢が分かれ目となった。それは突如に浮上したものではなく、二〇一五年の安保法制や憲法論議への不満などが背景にあった。

このように、日本では社会経済政策、政府の規模や役割が安定的な対立軸になりにくい。そこには争点をめぐる政党間の駆け引きがあり、自民党が社会経済政策面では野党との差異を小さくしつつ、憲法・安全保障政策をくさび争点として提起していることが考えられる。そのため、有権者の関心の高い問題にもかかわらず、社会経済問題が政党選択に結びつきにくい状態にある。

対立軸の中の議員

議員はどのような政策を志向し、どのような立場を示しているのだろうか。

4-1は東大・朝日調査（二〇一四年）から各候補者の政策位置を示している。分析では憲法、外交、経済政策などの一〇項目を使用し、二軸が抽出された。横軸は憲法や安全保障をめぐる対立軸で、保守-革新、リベラル軸である。縦軸は公共事業による雇用確保、景気対策のための財政出動などに関するもので、日本型システム改革軸とした。4-1中の記号は各候補者の位置を示している。

4-1からは各党の位置やまとまりがうかがえる。自民党候補は右上に位置し、保革軸上では保守寄りで、日本型システム改革軸上は公共事業による雇用確保や景気対策のための財政出動に賛成という、従来型の姿勢をとる候補者が多い。公明党は保革軸上で中間からややリベラル寄り、日本型システム改革軸上は自民党同様に従来型の姿勢をとる候補者が多い。共産党は保革軸上でもっともリベラル寄りで、日本型システム改革軸上は従来型と改革姿勢の強い候補で分かれている。維新の党は保革軸上で保守寄りで、日本型システム改革軸上は

4-1　候補者の政策位置（2014年）

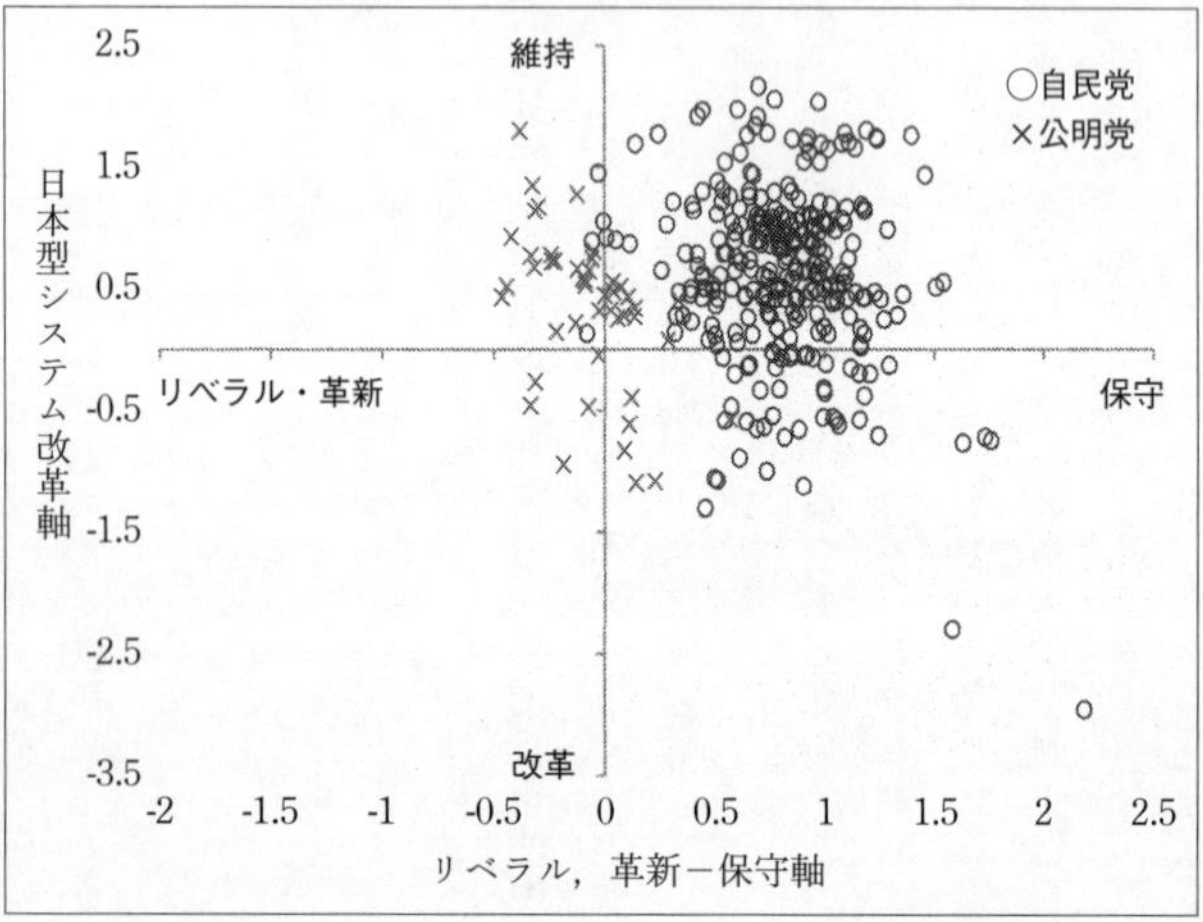

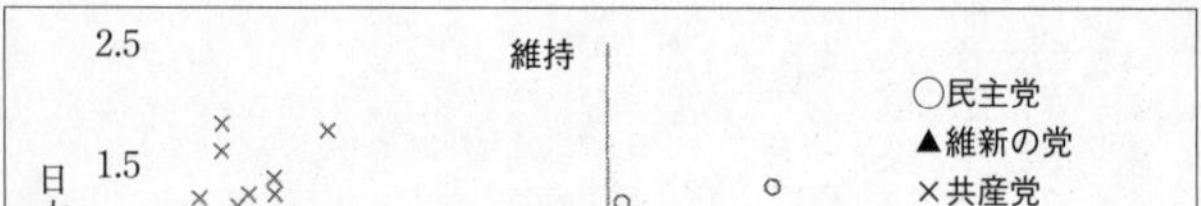

出所：東京大学谷口研究室・朝日新聞共同政治家調査（2014年）を基に筆者作成

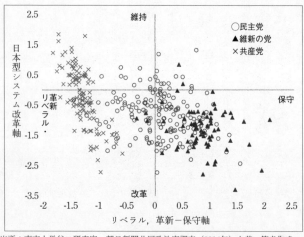

改革姿勢の強い候補者が多い。民主党は二つの軸上のいずれでも中間に位置する候補者が多い。

自民党と民主党のどちらも党内のばらつきが大きい。自民党は憲法・安全保障面での意見の相違は小さいが、日本型システムの改革姿勢はばらつきが大きい。民主党は憲法・安全保障面での意見の相違が大きい。また、保守系改革派もいれば、リベラル系改革派、リベラル系現状維持派とさまざまな議員によって構成されていた。

2　強い党議拘束——代表の選択と造反

支持者か世論か

政策上の違いがあるなかで、議員はどのような対象を代表しているのか。

京大・読売調査では政策判断時にどのような人びとの意見を重視するかを自民党・民進党議員に尋ねている。党首や政党支持者などの一〇項目のそれぞれについて、「一　重要ではない」から「五　重要」の五段階で尋ねた。議員がどのような存在の代表であるのかを捉えるもので、4-2では平均値と五段階のなかで「五　重要」と回答した割合を示している。

上位の対象をみると、党首、支持団体、選挙区民、国民世論は両党で上位に位置し、おおむね共通している。ただし、対象の順序や比重は異なる。

4-2　政策判断時に重視する対象（2016年）

	平均値		「5　重要」の割合	
	自民党	民進党	自民党	民進党
党首	4.38(1)	3.69(5)	50.0	25.0
党職員	3.21	2.94	11.5	7.5
政党支持者	3.92(4)	3.60	23.7	11.5
支持団体	4.01(3)	3.71(4)	26.3	21.2
選挙区民	4.22(2)	4.21(1)	37.0	36.5
地方自治体	3.63	3.65	13.4	13.5
国民世論	3.76(5)	3.85(2)	14.1	21.2
マスメディア	2.97	3.13	6.2	9.6
官僚	3.43	3.25	8.1	7.7
専門家	3.52	3.77(3)	12.1	11.5

国民世論か支持者か　%

	国民世論志向	中間	支持者志向	N
自民党	16.5	53.6	29.9	97
民進党	36.5	46.2	17.3	52
全体	23.5	51.0	25.5	149

註記：上段のかっこ内は上位5位までを示す．Nはサンプル数
出所：京都大学・読売新聞共同議員調査（2016年）を基に筆者作成

自民党では党首を重視する割合、民進党では選挙区民を重視する割合が高い。自民党では党首を「重要」と回答する議員が五〇%ともっとも多く、次いで選挙区民が三七%、支持団体が二六・三%となった。民進党では選挙区民を「重要」と回答する議員が三六・五%ともっとも多く、次いで党首が二五%、支持団体と国民世論が二一・二%と並んだ。二大政党間では党首の重要度が異なるとともに、国民世論の位置づけも異なる。

各議員は政党支持者と国民世論、つまりは世論全体のどちらを重視しているのか。二つの回答の差から、政党支持者志向、中間、国民世論志向の三つに区分した。4-2の下段は、その結果である。二つの志向は拮抗している。五一%の議員が同程度で、二三・五%が国民世論をより重視し、二五・五%が政党支持者をより重視している。

ただ、政党の差は大きい。自民党では国民世論志向が一六・五％に対して、政党支持者志向が二九・九％と高い。民進党は逆に国民世論志向が三六・五％と高い。このように自民党議員は政党内部や支持層を重視する傾向があり、民進党議員は政党外を重視する傾向にあり、両党の政策の基本的なターゲットの違いがみえてくる。

不一致を抱える議員

では、議員は政党、支持者との間で利益の不一致があるのか。

京大・読売調査では「所属政党の選挙公約の中で、あなたを支持する有権者や支持団体の利益に反するものはありますか」として、党公約と支持者間の利益の不一致を「一　全くない」から「五　非常に多い」までの五段階で尋ねている。

不一致は多くの議員が認識している。「全くない」と「非常に多い」という回答は、いずれもほぼ皆無だ。「三　多少ある」以上を基準とすると、約七〇％の議員が支持者の利益に反する内容が党公約に含まれていると回答した。政党別にみると、民進党では自民党以上に反する内容が含まれているとの回答が多かった。

また、若手世代ほど、党公約と支持者の間に不一致があると認識している。4－3は議員の世代別の結果である。支持者利益に反する内容の有無、程度は年齢差が顕著である。「多少ある」以上の回答は三〇代で八六％、四〇代で八二・五％であるのに対して、五〇代で七

4-3　世代別の党公約と支持者の間の不一致（2016年）

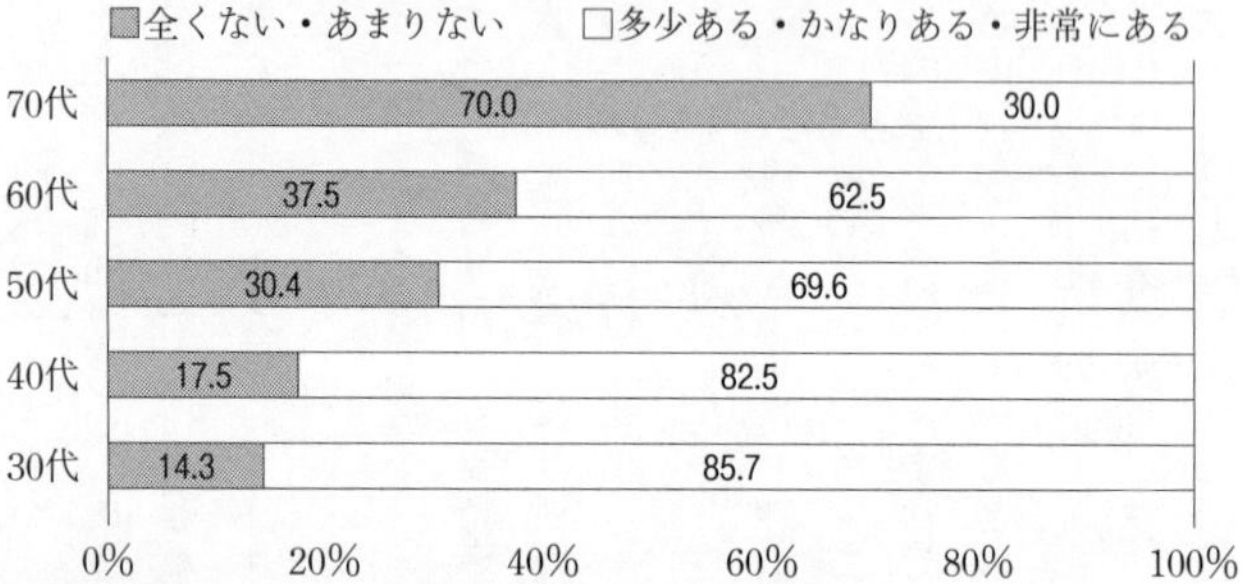

出所：京都大学・読売新聞共同議員調査（2016年）を基に筆者作成

○%、六○代で六二・五%、七○代では三○%になる。これは両党に共通し、若手議員ほど党公約と支持者のずれを認識している。

次に、議員自身は党の政策と一致しているかをみていこう。

京大・読売調査では党の方針、政策と自身の主張との一致度を外交・安全保障政策、経済政策、社会保障政策の三領域に分けたうえで、「一　全くない」から「五　非常にある」の五段階で尋ねた。

二大政党内には政策の不一致度が高い分野があるが、その分野は異なる。意見の相違について、三以上を合計すると、次のようになる。

自民党では社会保障政策（四一%）、経済政策（三四%）、外交・安全保障政策（二七%）の順で、党と意見の異なる議員が多い。民進党では外交・安全保障政策（五六%）、経済政策（四八%）、社会保障政策（二七%）の順で意見の相違を認識する議員が多かった。民進党の数値の方がやや高いが、二大政党内には党の政策と主張の異なる議員が各分野でおり、分野によっては不和が起きやすい状態にある。

緩やかな合意としての公約

政党と自らの政策に相違があるなかで、候補者は公約をどのように捉えているのか。

読売新聞社は二〇〇三年から一三年参議院選挙まで（〇七年参院選を除く）、立候補予定者調査で「所属する政党が掲げる公約と自分の意見が異なった場合の対応について、あなたの考えに近いものを選んでください」（二〇一二年）として、公約と自らの主張との関係を尋ねてきた。

この調査からは公約が緩やかな合意にとどまり、二大政党では党内を集約した形になっていない。公約と意見が異なる場合、持論を重視する態度が根強く、公約を尊重しつつも、自らの意見を主張する候補者が常に七割から八割を占める。公約に反する主張はしないが二割程度である。二〇〇三年のマニフェスト運動から一〇年以上が経過してもなお、公約への態度に変化はなく、政党と候補者が公約を通じて十分に結びついていない。結果として、選挙後の政権運営では、公約は決して拘束力が強いものではない。

読売新聞社は立候補予定者調査（二〇一二年）に「有権者への約束であるマニフェストは、政権担当後の状況変化にかかわらず必ず守られるべきだという意見について賛成ですか、反

4-4　政党か・本人か・支持者か（2016年）　%

◎政党か本人か

	1 政党を優先	2	3	4	5 自らの主張を優先	N
自民党	11.5	44.2	32.7	10.6	1.0	104
民進党	3.9	39.2	33.3	13.7	9.8	51
全体	9.0	42.6	32.9	11.6	3.9	155

◎政党か支持者か

	1 政党を優先	2	3	4	5 支持者・支持団体を優先	N
自民党	7.8	42.7	42.7	4.9	1.9	103
民進党	10.0	38.0	36.0	12.0	4.0	50
全体	8.5	41.2	40.5	7.2	2.6	153

◎本人か支持者か

	1 自らの主張を優先	2	3	4	5 支持者・支持団体を優先	N
自民党	9.8	37.3	47.1	5.9	0.0	102
民進党	13.7	39.2	37.3	7.8	2.0	51
全体	11.1	37.9	43.8	6.5	0.7	153

註記：Nはサンプル数
出所：京都大学・読売新聞共同議員調査（2016年）を基に筆者作成

対ですか」として、賛成から反対の五段階で選挙公約の拘束力も尋ねている。賛成とやや賛成をまとめると、候補者全体の七一%が公約の拘束力を強く捉えている。ただ、自民党では五八%、民主党では四八%であり、やや低い。[10]

政党か本人か支持者か

いままでみてきたように、政党と支持者の利益、政党と議員自身の意見は必ずしも一致しない。では、議員は政党、議員本人、支持者の間で意見が異なるときに、どのような判断をするのか。

4-4は、政党と議員本人の意見が対立する場合、政党と有権者や支持団体の利益が対立する場合、議員本人と有権者や支持団体の利益が対立する場合を表したものである。

意見の対立時には政党を重視する議員が多い。政党と議員本人では政党を優先する回答（一、二の合計）が五一・六％を占めた。政党と支持者でも政党を優先する回答が同様に四九・七％である。他方で議員本人と支持者では自らの主張を優先する回答が四九％であった。本人を重視する議員もいるが、政党重視がもっとも多い。

各議員の重視する順序を整理すると、政党–本人–支持者というパターンがもっとも多い。形式が異なるため、直接の比較はできないが、優先順位はヨーロッパ諸国の結果と類似している[11]。

造反と処分

議員、特に二大政党内には政策の違いがあり、基本は党の方針に従うが、党と異なる態度を選択することもある。党議拘束が強い日本では議会内で起きることは珍しく、「造反」として注目されてきた。

造反はさまざまな場面で起きるが、主に選挙、議会、メディアで表面化しやすい。ここでは造反とは「議員の所属する政党もしくは会派がその方針を決定した後に、議員がそれに反する行動を選挙、議会、メディア上で意図的に明示すること」と規定してみていきたい。政

4-5　党規違反への処分として妥当な対応（2016年）　%

		注意	役職停止	選挙での非公認	離党勧告・除名	N
自民党	重要法案造反	5.8	37.2	33.7	23.3	86
	その他法案造反	39.5	41.9	12.8	5.8	86
	国政選挙違反	16.9	33.7	34.9	14.5	83
	地方選挙違反	39.8	36.1	16.9	7.2	83
民進党	重要法案造反	4.5	59.1	22.7	13.6	44
	その他法案造反	55.6	40.0	4.4	0.0	45
	国政選挙違反	8.9	37.8	24.4	28.9	45
	地方選挙違反	37.8	24.4	20.0	17.8	45

註記：Nはサンプル数
出所：京都大学・読売新聞共同議員調査（2016年）を基に筆者作成

党や会派が定める方針は、政策や選挙が中心である。

各政党とも党議違反は処分の対象となる。たとえば、自民党は党則九二条で①党の規律を乱す行為、②党員たる品位を汚す行為、③党議に背く行為をした党員を処分すると定めている。総務会決定に従わないことは「党議に背く行為」となる。処分の種類は党規律規約で定められ、軽い順に、①党則の遵守の勧告、②戒告、③党の役職停止、④国会および政府の役職の辞任勧告、⑤選挙での非公認、⑥党員資格の停止、⑦離党の勧告、⑧除名となる。

ただし、処分は案件の重要性や注目度、政治情勢に左右される。そのため重要法案への造反でも処分はさまざまだ。では、議員は造反への処分をどのように捉えているのか。

京大・読売調査では「以下の党規違反について、どのような処罰が妥当だと、あなたはお考えでしょうか」として、党規違反に対する処罰の程度を法案への造反と選挙での反党行為に分けて尋ねた。処罰は口頭や文書での注意、役職停止、選挙での非公認、離党勧告・除名の四段階とした。

4-5をみると、重要法案への造反、国政選挙での反党行為への処罰は二大政党のどちらも、やや厳しく認識されている。

自民党の場合、重要法案への造反に対して、選挙での非公認と離党勧告・除名を合計すると五七％になる。同じ項目に対して、民進党の場合は三六・三％で、二〇ポイント程度低い。自民党が法案への造反に厳しい一方で、民進党では国政・地方選挙での反党行為への処罰がやや厳しい点で異なる。

党議拘束の意味と受容度

造反は党内の意思決定のルールに左右される。第3章でみたように日本の政党は党議拘束がほぼすべての案件にかかる。自由投票がきわめて例外的で党の決定に縛られる。

党議拘束は意思決定を効率化し、責任の所在を明確にする。党議拘束がなければ、法案ごとに多数派を形成する必要があり、大変な労力が必要である。また、議員が自らの選挙区事情や政策、信条だけを重視して行動した場合、自党のほかの議員を裏切る結果となることがある。党議拘束はそれを防ぐ意味があり、党全体の利益を確保するために、議員間に多少の考え方の違いがあっても相互に協力し合うことを確実にするための仕組みである[12]。

では、議員は党議拘束をどのように考えているのか。

東大・朝日調査（二〇一二年）では二つの異なる意見を提示する形で尋ねている。

4-6　党議拘束への態度（2012年）　%

	Aに近い	どちらかと言えばA	どちらとも言えない	どちらかと言えばB	Bに近い	N
自民党	10.3	57.0	18.8	12.1	1.8	165
民主党	7.3	29.6	30.1	23.8	9.2	206
日本維新の会	8.0	24.0	28.0	20.0	20.0	25
公明党	35.0	50.0	15.0	0.0	0.0	20
共産党	88.9	11.1	0.0	0.0	0.0	9

註記：Aは「国会での採決時，政党はなるべく党議拘束をかけて，所属議員が全員一致して行動することが望ましい」，Bは「国会での採決時，政党はなるべく党議拘束を外して，所属議員がそれぞれ判断して行動することが望ましい」．Nはサンプル数
出所：東京大学谷口研究室・朝日新聞共同政治家調査（2012年）を基に筆者作成

意見Aは「国会での採決時、政党はなるべく党議拘束をかけて、所属議員が全員一致して行動することが望ましい」。意見Bは「国会での採決時、政党はなるべく党議拘束を外して、所属議員がそれぞれ判断して行動することが望ましい」である。

党議拘束への態度は政党によって大きく異なる。4-6は党議拘束に対する政党別の回答である。党議拘束を支持する「Aに近い」と「どちらかと言えばA」を合計し、受容度合いの高い順にみると、共産党（一〇〇%）、公明党（八五%）、自民党（六七・三%）、民主党（三六・九%）、日本維新の会（三二%）となる。

党議拘束を外して各議員の判断を重視する方向は日本維新の会（四〇%）、民主党（三三%）の順となり、党議拘束を受容する議員とほぼ同程度だった。

4-7は、自民、民主党議員の党議拘束の賛成割合を当選回数別に示している。

自民党と民主党では傾向が異なる。自民党では当選回数が上がるとともに賛成の割合が高くなる。当選二回の議員で賛

4-7　自民党と民主党議員の当選回数別の党議拘束の賛成割合（2012年）

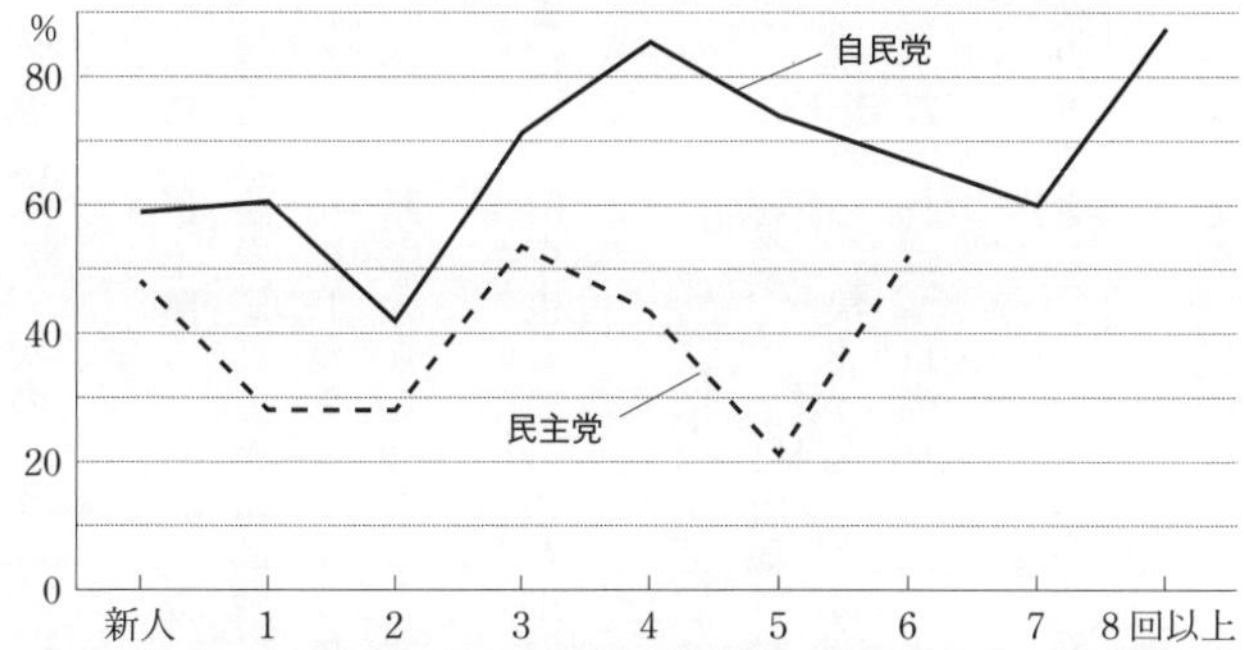

出所：東京大学谷口研究室・朝日新聞共同政治家調査（2012年）を基に筆者作成

成は減るが、当選回数が上がるにつれて賛成が増え、四回と八回以上では八割を超えている。

　他方、民主党では党議拘束への態度が一致していない。民主党の賛成割合はすべての当選回数で自民党より一〇から四〇ポイント程度、下回っている。党議拘束を望ましいとする議員は当選三回、六回以上の議員で五〇％程度だが、他も三〇％程度にとどまる。

　そもそも民主党には党議拘束を廃止、緩和を求める議員も存在した。党議拘束に従うことを当然視する議員は少数で、この認識は自民党と異なり当選回数と無関係である。民主党は二〇〇三年と〇五年の調査でも同様な傾向にあり、政権交代以前からの課題だった。民主党は自民党よりもトップダウンの意思決定をめざしていたが、それに相反する党議拘束の受け入れに否定的な議員が根強く存在した。

　党の指導者たちはこうした党内の状況を繰り返し課題として指摘してきた。たとえば、鳩山由紀夫は二〇〇二年の段階で、次のように述べている。

「これ以上踏み込むと危ないんじゃないか」「党内が二分されるんじゃないか」と徹底的な議論を避けてきた部分はたしかにあります。一つの結論を出すべき。そしていったん結論を出したら皆がまとまって、小異を乗り越え協力し合う党を作らなければならない。決断できなかったことが我々民主党の問題でもあるのではないか[13]。

また、岡田克也も二〇〇五年の代表辞任のあいさつで、次のように述べたと記している。

第一は、「次の代表が誰になろうとも、選んだ代表をみなで支える政党になってもらいたい」。第二は、「自由な議論ができるのは民主党の素晴らしいところだ。しかし、結論が出たら、決まったことは守る政党であってほしい」。そして、こう結んだ。「この二つがなければ、政権交代はできない[14]」。

枝野幸男も二〇二〇年の合流新党の代表選挙討論会で、次のように述べている。

野党勢力が国民の皆さんから批判され、信頼を得られなかったのは、党内のさまざまな意見の違いが、意見の対立のように受け取られてきたからだ。議論の途中で自分と違う党内の意見を批判するかのような言動とか、背中から弾を撃つような言動であるとか、こうしたことは信頼を得られない。中では徹底的に議論する。その代わり、内部の意見の違いを対立であるかのように誤解を招く発信はしない。そうでない場合はリーダーが毅然として、しっかりしたガバナンスを取っていくことが大事だ[15]。

増加する造反、メディアレベルでの不和

造反は実際にどれほど起きているのか[16]。

ここでは議案、動議、選挙での採決（投票）などの議会内での造反をみてみよう。手続き上は病気などで欠席届を党に提出している場合でも、方針に反対の意思が認められることもある。そのため、造反の意図がメディアなどの第三者から検証、推測されているものも含める。４‐８は一九八〇年から二〇二〇年までの各党の造反件数と人数の合計である。

この四〇年間に衆参両院で少なくとも二三四件、延べ一六四〇名の造反があった。一九九〇年代後半に多発し、特に一九九八年と九九年には三〇件以上あった。一九八〇年から九五年までは平均三・五件だったが、九六年から二〇二〇年までは平均八・一件で、政治改革後は造反が増えている。

政党ごとにみると、自民党は七九件、社会党／社民党は七七件、新進党は二〇件、民主党

4-8 造反件数，人数の推移（1980〜2020年）

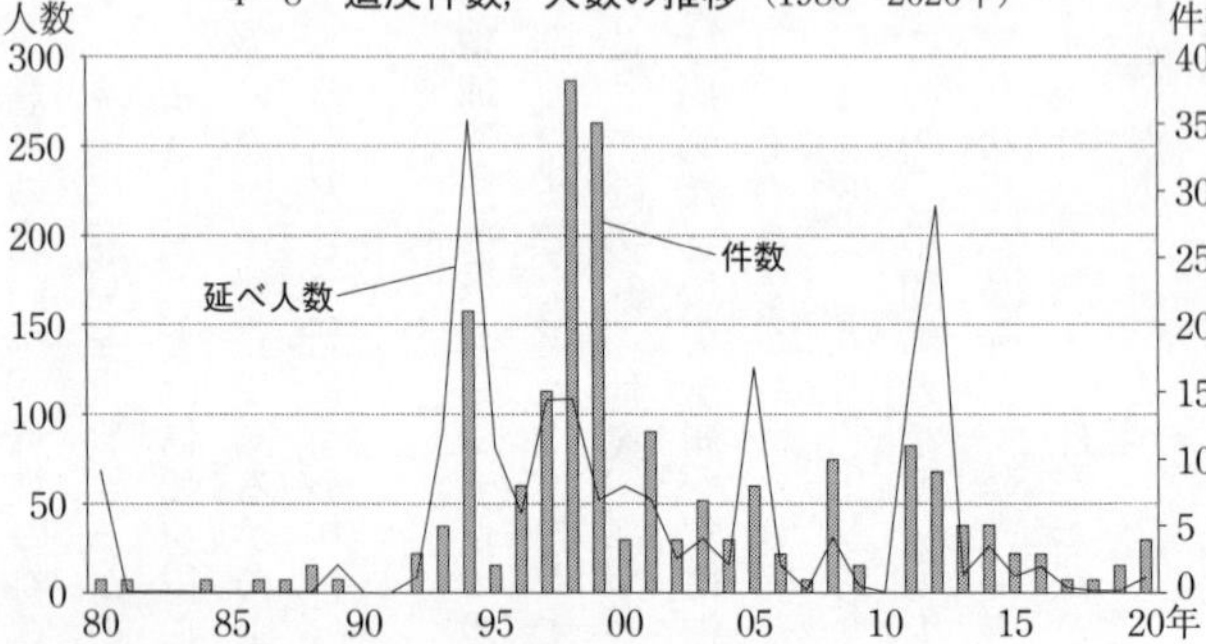

出所：筆者作成

系（民進党、国民民主党、立憲民主党）は九八件、公明党と共産党はゼロ件である。

年単位でみると、自民党は一・九件、社民党は一・九件、新進党は六・七件、民主党系は三・九件となる。造反は政治改革後の野党第一党で特に多い。

造反は最終的に思いとどまった場合でも、党内の不和を露呈することになる。

一九九〇年代以降は、メディアと政治家の関係も変わり、それも党内対立を増幅させている。一九九〇年代以降は特にテレビでの政治討論番組が増え、そこでの執行部批判も出てきた。さらに、二〇〇〇年前後からワイドショーでも政治をテーマとして取り上げることが増えた。[17] 議員のテレビ出演も増え、党内の不和が繰り返し表面化した。

4-9は党内の不和を報じる『朝日新聞』『毎日新聞』『読売新聞』三紙の記事量である。「〇〇おろし」や「党内対立」というキーワードで検索した結果である。

4-9　党内の不和を報じる新聞記事量（1986年1月〜2021年5月．月ごと）

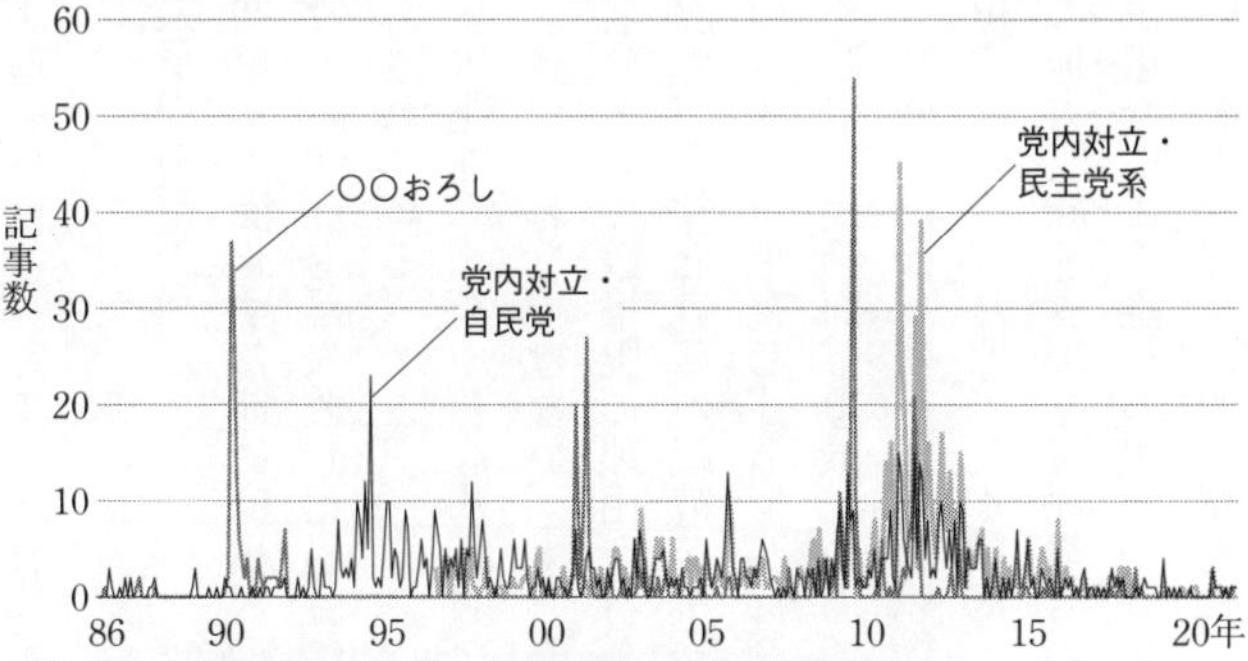

出所：『朝日新聞』，『毎日新聞』，『読売新聞』を基に筆者作成

メディアで報じられた不和は、実際の造反以上に恒常的にある。

自民党内の対立は一九九三年から九七年、二〇〇五年、一一年から一二年が比較的多い。それぞれ政治改革や連立をめぐる対立、郵政民営化をめぐる政局、二〇〇九年の野党転落後の不和が報じられた。首相おろしは短期間に集中的に報じられ、海部俊樹《かいふとしき》、森喜朗《もりよしろう》、麻生太郎《あそうたろう》、菅直人、野田佳彦の各首相で特に多い。

民主党政権期の党内対立は自民党の党内対立報道を大きく上回っている。特に二〇一〇年後半以降は記事も多く、不和が目立つ状態であった。重要法案への造反とともにメディアでの連日の報道も有権者のイメージや評価に影響したであろう。

二〇一三年以降は、党内対立の報道はかなり低調である。二〇〇〇年代から一二年までの経験から、議員が党内対立の表面化を避けるようになってきたとみられる。ただし、造反は起きており、政党中心の政治改革が進められる一方で、それに承服しない議員の行動が頻発するようになっている。

造反の前段階

造反が表面化する前には複数の段階がある。政策の共有、党への忠誠心、他者からの働きかけのいずれもが失敗した場合に造反は表面化する。[18] これら三つは以下のように順序付けて理解されている。

一体性を導くもっとも基底的な要素は政策の共有である。ただ、政党と各議員の政策が常に一致するわけではない。もちろん、政策以上に人間関係が左右する面もあるが、造反の大義名分として政策上の理由が持ち出される。

次に、政党と自らの政策が不一致だとしても、党の決定に従う忠誠心があれば、各議員が党の一体性を重視し、造反が抑制される。

そして、政策面、忠誠心の面でも造反の様相がある場合に、規律による一体性が求められる。具体的には、執行部が公認権、人事権などを使い、党に合わせることを求める。

規律は執行部だけでなく、たとえば、自民党では派閥が規律づけの主体であった。[19] また、党の地方組織・支部や労働組合のような組織によるものもある。特に、かつての社会党では労働組合による議員の規律づけも強かった。規律の主体は党組織によって異なるが、これらがいずれも有効ではない場合に、造反が表面化する。

4-10　**政党のまとまりを生む要素**（2012年）

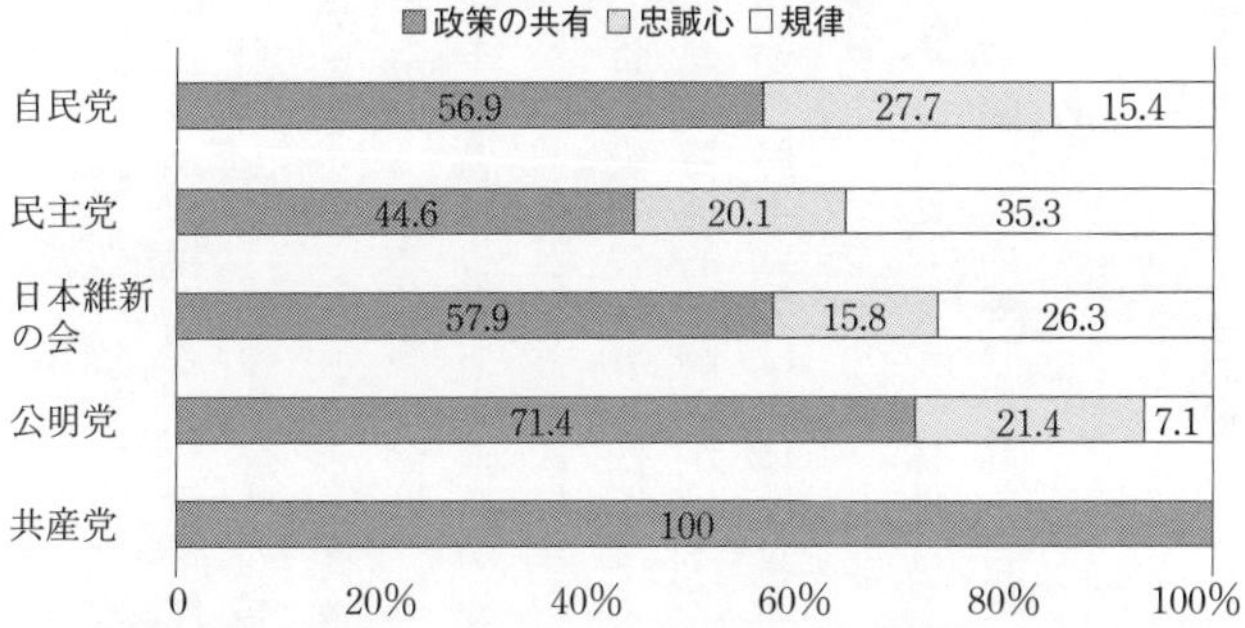

註記：回答数は自民党130名，民主党139名，日本維新の会19名，公明党14名，共産党5名
出所：東京大学谷口研究室・朝日新聞共同政治家調査（2012年）を基に筆者作成

異なる一体性の源

では、どのような形で各党の一体性が保たれているのか。政策の共有、忠誠心、規律の順に一体性が確保されると仮定し、各党の一体性の源をみてみよう。

政策の共有は、議員自身と党のイデオロギー位置を尋ねた質問で、自身と党を同じ位置にしていれば、一致しているとした。4-10は政党のまとまりを生む要素である。

政策の共有は共産党、公明党が高い。共産党一〇〇%、公明党七一・四%である。これは新人候補者を含めた場合も同様で、候補者として選抜されている段階で一致度が高い。次いで、日本維新の会（五七・九%）、自民党（五六・九%）、民主党（四四・六%）の順となる。これらの政党では、党と自己のイデオロギーの位置が異なる議員も半数近く存在している。

次に、政策の一致していない場合でも党の決定に従う忠誠心である。ここでは党議拘束に賛成か否かで捉える。政策が一致していない候補者に限定し、党議拘束に賛成している候補者を割り出し、その党全体のなかでの割合を示した。

忠誠心で支えられている程度は政党によって異なる。自民党は二七・七％、民主党は二〇・一％、日本維新の会は一五・八％で、自民党では政策が一致していないが、党議拘束を受容する忠誠心のある議員が多く、一体性を保ちやすい。

さらに、権限を背景に規律づける範囲をみると、民主党、日本維新の会の割合が比較的高い。自民党では一五・四％である一方、民主党は三五・三％、日本維新の会が二六・三％で、執行部が積極的に働きかける必要のある議員が多い。この差は候補者、当選者のどちらでも同様で、民主党では一体性を保つうえでのハードルが高く、党運営がより困難だったことがわかる。

このように、党の一体性は異なる要素で支えられている。政策の一致が高い共産党、公明党、党議拘束の受容が高い自民党、規律に依拠する程度が強い民主党、日本維新の会という違いがある。

平等主義的な人事の帰結――世界でもっとも代わる日本の大臣

自民党議員が党議拘束を受容する一つの背景には、当選回数に基づく人事制度の影響がある。４−11は自民党議員の当選回数別の造反経験率である。

中選挙区制下で造反した際の当選回数をみると、若手議員とベテラン議員で造反が多いU字状の関係がみられた。具体的には当選一〜二回の議員では約一五％の議員が党と異なる態度をとる造反を経験している。当選四〜六回では造反経験は五％前後にまで減る。大臣就任も視野に入る時期で、議員もこの時期に造反に踏み切るのを避けていたことがうかがえる。七回以上をみると、役職の効果が薄れるためか、造反する議員割合が高まっていた。

並立制下では傾向が変わっている。当選六回を除き、二〜七回は造反経験が一〇％程度で、かつてほど明確に造反を抑止できていない。

その理由として、平等主義的な人事の後退が考えられる。政治改革後、自民党では派閥や当選回数に基づく人事が弱くなっている。大臣人事では派閥の規模に応じた配分が崩れ、派閥に依拠しない人事や特定の派閥への優遇と冷遇が

4‐11　自民党議員の当選回数別の造反経験率
（1980〜2015年）

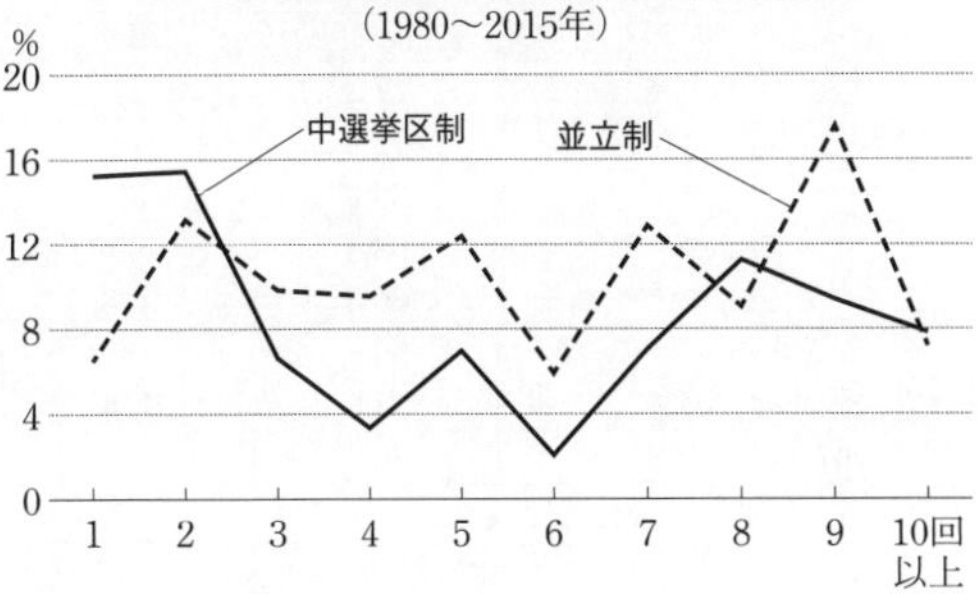

出所：筆者作成

行われることも増えた。かつては当選五～六回が大臣就任の「適齢期」とされたが、就任できないことも増え、人事による抑止が効きにくくなっている。[20] その一方で、若手の抜擢《ばってき》、女性や民間人の登用が進められ、世論や内閣支持を意識した人事もなされるようになっている。

他の国々でも造反は増加傾向にあり、党の一体性を維持することが難しくなっている。[21] 日本でもたしかに増えているが、採決時の造反は年に数件程度で常態化はしていない。ただし、メディアが伝える造反や不和が急増するときもあり、議員と執行部の関係は安定的ではない。

4-12　大臣の継続率（1966～2016年）

	継続率（%）	順位
ドイツ	77.2	41
カナダ	72.0	72
イギリス	69.9	85
アメリカ	68.4	96
フランス	60.3	128
イタリア	55.8	151
日本	24.6	178
全体	68.4	

註記：順位は178ヵ国中
出所：WhoGov_crosssectional_V1.2を基に筆者作成

派閥や当選回数に基づく平等主義的な人事の結果、日本の大臣は世界でもっとも頻繁に交代している。4-12は大臣の継続率である。WhoGovは一九六六年から二〇一六年までの内閣と大臣の情報を収集、公開している。[22] 毎年七月を基準として、前年の大臣が継続している程度を計測している。4-12ではG7の数字と一七八ヵ国のなかでの順位を示している。

世界全体の平均継続率は六八・四%に対し、日本は二四・六%である。G7をみると、ドイツが七七・二%ともっとも高く、カナダが七二%と続く。内閣が比較的不安定なイタリアでも五五・八％で、日本よりも継続している。多くの国では政権交代時、総選挙を経て大臣が交代する。毎年のようにある日本の内閣改造は、国際的にきわめて異例である。

大臣職が能力主義よりも派閥間の調整材料となり、当選回数に基づく平等主義で選ばれるようになったこと、議員歴の長い議員が多いことが影響している。大臣の頻繁な交代は政治改革後も続いており、大臣や内閣の役割を弱めることになる。[23]

3　頻発する政党間移動——背後の制度

政界再編

党と議員との間で亀裂が生じた場合、造反にとどまらず、最終的には離党もある。新党を結成し、新たな政治勢力を創《つく》ることもある。

政界再編は一九九〇年代以降の政治の特徴で、九〇年代から二〇二〇年までは三つの時期に分けて考えることができる。

まず、一九九〇年から二〇〇三年総選挙までである。

この時期には自民党と非自民側の双方を巻き込んだ再編が起きた。非自民は新進党を結成するが、最終的には野党の中心は民主党に収斂《しゅうれん》する。自民党も離党者の復党、他党からの入党を進め、一九九九年に公明党が連立に加わり安定を取り戻す。

次に、二〇〇三年から〇九年総選挙までである。この時期は二大政党化が進み、政党間移動はあったが、散発的だった。ただ、二〇一〇年以降は民主党内の対立が激しくなり、大規模な離党、新党結成が相次いだ。二〇一〇年参院選ではみんなの党が議席を伸ばし、民主党は改革政党としての立ち位置に参入される。

最後に、二〇一二年以降である。

ここでは野党再編が進んでいる。みんなの党、日本維新の会など、保守系改革派に位置する政党の参入が相次ぎ、自民党と公明党の連携に対して、野党は大きく二つの立ち位置に分かれ、再び政権交代可能な野党第一党や政党間の連携を議員が生み出せるかが注視されている。[24]

保守系改革派の難しさ

一九九〇年代以降の政界再編で、政党間移動が顕著だったのは保守系改革派である。憲法の改正や日米同盟や軍備の増強に賛成の方向を示しつつ、日本の社会経済のあり方に、より積極的な改革姿勢の人びとである。

一九九〇年代、保守系改革派の立ち位置には、日本新党、新進党、自由党などがあり、二〇〇五年には自民党が大きく進出し、その後は民主党、みんなの党や日本維新の会、希望の党など、多くの政党が進出や後退を繰り返した。二〇一二年以降は民主党の保守系議員の自民党への移動が相次いでいる。

保守系改革派に位置する政党の離合集散を経てきた小池百合子は、二〇一六年七月に東京都知事選挙への立候補を表明した際に、自身の歩みと政党について、次のように述べている。

私のこれまでの経歴などをご紹介いただく放送などを見ていて、「政党がコロコロ替わる」というようなご指摘もいただいている。しかし、改めて申し上げると、それは政党の離合集散の結果であって、政党名が変わっただけであって、私の主張、思想、そして信念は一度も変えたことがない。改めて思うと、政党というのはあくまで機能体であって、仲間内の運命共同体ではないと思う。[25]

自らの信条の上を、さまざまな政党が過ぎ去っていったとの認識がある。保守系改革派として、多くの新党を経験している議員の政党像であろう。

なぜ再編が続くのか——遠心力と求心力の働く並立制

一九九四年の選挙制度改革は、政権交代の可能性を高め、一般的には二大政党制（二大ブロック）を一つの目標としていた。その後もなぜ政党の離合集散、議員の政党間移動が続いているのか。

再編が続く背景には政党の連携と分裂を内包する選挙制度、具体的には衆院の並立制の影響がある。政党には政権の獲得、政策の実現、得票の最大化という三つの目標があり、それを追求する存在である。[26] ただ、三つの目標を同時に満たすのは難しい場合が多い。たとえば、連立政権に参加すれば、自党の政策を譲歩、もしくは望まない政策を受け入れることもある。それが公約違反として支持を失わせ、票が減るかもしれない。

政党の目標追求は選挙制度によって影響される。

小選挙区制の下では選挙区で当選者が一名に限られ、二名の戦いであれば五〇%以上の票を獲得する必要がある。そのため、もし単独で過半数を占めることが難しい場合、政党は合併や連携する必要がある。政権獲得・維持のために、自党の票の最大化や忠実な政策実現という目標は抑える必要がある。

比例代表制では各党が独自に候補者を擁立するインセンティブがあり、党内の少数派が離党し、新党を結成する余地もある。一定の基盤、議席数のある政党であれば、与党入りも視野に入るため、合併しないこともある。

では、二つの選挙制度を含む並立制ではどうか。並立制は求心力と遠心力の双方が作用する。小選挙区制による合併や連携圧力がかかるとともに、比例代表制もあるため、新党が参入しやすく、各党が独自路線を選択しやすい。選挙では各党が小選挙区での当選をめざすだけでなく、自党の比例票を掘り起こそうと候補者を擁立することもある。

先の政党の目標からみると、並立制は小選挙区制に比べ、政権獲得目標の追求よりも自党の集票、政策目標を追求する傾向が強い。そのため、並立制では小選挙区で二大政党や二大ブロックに合併・連携する求心力が作用する一方で、比例区で新党が参入しやすく、各党が強い独自路線を採るといった遠心力が働く。

一九九〇年代以降の日本政治では並立制の二つの側面が繰り返し表れている。合併や連携では一九九六年から二〇〇九年まで、中小政党が残りつつも二大政党化に収斂し、非自民側は新進党、その後は民主党に糾合《きゅうごう》していった。自民党と公明党も一九九九年から連立を形成し、二〇〇〇年以降、候補者を徐々に一本化し、選挙協力を継続している。二〇一二年以降をみても、野党側は民進党結成（民主党と維新の党の合併）、民進党の希望の党への合流など、合併や連携を優先する動きがあった。

他方、政党が分裂し野党の連携が進まず、野党同士が個別に選挙を戦うことも多い。野党第一党となった新進党は解党し、政権を担った民主党は分裂した。

二院制、政党助成法、政党間移動の制限

選挙制度以外の政界再編の制度要因には、二院制と政党助成法がある。二院制により、与党は衆議院だけでなく参議院での多数派形成も重視しなければならない。そのため、与党が参院で多数を獲得できなかった場合、野党との連立交渉、議員の引き抜きが活発となる。

また、政党助成法は新党結成のコストを下げ、再編を促している。一定の得票や議席を得ている政党は助成が受けられるため、新党設立時の資金負担が軽減されるからだ。

自民党を一九七六年に離党し、新自由クラブを結成した河野洋平《こうのようへい》は二〇一二年に次のように述べている。

父〔河野一郎〕が〔一九六〇年に〕新党結成を断念したように、かつての新党のハードルは物理的にも心理的にも高かった。今〔二〇一二年〕はテレビで人気の出そうなことを言い、風に吹かれて、簡単に新党ができます。綱領もなく、党議拘束をかけない党もある。こうも政党が軽くなったのは、あの政党助成金の導入を含む九四年の政治改革がもたらした弊害の一つだと思います。[27]

政党助成法は一般的に政党の存続期間を延ばし、政党の合併を回避させる傾向を生む。[28]政党助成法が導入されると、政党は資金確保の難題が軽減され、存続期間が長くなる。日本では衆議院と参議院の両方で小選挙区制があるため、国政選挙を前に合併が進む傾向にあるが、それまでは合併せず、独自路線を追求する背後には政党助成法の影響もあるだろう。

政党間の移動については、国会法による制限がある。国会法一〇九条の二で二〇〇〇年から比例区選出議員の移動に制限を設けた。比例代表で当選した議員がその選挙で競合した政党、政治団体に移動した場合、失職する。小選挙区で敗れ、比例区で復活した議員も比例代表選出のため、移動禁止のルールが当てはまる。

これは一九九六年の総選挙後に比例区選出議員の政党間移動が批判を浴び、問題視されたからだ。ただし、小選挙区選出議員に政党移動の制限はない。また、離党して無所属になるだけでは失職しない。

しかし、この制限は比較的緩い規定だ。移動の制限がかからない場合がある。まず、その選挙で比例区に候補者を擁立していない政党には移動できる。選挙後に新党を立ち上げた場合も移動できる。自分が当選したときに所属していた政党が正式に合併・分割した政党への移動も可能である。

たとえば、二〇一七年の総選挙では民進党が希望の党に合流し選挙を戦った。そのため、民進党には希望の党、立憲民主党、無所属となった議員全員が戻ることも可能だった。いずれにせよ、政党間移動のハードルは決して高くない。[29]

4　政党の一体性をいかに保つのか

一体性という難題

この章では議員と党の関係を政策、価値観の面から捉えてきた。

日本では憲法・安全保障を中心とする保革イデオロギーが形成され、有権者レベルではイデオロギーが弱くなったが、議員レベルでは依然として対立軸となっている。社会経済軸が争点となったこともあるが、憲法・安全保障軸の方が安定的に持続している。各議員の政策は政党内でまとまっているわけではない。

本人と政党の差があるときには、議員は政党を重視する傾向にある。代表のあり方は本人や支持者よりも政党中心になっているが、それでまとまっているわけではなく、公約も緩やかな合意にとどまる。

憲法・安全保障軸は非自民側で党内対立や分裂の引き金にもなっていることが多い。長期的には造反、政党間移動は増加し、政党内でいかに一体性を作っていくかが課題となっている。

一九九〇年代の政治改革は政権交代可能で安定的な政党間の競争と有権者の政策選択に基づいた政治を実行すべく行われた。そのためには政党の一体性は欠かせないものだ。では、党の一体性は、どのようにすれば保たれるのか。さまざまな統制、協調の方法が指摘されてきたが、ここでは政党執行部による強制力の高い順に五点を挙げる。

第一に、政党中心の選挙制度は政党のまとまりが高い。拘束名簿式の比例代表制では名簿への記載、順位の決定も政党に委ねられるため、執行部の影響力が強くなり、一体性が高くなる。

第二に、候補者選定段階でのスクリーニングである。候補者を選抜する際に候補者資格を厳しく制限し、政策面で候補者をスクリーニングし、党の一体性を事前に高める。第1章で触れたように、公明党や共産党は組織内部から選ぶことで、他党よりもスクリーニングされている。また、二〇一七年総選挙前には希望の党で批判を浴びた小池百合子の排除発言があった。ただ、入党段階で政策の一致するメンバーで政党を構成しようとした面もあっただろう。

第三に、公約形成を通じて政策の一致を高める。選挙以前の公約作成過程が党の一体性を生み、政権獲得後も政府与党間の目標の共有につながる。公約遵守の姿勢が党内で強まれば、より一体性が高くなる。マニフェストの提唱に携わった政治学者の佐々木毅は次のように述べている。

> 何百人の政治家から成る政党をどうまとめるか。政界再編論者はよく「考えを同じうする人が集まって」というが、それはもうやめよう、「4年間の政策」で義理を果たしてもらえば、政党としての一体性を認めようと考えた。そうすれば有権者は、ある政党がどういう政策をやるか予測して支持できる。それが政権の基盤ともなる。政権を束縛し、かつ政権を支える。マニフェストにはそんな両面がある。[30]

第四に、政党への忠誠心である。たとえば、党議拘束の受容だ。自民党は政策上、相違も大きいが、最後にはまとまるという姿勢がある。これは人事制度などの中長期的な利益によ
る。

第五に、各議員に委ねるボトムアップの意思決定である。[31] 政策分野を棲み分け、他の分野の決定は受け入れるという、メンバー間の分業で一体性が保たれている状態である。また、議論を共有する過程も必要となる。民主党系会派の国対委員長を歴任した舟山康江《ふなやまやすえ》は次のように述べている。

政党がまとまるにはやっぱり、一人一人を大事にしながら、それぞれの意見を聞いていくことじゃないでしょうか。トップダウンでは絶対にうまくいきませんし。〔中略〕押し切らなきゃいけない場面もありますけれども、できるだけいろんな人の意見を聞いて、何でこうなったのかを説明して、そこで、具体的な政策もさることながら、そこに込められている思いや、決定する過程をきちっと共有していくということ。まさに信頼関係をつくることが、私は政党をまとめる、一つの大きなポイントじゃないのかなという気がします。〔中略〕大きな理念の中に個々の政策でいえば違いはあります。でも、大きな理念を共有しながら、あとはそこに対して、今はこれでまとまっていこうという信頼関係を築くことだと、私は思います。[32]

集権的な運営の難しさ

どのような手法で党の一体性を高めるのかによって、政党運営は変わる。公認権などの規律で党をまとめることは政党維持の負担が大きい。各議員が望まない政策を強要することになるからだ。他方、政策の一致や忠誠心の高い状態は議員の自発性によるもので、党を維持しやすい。

公認権や政治資金等の権限を背景にした党運営には限界がある。まず、権限が有効なのは政党や執行部への支持があくまで高い場合である。政党や内閣の支持が低下するなかでは公認などの脅しは効きにくい。むしろ執行部と異なる政策を強調することや、執行部への批判が議員自身の選挙に有利になるときもある。さらに、議員の反発が執行部批判、党首おろしの動き、造反、離党を生む危険もある。

議員や政党は方向性を示す存在だが、イデオロギーや共通の認識枠組みが失われるなかで、いかに対立軸を示し、安定的な選択肢となるのか。政策を軸とした政党間競争のためには政党の一体性が不可欠であり、それを高める手段はさまざまで、党の状態に合わせた形で党内のルールと運営を積み重ねていく必要がある。

個々の争点については、日常的な意思決定を通じて、拘束力のある形を構築していくことだ。意思決定の仕組みを共有し、党議拘束に対する態度を確立することである。選挙時に政策面での一致を欠いている場合でも、党議拘束を受け入れていれば、選挙後に政策の調整を進め、最終的に党の一体性を確保できる。

また、党の方向性については党首選挙、党大会などを通じて共有するプロセスを構築していくことである。各議員が自らも関与し、かつ拘束されるものという認識を強める方向である。政治改革を唱えてきた二一世紀臨調は党首選挙と公約を結びつけ、党首に選出された候補の公約を党公約にすることで、党首選挙を起点とした力強い党内指導体制の確立を提示した。民主的正統性を確保しつつ、党内の政策の一致を高め、首相を中心とした政治主導体制と公約の両立を提唱した[33]。

党の一体性がなければ、政党政治はきわめて不安定なものとなる。曖昧《あいまい》な政策、政権担当能力への疑問が生まれる。結果として、政策や担い手を選ぶという選挙の意味が薄くなり、選挙後の政権運営も不安定になり、有権者の不信感を高める。そのためにも日本の政治には党の一体性がより望まれる。

第5章　政治資金──政治家とカネの問題

政治家と資金の問題は、歴史的にも多くの事件を生み、一九九〇年代の政治改革でも政治資金は大きな争点となった。では、国会議員はどの程度の資金を集め、何に支出しているのか。政治資金は民主主義のコストともいわれるが、誰が負担し、どのような制度の下で運営されているのか。

この章では、まず政治資金の収支を確認し、政治資金法制について国際比較をしたうえで、日本での変遷をみていく。最後にどのような資金制度が望ましいのか、その方策を考えていく。

1　法の厳格化と政党助成金──資金規模の縮小

借入金を抱えながらの政治活動

国会議員は国会議員資産公開法に基づいて、報告書を毎年提出する義務がある。この法は一九八〇年代後半にリクルート事件など政治資金をめぐる不祥事が相次いだことを受け、一九九二年に成立した。国会議員が所有する不動産や株券、預金などを公開する制度である。二〇一〇年から一三年の報告書によると、衆参七二二名の国会議員のうち三四七名に借入金があった。もちろん、政治活動や選挙に関係しない借入もあるだろうが、三四七名中少なくとも五三名が借入金を選挙費用や政治活動に充てたと回答している。

その費用は人件費、事務所費、ビラ、会合代などだ。落選した場合には規模を縮小しつつも秘書や事務所を抱えながらの活動となり、借入金が必要なこともある。

政治改革は政党中心の選挙や政治をめざしたが、個人への負担は依然として大きい。候補者は立候補するにあたり、一定の費用負担ができることが事実上の前提となっている。公明党や共産党を除く、多くの政党では候補者が活動費用を自己資金で賄っている。

現行の国会議員資産公開法には透明性の点で課題もある。借入金の有無と総額はわかるが、借入先は明示されない。そのため、便宜供与があったかどうかの監視は不十分だ。

二〇一四年にみんなの党党首が化粧品会社社長から八億円の借入があったことが発覚したが、多額だったこともあり注目を集めた。選挙資金として借入し、その資金を党首が党に貸し付けたため、誰が提供しているのかは提出された報告書では明らかではなかったからだ。

公職選挙法や政治資金の授受を規定している政治資金規正法では虚偽記載への罰則があるが、国会議員資産公開法にはない。また、政治資金規正法では借入先と借入先ごとの金額が記載されるが、国会議員資産公開法では総額のみとなっている。

献金のルール

では、議員はその政治活動費用をどのように集めているのか。

一般に政治家は少なくとも三種類の団体を持っている。資金管理団体、政党支部、後援会などのその他の政治団体である。資金管理団体は政治家が代表者を務め、政治資金を受ける政治団体として指定したもので、一つに限定される。政党支部は選挙区にあり、国会議員や候補者が代表者のものである。5－1は対象ごとの政治献金の制限である。

政治家への献金は寄付者によって、個人献金と企業・団体献金の大きく二つに分けられる。それぞれ献金できる対象と額に差がある。

個人献金は資金管理団体、政党支部（政党）、その他の政治団体に可能である。上限は政党支部に年間二〇〇〇万円で、資金管理団体とその他の政治団体へは合計で一〇〇〇万円である（総枠制限）。同一の資金管理団体、その他の政治団体への寄付は年間一五〇万円が上限となっている（個別制限）。

企業・団体献金は政党支部（政党）に可能である。一つの企業や団体が献金できる総額は資本金の額や構成員数などで異なり、年間七五〇万円から一億円である。ただし、国の補助金を受けている企業、赤字企業、外国企業は献金できない。

5-1　対象ごとの政治献金の制限（2020年）

〈受領側〉		〈献金側〉個人献金 総枠制限	個人献金 個別制限	企業・団体献金 総枠制限	企業・団体献金 個別制限	政治団体からの献金 政党（政党支部） 総枠制限	政党（政党支部） 個別制限	政治資金団体 総枠制限	政治資金団体 個別制限	その他の政治団体 総枠制限	その他の政治団体 個別制限
政党（政党支部）・政治資金団体		年間2000万円	制限なし	年間750万円から1億円	制限なし	制限なし	制限なし	制限なし	制限なし	制限なし	制限なし
その他の政治団体	資金管理団体	年間1000万円	年間150万円	禁止	禁止	制限なし	制限なし	制限なし	制限なし	制限なし	年間5000万円
その他の政治団体	資金管理団体以外の政治団体	年間1000万円	年間150万円	禁止	禁止	制限なし	制限なし	制限なし	制限なし	制限なし	年間5000万円

註記：個別制限は同一の相手方に対するものである
出所：筆者作成

政治家と企業などの癒着を防止するため、政治家個人への企業・団体献金は二〇〇〇年に禁止された。だがその効果はなかった。企業・団体献金は政党支部へは可能で、政治家が代表を務める政党支部は資金管理団体、その他の政治団体と一体として活用されているからだ。

また、政党支部を経由し資金管理団体に献金が流れることも禁止されていないため、無所属でない限りは企業・団体献金を受けられる。

寄付以外の方法には、政治資金パーティーがある。政治団体はパーティー券を一枚一万円や二万円程度で個人や企業・団体向けに販売する。販売収入から会場の使用料や提供する飲食費といった経費を差し引いた額が政治団体の利益になる。

このように、各議員はさまざまな形で資金を受けており、議員が個人や企業・団体から影響を受ける可能性がある。

政治資金収支報告書

政治団体は毎年、政治資金収支報告書を提出しなければならない。政治家や政治団体は一月一日から一二月三一日までの政治活動の収支と保有資産について、作成と公表が政治資金規正法で義務付けられており、公表された日から三年間は閲覧できる。

政治資金収支報告書の提出先は活動範囲によって異なる。政党、政治資金団体、複数の都道府県で活動する政治団体は総務大臣に、一つの都道府県で活動する団体は都道府県選挙管理委員会（以下、選管）にそれぞれ提出する。年間で五万円を超える献金者や、政治資金パーティーで二〇万円超を支払った相手の氏名や金額なども記載する。一〇〇万円を超える貸付金や借入金も記入する義務がある。

一九九四年の政治改革以降、公開のあり方も徐々に変わってきた。二〇〇一年四月までは自治省（現総務省）が「政治資金規正法の『閲覧』にコピーは含まれない」とし、地方分の収支報告書を管理する選管にコピー禁止を指示してきた。そのため、情報を得ようとする場合、現地に赴き、書き写す必要があった。

しかし、総務省は二〇〇一年四月に情報公開法施行に合わせて、政治資金収支報告書のコピーを地方分も含め、全面的に認める方針に転じた。また、総務省は二〇〇四年から収支報告書のネット公開を始め、各選管にも導入を呼びかけている。

二〇二一年末段階で、四二都道府県はネットを通じて収支報告書を閲覧できるようになっている。[2] ただし新潟、石川、兵庫、広島、福岡県ではネット上で概要のみの公表である。人員不足やネット公開が義務でないという面はあるが、同規模の自治体でも詳細に公表されており、透明性を向上させるためにも積極的な公開が望まれる。

どれほど集めているのか

議員は年にどれほどの政治資金を集めているのか。

5-2は政党別の国会議員一人当たりの政治資金収入である。読売新聞社、朝日新聞社、共同通信社、毎日新聞社では一九九九年以降、衆参両議員に対して資金管理団体、政党支部の収入を合計し、かつ二つの団体間でのやり取りを除いて集計している。その他の政治団体を含めたものではないが、実像に近いものとして捉える。[3] 国会議員が政治資金管理団体を持たない共産党、政党支部がない無所属議員は除いている。メディアから公表された数字に依拠し、複数社が公表している場合はその平均とした。

国会議員全体の政治資金は減少傾向にある。収入総額をみると、二〇〇〇年代前半に比べ

5-2　国会議員1人当たりの政治資金収入（1999～2019年）

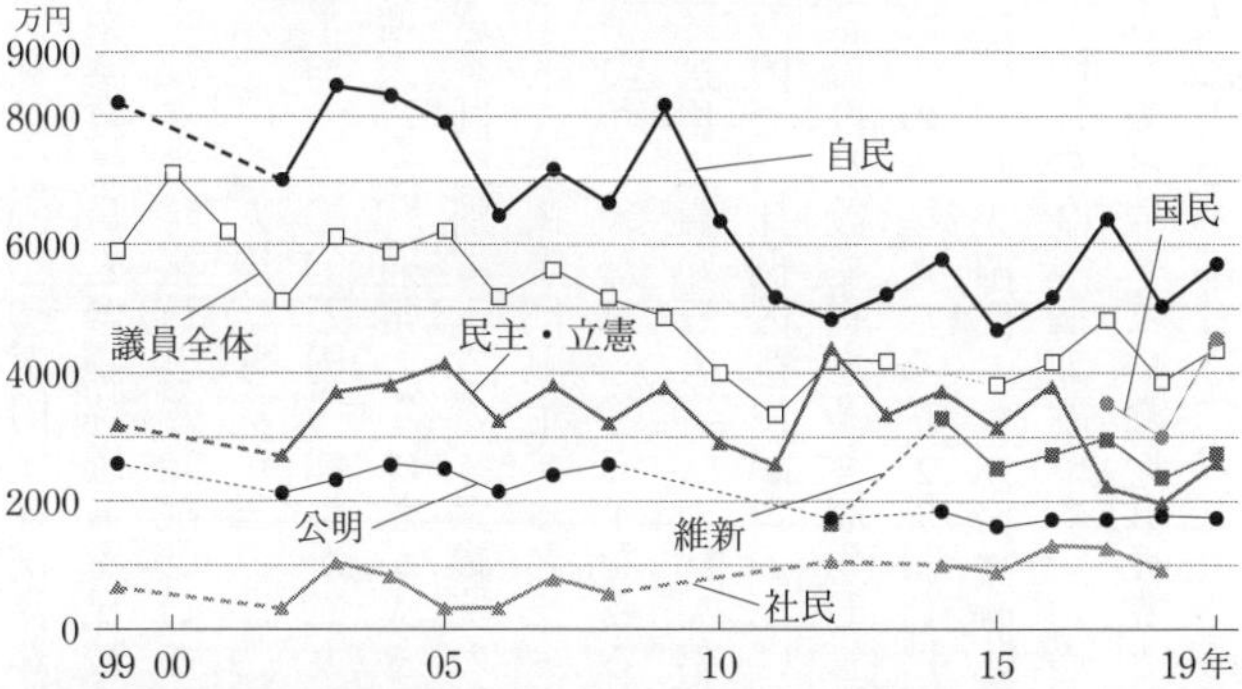

註記：対象は共産党と無所属議員を除く全国会議員．点線は確認できなかった時期
出所：読売新聞社，朝日新聞社，共同通信社，毎日新聞社を基に筆者作成

て、二〇一〇年代にはやや減っている。国政選挙のないときはやや減るが、二〇〇五年までは平均六〇〇〇万円で推移していた。それに対して二〇〇九年以降は、四〇〇〇万円前後となり、二割程度は減少している。

個人で多額の政治資金を集める議員も減った。収入額が一億円を超える議員数からも、政治資金の減少がうかがえる。二〇〇一年から〇五年までの間、一億円を超える政治資金を集めた議員は一〇〇名ほどで、全議員の一五％程度だった。だが二〇一三年以降は五〇名ほどで全議員の五％程度である。政治資金の平均が低下しているのは若手議員の増加が一因だが、全体として資金規模が縮小している。

政党別ではどうか。自民党は常に全議員の平均よりも高い。二〇〇九年までは七五〇〇万円前後で推移し、それ以降は五五〇〇万円前後である。民主党系は三五〇〇万円、日本維新の会が三〇〇〇万円、

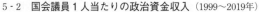

公明党が二〇〇〇万円、社民党が一〇〇〇万円程度である。

衆議院議員と参議院議員を比較すると、一・五倍から二倍ほどの収入差がある。5－2の数字は衆議院議員と参議院議員の合計だが、国政選挙のなかった二〇〇二年では衆院の平均が六〇〇〇万円、参院が三三〇〇万円である。同様に国政選挙のなかった二〇〇八年は衆院が平均六三〇〇万円、参院が二九〇〇万円だった。衆参ともに選挙のある年はそれぞれ収入が増えるが、通常の年は差が大きい。

選挙制度別にみると、衆議院の小選挙区選出議員がもっとも多くの資金を集めていた。小選挙区の当選者に限定すると、一九九六年の調査では平均で一億三〇〇〇万円である。[4]国政選挙のなかった二〇〇二年をみると、衆議院の小選挙区選出議員の平均は七三〇〇万円、比例区選出議員が三五〇〇万円で倍近い差があった。参議院の選挙区選出議員の平均は三六〇〇万円で、比例区選出議員の三〇〇〇万円を少し上回っている。第2章でみたように、衆議院議員は私設秘書を多く雇用し、地盤形成に積極的である。対して、比例代表制や都道府県単位での選挙となる参議院議員は団体や組織が支援する場合が多く、個人負担は低い。

では、収入源はどうか。政党交付金への依存度は高いとも言えず、パーティー収入、企業・団体献金、個人献金も一定の割合を占めている。たとえば二〇一三年をみると、政党交付金を受け取っていない共産党と無所属の議員を除くと、政党交付金が平均一一七二万円で、収入に占める割合は二六％である。個人差も大きいが、議員個人の活動費用は政党交付金以外の献金、パーティーなどで賄われている。

どの程度、何に支出されているのか

では、各議員はどれくらいの金額を何に支出しているのか。

有識者による団体が構築した政治資金情報サイト「ラポールジャパン」にある政治資金データからみてみよう。データは二〇一五年の衆議院議員と参議院議員（六八一名）を対象としている。５－３は政党別の議員一人当たりの支出額である。

議員全体の平均支出額は四六〇〇万円である。政党別では自民党が五四〇〇万円、民主党が四四〇〇万円、維新の党が三四〇〇万円、公明党が一八〇〇万円、おおさか維新の会が一五〇〇万円である。収入額と同様に政党間の差が大きい。

支出は経常経費と政治活動費に大きく分けられる。経常経費はさらに人件費、光熱水費、備品・消耗品費、事務所費に分けられる。政治活動費は組織活動費、選挙関係費、事業費、調査研究費、寄付・交付金、その他である。

事務所費などの経常経費は平均二二五〇万円である。政党交付金は年に一〇〇〇万円前後で、これだけでは経常経費も賄うことはできず、個人献金や企業・団体献金、政治資金パーティーなどに頼ることになる。

経常経費のなかでは人件費の割合が高く、議員全体の平均でも一二八〇万円である。ここ

5-3　国会議員1人当たりの政治資金支出額（2015年）

	支出総額 平均値	中央値	N
自民党	54,210,575	46,219,589	406
民主党	43,660,848	34,389,756	126
公明党	17,991,820	13,027,390	55
維新の党	34,288,869	22,176,422	25
おおさか維新の会	15,333,807	6,221,879	21
全体	46,045,019	37,976,596	681

		平均値	中央値	
経常経費	人件費	12,774,560	9,870,100	議員事務所で活動する私設秘書やスタッフの人件費
	光熱水費	382,377	317,323	電気やガス・水道などの使用料
	備品・消耗品	3,106,529	2,660,223	事務所や活動で用いる自動車やコピー機などの備品や，ガソリン・新聞・筆記用具などの消耗品
	事務所費	6,205,749	5,361,039	事務所の家賃や，公租公課，電話の使用料金や火災保険などの保険代金
政治活動費	組織活動費	6,567,200	4,812,151	政治団体の通常の活動に関する経費や交際費など
	選挙関係費	246,632	0	選挙に関して支出される経費．代表的なものとして，公認推薦料や陣中見舞など
	事業機関紙誌	982,900	0	機関紙の発行にあたって，必要な印刷費や発送費，原稿料などの費用や，機関紙発行に携わる者への給与など
	事業費宣伝	2,142,194	1,251,610	ポスターやビラ，パンフレットなどの作成費，ラジオ・テレビなどの広告料，宣伝用自動車の購入費用や維持費など
	事業費パーティー	3,646,681	2,282,364	政治資金パーティーの開催にあたって支出した会場費や記念品代など
	事業費その他	869,853	0	新年会や講演会，バス旅行など収入があったイベントにおいて支出した経費
	調査研究費	263,479	55,348	書籍の購入や研修会の費用など，政治活動のために行う調査費用
	寄付・交付金	7,717,185	3,000,000	他の政治団体への政治活動への寄付や，政治団体や政党の本部支部間や支部間で支出した金銭
	その他	1,101,979	0	上記以外の経費．たとえば借入金額の返済や労務の無償提供（本来給与が発生すべき活動を無償で行ってくれた場合）
	支出総額	46,045,019	37,976,596	
	N	681	681	

註記：Nは議員数
出所：ラポールジャパン・政治資金データを基に筆者作成

からは公設秘書以外に三名程度の秘書を雇用していることがうかがえる。ただし、議員のなかには一億円以上の人件費を支出している例もあり、ばらつきが非常に大きい。

政治活動費は平均二三五〇万円で、寄付・交付金以外の支出は一五八〇万円である。そのなかでは機関紙やビラ、ポスター、パーティーなどの事業費が平均七六〇万円で、主な支出である。政治団体の通常の活動経費や交際費などにかかる組織活動費は平均六五〇万円であり、これも比較的多い。

政党本部レベルの収入――高まる交付金割合

次に、政党本部レベルの収入をみてみよう。5-4は各政党本部の収入総額と、主な収入源の額と割合である。国政選挙の有無にも左右されるため、二〇一七年から一九年の平均を示している。

自民党は政党交付金収入の割合が高い。収入総額は二五〇億円で、政党交付金収入が七割前後を占める。なお、二〇〇九年から一二年までの議席を大きく減らした野党時代は一五〇億円前後だった。

団体献金は二〇〇〇年に一九・六%を占めていたが、〇四年には一〇%前後まで半減し、その状況が続いている。党費収入も二〇〇〇年に六・八%だったが、一九年には四%とやや低下している。本部収入レベルでみると、他党よりは団体献金が多いが、党員や団体からの

5-4　政党本部の収入総額と主な収入源
（2017～19年の平均）

自民党		
〈収入総額〉	255億円	
政党交付金	176億円	68.8%
立法事務費	27億円	10.6%
団体寄付	24億円	9.3%
立憲民主党		
〈収入総額〉	40億円	
政党交付金	23億円	57.3%
借入金	10億円	24.4%
立法事務費	5億円	12.0%
民進党・国民民主党		
〈収入総額〉	71億円	
政党交付金	62億円	87.4%
立法事務費	6億円	8.0%
公明党		
〈収入総額〉	130億円	
事業収入	79億円	59.5%
政党交付金	30億円	22.8%
党費	13億円	9.7%
共産党		
〈収入総額〉	206億円	
事業収入	177億円	85.4%
本部支部交付金	12億円	6.0%
個人献金	7億円	3.4%
日本維新の会		
〈収入総額〉	19億円	
政党交付金	13億円	70.0%
立法事務費	2億円	10.0%

出所：政治資金収支報告書を基に筆者作成

収入割合は減少し、政党交付金への依存度が高くなっている。

共産党と公明党は事業収入の割合が高い。共産党の収入総額二〇六億円のうち、事業収入がその八五・四%を占める。ほとんどは『しんぶん赤旗』をはじめとする新聞・雑誌の販売収入である。公明党の収入総額は一三〇億円、主な収入源は共産党と同じく事業収入で、五九・五%を占める。こちらも『公明新聞』の収入が七〇億円前後あり、事業収入の大半を占めている。

民主党系の政党や日本維新の会は政党交付金の割合が非常に高い。民進党・国民民主党の収入総額は七一億円で、交付金が八七・四％を占めている。立法事務費も含めると、九五％以上が税金で賄われている。

前身の民主党をみると、野党時代は一二〇億円前後、与党時代は二〇〇億円前後だが、収入源は主に政党交付金で変化がない。立憲民主党の収入額は四〇億円で、政党交付金の割合が五七・三％、借入金が二四・四％を占める。日本維新の会の収入総額は一九億円で政党交付金が七〇％、立法事務費が一〇％を占める。

日本の政党の交付金依存度はヨーロッパの政党と同程度のようだ。欧州各国を中心として政党情報を網羅的に扱っている「政党データベース（Political Party Database）」では政党財政のデータ（二六ヵ国一四八政党）が収集されているが、政党の助成金収入割合は五六・五％である[5]。

政治資金全体の推移

政治資金全体の推移をみてみよう。5-5は政治資金収入総額（中央分と地方分）と総額に占める企業・団体・政治資金パーティー収入、個人献金の割合である。団体間での政治資金の移動も含まれるため、実際はこの金額よりも低い。ただ、政治資金スキャンダルにみら

5-5　政治資金収入総額（中央分＋地方分）と
個人，企業・団体献金の割合（1983〜2019年）

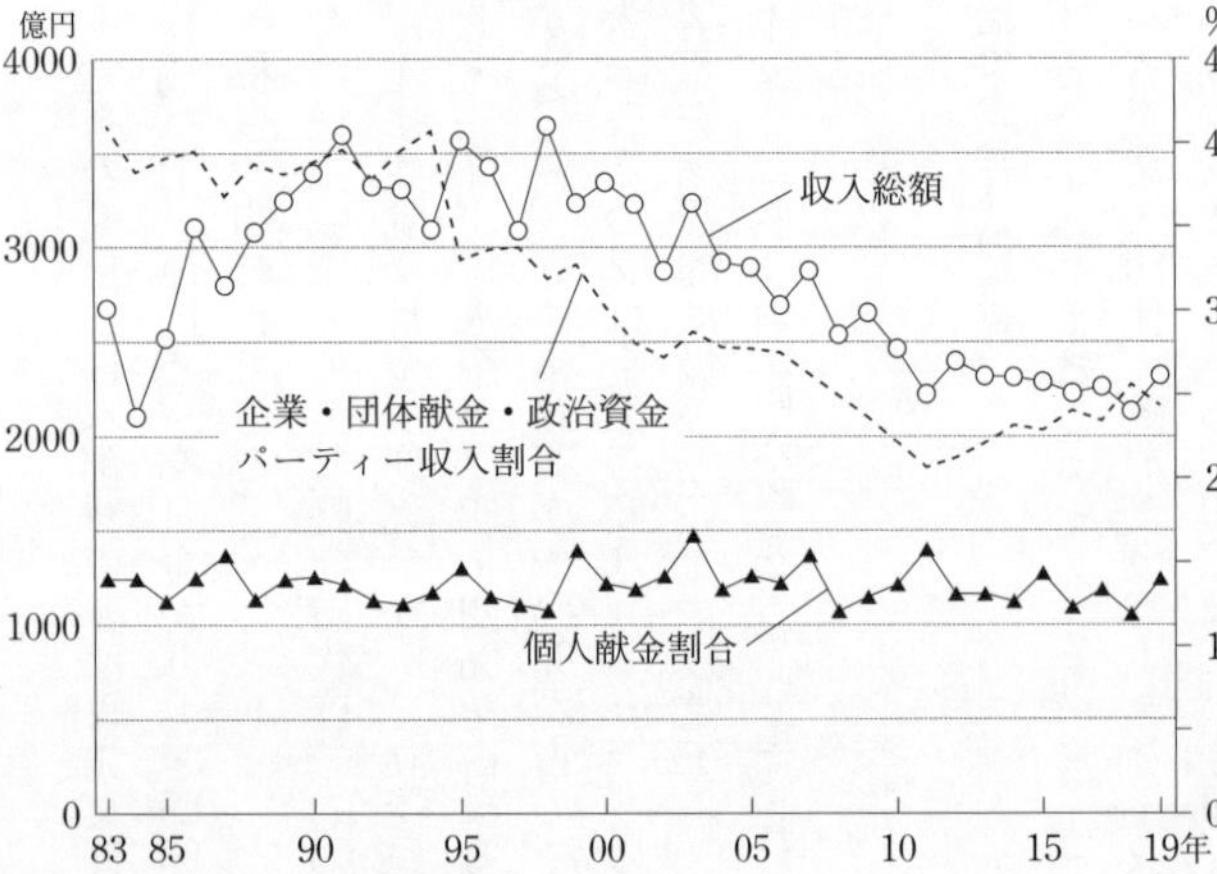

出所：総務省資料を基に筆者作成

れるような記載されていない資金もある。こうした統計に表れない政治資金もあるが、一定の傾向を示していよう。

政治資金の収入総額はやや減少傾向にある。一九九〇年代の三〇〇〇億円から三五〇〇億円がピークで、二〇〇〇年代以降は減少し、一〇年代は二二〇〇億円前後である。最盛期に比べると、政治資金は一〇〇〇億円ほど減っている。

次に、企業・団体献金・政治資金パーティー収入の割合をみると、一九九五年を境にその割合は徐々に低下している。一九八三年から九四年までは政治資金総額の変化にかかわらず、四〇%が企業や団体からの献金だった。だが政党助成法が施行された一九九五年は企業・団体献金の収入総額に占める割合が八ポイント低下し、大きな影響を示している。二〇〇〇年代に入ると減少が顕著になり、一〇年代には一九九〇年代前半までの半分となっている。このように、政治資金面での企業・団体と政治の関係は弱くなっている。

伸びない個人献金

企業・団体献金が減少するなか、個人献金は伸びていない。個人献金の割合は一三%程度で、四〇年近くほとんど変わっていない。

政治献金の経験者も減っている。日本人の意識調査によると、一九八三年には過去一年の献金・カンパの経験率は一四・五%だったが、二〇一八年には四・六%まで低下している。政党や団体の新聞や雑誌購読も一九七三年に一一%だったが、二〇一八年には二・九%まで減っている[6]。

他方で、ネット献金の取り組みは二〇〇〇年以降、徐々に整えられてきた。政治資金規正法ではインターネットを通した献金が可能だが、クレジットカード決済が壁になっていた。二〇〇九年に楽天などでネット献金のサービスが始まり、決済の課題が緩和され、三〇〇名を超える議員が参加していた。同サービスは終了したが、二〇一九年からは選挙ドットコムでクレジットカードでの献金も可能である。献金額は小さいが、手続き面での煩雑さは緩和されてきている。

日本の場合、政治以外も含めた寄付市場の規模が小さい。認定NPO法人の日本ファンドレイジング協会が発行している『寄付白書』(二〇一七年)によると、二〇一六年の個人寄付の総額とGDP比は日本が七七五六億円(〇・一四%)に対して、韓国が六七三六億円(〇・五〇%)、イギリスが一兆五〇三五億円(〇・五四%)、アメリカが三〇兆六六六四億円(一・四四%)である。[7]

国際的な寄付行動の調査からも日本の寄付行為が少ないことがわかる。寄付が拡大したとしても、それが政治献金となるにはさらなるハードルがある。政治資金がなぜ必要で、どのように使用しているのかが現状では有権者にわかりにくいからだ。それを知ってもらう努力が欠かせない。

議員個人の歳費など

政治活動の収支とは別に、国会議員には個人としての収入がある。

憲法四九条には「両議院の議員は、法律の定めるところにより、国庫から相当額の歳費を受ける」と定められている。それを受けた「国会法」と「国会議員の歳費、旅費及び手当等に関する法律」により、歳費、文書通信交通滞在費、立法事務費の三つの金銭給付が定められている。

衆参両院の議員は歳費を月額一二九万四〇〇〇円受け取っている。なお、歳費とは国会議員が国庫から支給される一年間の給与を意味する。また期末手当が六月と一二月に支給される。金額は各省庁の事務次官に相当する。二〇一九年度でみると、各期末三二四万円がそれぞれ支給され、年間で約六五〇万円となる。二〇二〇年段階では各議員の歳費は総額で二二一〇万円だった。二〇二〇年五月から一年間はコロナ禍を受けて月額部分を二割返納している。

文書通信交通滞在費は月額一〇〇万円である。当初は文書通信費だったが、交通、滞在まで含まれるようになり、ほとんどのものに使用できるようになった。この手当は非課税で、領収書や使途報告も不要なため、具体的にどのように使用されているのかは明らかではない。日本維新の会は二〇一五年一二月から各議員の使途報告をウェブサイトで公開し、透明性を高めている。

立法事務費は議員が所属する会派に支給される。二〇二〇年段階で議員一人当たり月額六五万円が会派に支給される。政党で扱いは異なるが、政党本部の運営費用に充てられることが多い。

歳費をはじめ、議員に支給される費用は国際比較から高額との批判もある。ただ、選挙や政治活動にかかる費用やそれを政党組織や有権者がどのように負担しているのかは国によって異なる。費用の背後にあるものを考慮せずに金額のみを論じることは有益でない。

2　日本の政治資金制度――国際比較からの特徴

政治参加の手段か諸悪の根源か

話題によく上がる政治資金だが、どのような考え方があり、いかなる仕組みで運営されているのか。政治資金の位置づけと、国際比較からみてみよう。

政治資金は本来、有権者が選挙とともに政治家を統制する手段である。代表制民主主義では有権者が選挙で政治家や政党を選び、政府の政策に意思を反映させ、再び選挙で判断するサイクルがある。選挙があるために、議員は有権者の意向に敏感になる。

政治資金は政治参加の手段である。ただ、票が一人一票と平等であるのに対して、政治資金の基となる富は偏在し、影響力を行使できる程度が大きく異なる。選挙が大規模化し、費用が高騰するにつれて、政治資金をいかに確保できるかが重要になり、政治資金が影響力を高めてきた。議員は集票の競争と同時に集金の競争も迫られてきた。それは少数の利益が経済力によって過剰に代表される可能性を意味する。

このような選挙民の支持と経済権力の圧力の両面がある体制を金権民主主義（プルトデモクラシー）と呼ぶ。政治学者のモーリス・デュヴェルジェは西欧の政治体制が「人民（デモス）」とともに「富（プルトス）」の上に築かれているとして、その二元性が体制の基礎を成しているという意味でヤヌス（双面神）に譬《たと》えた。[8]

戦後日本でも高騰する政治資金について、懸念が訴えられてきた。自民党の古井喜實《ふるいよしみ》は一九八一年九月二八日の衆議院本会議の在職二五年演説で次のように述べている。

　今日まで二十数年の政治生活の間、私は一つのモットーを唱え続けました。それは「政治家は貧しく、国民は豊かに」というものであります。しかるところ、政治の現実においては、いうところの貧しい政治家は衰退するのみであり、私の信奉した政治哲学は幻想にすぎないことを知りました。

　申すまでもなく、かくなる原因は金の選挙であります。いまや、民主政治のよって立つ選挙は、体力にあらずんば金力の戦いとなり、政治は、富の神の支配する領域と化したかの感があります。[9]

民主主義のコスト負担を誤ると、汚職が頻発し、特定の人びとの声が過剰に代表され、代表制の歪《ゆが》みが強くなる。それは民主主義や代表制への疑念を招き、政治参加の衰退を招くかもしれない。そのため、政治資金は諸悪の根源として規制をかける意見も根強くある。

政治資金制度の要素

こうした歪んだ政治とならぬように、政治資金制度には主に四つの要素がある。

第一に、公開要件である。寄付者の金額と名前、支出内容などをどのような形で、どこまで公開するかだ。収支報告や透明化を通じて、匿名の献金を減らし、政治主体の説明責任に影響を及ぼすことが目的である。

第二に、寄付制限である。献金する側と受ける側の双方を規定するもので、質的規制と量的規制に分かれる。質的規制とは政党内部からの収入や公的補助を除く、外部からの寄付を受けられる範囲を定める。たとえば、企業や労働組合からの献金が可能かどうかである。量的規制は寄付金の募集やその支出の際の限度額を定める。これらの目的は資金力を背景とした、過度な影響力の行使を軽減することにある。

第三に、支出制限である。全体の支出額や特定の支出を規制することで、政治主体の支出に影響を及ぼし、政治における資金の役割を抑制することが目的だ。たとえば、選挙運動資金の規制で、政治資金が豊富であることが選挙運動や得票に転化しないようにするものである。

第四に、公的助成である。政党助成のように直接的な形もあれば、選挙運動の一部費用を公費で賄う、あるいはテレビの放映枠のようなものもある。日本では政党助成法だけでなく、選挙公営制度として提供されているものがある。

これらの要素には相反する考え方がある。たとえば公開要件については透明性とプライバシーのどちらを重視するか、寄付や支出制限は機会の平等か結果の平等か、公的助成は公的補助を提供すべきか、人びとの自由な政治活動に委ねるべきかという対立である。

国際的な導入状況

では、国際的にはどのような制度が導入されているのだろうか。民主主義・選挙支援国際研究所ＩＤＥＡの政治資金データベースの二〇二〇年版（一八〇ヵ国）からみていく。

調査項目は全体で六三項目あり、大きく先の四つの要素で構成される。寄付の禁止や制限（二九項目）、公的助成（一〇項目）、支出規制（九項目）、報告・監視・制裁（一五項目）を設定している。５－６は六三項目から政治資金に関するものの一部について、ＯＥＣＤ諸国（三七ヵ国）での導入率を示している。

規制のあり方は項目の差が大きい。ほとんどの国で導入されている項目もあれば、導入率が六割から七割の項目もある。特に、企業から政党への寄付、労働組合から政党への寄付がそれぞれ五一・四％、四三・二％で規制され、二分している。

公的助成は八三・八％の国で導入されている。スキャンダルへの対応、党員の減少や政党離れ、新興国での政党の支援など、導入の背景はさまざまだが、政党に公費が投入されてきている。助成金の計算、配分方法は各党への一律配分もあるが、得票数や議席数に基づく比

5-6　OECD諸国の政治資金制度の導入状況（2020年）　%

献金規制	外国から政党への寄付禁止	73.0
	外国から候補者への寄付禁止	67.6
	企業から政党への寄付禁止	51.4
	企業から候補者への寄付禁止	45.9
	労働組合から政党への寄付禁止	43.2
	労働組合から候補者への寄付禁止	48.6
	政党への匿名寄付の禁止	64.9
	候補者への匿名寄付の禁止	55.6
	政府と契約している企業から政党への寄付禁止	62.9
	政府と契約している企業から候補者への寄付禁止	60.0
	政府の一部を所有する企業から政党への寄付禁止	77.8
	政府の一部を所有する企業から候補者への寄付禁止	69.4
	平時の政党への寄付金額の制限	69.4
	候補者への寄付金額の制限	56.8
助成	政党への直接の公的資金提供の規定	83.8
支出規制	買収の禁止	97.3
	政党の支出金額の制限	51.4
	候補者の支出金額の制限	62.2
透明性	収支報告義務	97.3
	政党の選挙運動関連の収支報告義務	75.7
	候補者の選挙運動関連の収支報告義務	83.8

註記：網掛けは日本で導入されているもの
出所：IDEA（Institute for Democracy and Electoral Assistance）政治資金データベースを基に筆者作成

例配分が多い。なお、三一ヵ国中一七ヵ国では日本のように公的助成と企業・団体献金のどちらも受け取ることができる。

支出規制は買収の禁止が九七・三％で導入されているが、政党や候補者が支出できる金額の規制はそれぞれ五一・四％、六二・二％で導入され、対応が分かれている。

透明性については収支報告が一般的である。政党については九七・三％で報告が義務付けられており、政党や候補者の選挙運動に関

５-７　政治資金規制政策の分類

自由市場政策 ⟷ 政府管理政策

まったく，ほとんど規制なし	政党や候補者，献金者に対する透明性	献金，支出規制	政党や候補者に対する助成	すべての規制手段

出所：Norris, Pippa and Andrea Abel van Es eds., *Checkbook Elections?* Oxford: Oxford University Press, 2016, p.15.

する報告は七五％程度で導入されている。

国際比較から日本の特徴をみると、政党の自由度が比較的高い。５－６の網掛け部分は日本で導入されているものだ。導入されていない部分は政党に関するものである。個人中心の選挙から政党中心の選挙への変革をめざしてきたことがここからはわかる。

政治資金規制政策の分類

規制の組み合わせにも一定の形があり、その分類基準は規制の程度である。５－７は政治資金規制政策の分類である。ほかの規制と同じように、程度の違いがあり、先述した四つの要素も公開要件、寄付制限・支出制限、公的助成の順に政府からの規制が強くなる。

政治資金制度は、自由市場型と政府管理型の間に位置づけられる。[10]

自由市場型は文字通り、規制が緩く、企業・団体からの寄付も全面的に許容している。自由市場型では透明性に関する規制の占める比重が高い。スイス、オランダ、ニュージーランド、スウェーデン、ドイツなどが当てはまる。

政府管理型は企業・団体からの寄付を全面的に規制し、ほかの方法で調達した資金に対する全般的な規制レベルが高い。民間から調達できる資金が制限されているため、政党助成などの公的助成への依存度が高い。フランス、カナダ、イスラエル、ポーランド、ポルトガルなどが該当する。

日本は国際比較でみると、規制が中程度でやや強い方に位置し、政府管理型にやや近い。

3 変遷──事件と改正の連鎖

自由市場型の政治資金規正法

日本の政治資金制度は、当初から政府管理型に近いものではなかった。政治資金について法制度の中心となる政治資金規正法の変遷をみてみよう[11]。

政治資金規正法はまだ占領下だった一九四八年に共産党を除く各党の共同提案により、成立した。その目的は戦後直後の政党の離合集散が繰り返されるなかで、賄賂《わいろ》などの腐敗防止のためだった。「規制」ではなく「規正」としているのは自由な調達、厳正な公開、国民の判断に重点が置かれていたためだ。法律の重点は政治資金の額の規制ではなく、政治資金の公開に重きが置かれていた。収支の公開によって有権者が選挙などでの判断材料にするためだ。そのため政治資金収支報告書が提出されれば、政治献金は無制限で、法によって政治資金を直接抑制することはなかった。

しかし、不備が多かった。たとえば、政治資金収支報告書を提出する政治団体は五割に満たず、届出項目の様式が政治団体の任意で、その内容は曖昧だった。

また、政治資金の提供者の氏名を明らかにしなければならない寄付も、その必要のない会費名目で報告することが一般的になり、政治資金公開の原則が形骸化していく。

自治省の監督もないに等しかった。報告書の数字が間違っていた場合以外は強制措置が働かず、曖昧な内容や項目の異なるものも受理された。その結果、政治資金規正法は「ざる法」「死せる法律」と呼ばれる。さらに、一九七〇年に八幡製鉄政治献金訴訟の最高裁判決で、企業の政治献金を合法として以降は、同法の改正論議は低調になった。

一九七五年の抜本改正

政治資金規正法の抜本改正は、一九七四年の参院選や田中角栄首相のいわゆる田中金脈問題を契機として、三木武夫《みきたけお》内閣下で行われた。三木は企業・団体献金の撤廃を盛り込もうとするなど、積極姿勢だったが、自民党内からは異論が相次いだ。一九七五年の改正案の参議院採決では自民党内の反対もあり、全野党の反対と自民党内反対派の欠席により可否同数で、議長が決裁権を行使し成立する。

この改正では政治資金は国民の寄付に求めるものとしたうえで、運用に疑惑を招かないことに重点が置かれた。政治団体の届出、資金収支の公開、授受の規正を通じて、政治資金を直接規制しようとしたのだ。具体的には次の三点である。

第一に、旧法では政治団体そのものに届出の義務がなかったのに対して、届出が義務付けられ、実態を把握し、監督も容易になった。特定の都道府県内で活動する団体は都道府県の選挙管理委員会に、二つ以上の都道府県で活動する団体は自治大臣に事務所の所在地や代表者名などの届出を義務付けた。

第二に、資金収支の公開がより厳格になった。政党、政治団体はすべての収支について報告が義務付けられた。特に、旧法では支出の項目設定や仕分けの方法が各団体の任意だったが、改正では様式が定められ、それに従って報告することになった。

また、政治資金収支報告書が二回以上提出されなかった場合、政治団体の届出が無効とされた。この結果、収支報告書の提出率が九割へと高まる。さらに、一九八〇年からは政治家個人の収支報告も義務付けられた。

第三に、授受の規正によって、戦後初めて政治資金を直接規制するものになった。献金を通じた癒着を断つことに主眼が置かれ、企業、団体、個人が年間に献金できる額に上限を設けた。企業や労働組合などの政治献金は資本金や組合員数に応じて上限が定められ、最高でも年間一億円となった。

また、特定の政治家個人への献金は年間一五〇万円に制限された。個人ができる献金は暫定措置を含め、政党、政治資金団体へは年間二〇〇〇万円、その他の政治団体へは一〇〇〇万円とされ、総額三〇〇〇万円となった。

金額の規制では資金の提供側と受領側の双方に量的制限を設け、個人献金を広く受け入れることに重点が置かれた。浅く広く集めることを促すためである。

しかし、この改正後も複数の抜け道があった。

第一に、政治家が政治団体を保有できる数に制限がなかった。一つの団体への上限額は定められたが、議員側が団体を複数持ち、それぞれへの分納が可能だった。譬えるなら、一つの財布に入る金額の制限はできたが、財布をいくつ持っても構わないというものだった。

第二に、寄付者の公開基準が政党とその政治資金団体は一万円超からとなったが、政治家やその団体は一〇〇万円以上とされ、寄付者と金額がほとんど明らかにならなかった。

第三に、政治資金パーティーが盛んに催され、寄付とは別の政治資金の経路が大きくなった。企業が購入するパーティー券の資金は主に交際費などからで、政治資金規正法の対象外となり、野放し状態が続くことになった。

一九九四年の改正、政党助成法

一九七五年以降は抜本改正がなかったが、八八年に発覚したリクルート事件を契機に、共和事件（九一年）、佐川急便事件（九二年）、ゼネコン汚職事件（九三年）など、汚職事件が立て続けに明らかになる。

未公開株が賄賂として提供されたリクルート事件では自民党幹部だけでなく、野党議員や官僚にも賄賂が及び、佐川急便事件では五億円のヤミ献金が発覚した。ゼネコン汚職事件では知事や市長も逮捕される。与野党、政官財、中央－地方に波及した大規模な事件は、政治改革の機運を急速に高めた。内閣の退陣や自民党分裂を経て、一九九四年に細川内閣の下で政治資金制度が大幅に改革された。

この政治資金規正法改正では規制、公開、公的助成のいずれも改められる。抜本的な政治資金制度の改革で、政府管理型への方向がより強くなった。具体的には次の四点である。

第一に、資金管理団体を一つに絞ったことである。一つに限定したことで、資金の把握がより容易になった。

第二に、企業・団体献金額の制限である。一つの政治団体当たり年間一五〇万円まで認めてきた企業・団体献金を、政治家の資金管理団体に限って、年間五〇万円までに制限した。さらに、資金管理団体への企業・団体献金は五年後に禁止することにし、九九年に禁止された。政党支部への献金はそれまで通り、企業・団体の規模に応じて年間七五〇万円から一億円まで可能とした。個人献金は年間総額一〇〇〇万円を上限に、資金管理団体、後援会などその他の政治団体に対して、それぞれ一五〇万円までとなった。政党への献金が二〇〇〇万円まで出せることは変わっていない。

第三に、公開基準の引き下げである。献金をどこから受けたかは、それまで年間一〇〇万円を超えるものからだったが、五万円を超える場合にまで引き下げた。

第四に、罰則の強化である。まず違反時の罰則に公民権停止を加えた。また、公職選挙法に関連して、買収などの悪質な選挙違反は当選を無効にする連座制を強化した。それまでは総括主宰者、出納責任者、地域主宰者が罰金刑以上になったとき、候補者の親族（父母、配偶者、子、兄弟姉妹）が執行猶予の付かない禁固刑以上となったときの適用だった。この改正では秘書を追加し、執行猶予の有無とは無関係に禁固刑以上であれば連座制を適用し、公示前の運動も違反の対象に加えた[12]。対象者の有罪が確定すると、候補者の当選無効に加えて、五年間その選挙区で立候補できなくなった。この連座制の強化により、選挙違反件数は大幅に減少した。

さらに、政治資金規正法改正と連動して、公的な助成金である政党交付金を配分する政党助成法の導入である。

助成金総額は直近の国政調査の人口に基づいて、一人当たり二五〇円で算出される。政党助成法によって毎年三二〇億円が各党の所属国会議員数、国政選挙の得票数に応じて配分される。政治活動の自由を尊重し、原則として使途は制限しないが、借金返済や貸し付けには充てられない。適正な活用を促すため、各党に使途の報告が義務付けられている[13]。

日歯連事件、事務所費問題にともなう法改正

さらに、二〇〇五年から〇七年にかけては支出の規制が強められ、透明性が向上した。

二〇〇五年には政治団体間の寄付について、五〇〇〇万円を上限とする制限が設けられた。前年に日本歯科医師連盟による自民党橋本派への一億円のヤミ献金が表面化したのが契機となった。政治団体に寄付する場合は、金銭の流れを明確にするため銀行振り込みによることが義務付けられた。また、二〇〇五年の総選挙で自民党は郵政民営化をめぐる造反者が多数出たが、それに関して政党本部が政党支部を解散できる規定が設けられた。それまで政党支部の解散は支部代表や会計責任者だけが解散届を出すことができたが、この改正により、政党本部が企業・団体献金の受け皿となっている政党支部を解散できるようになった。

二〇〇六年から〇七年にかけては、政治資金の使途をめぐる事務所費問題が噴出する。賃料や光熱費のかからない議員会館を主たる事務所としつつも、高額の事務所費が計上されるといった疑惑が相次いだからだ。当時は事務所費などの経常経費は総額のみ記載とされ、個別の支出の明記、領収書を添付する必要がなかった。

二〇〇七年一二月に政治資金規正法が改正される。この改正で二〇〇九年分からは国会議員関係政治団体の人件費を除く一万円超の支出の内訳記載・領収書の写しを添付し、公認会計士らの監査などが義務付けられ、人件費を除く一万円以下の支出も請求があれば領収書の写しが開示されることになった（政治資金監査制度、登録政治資金監査人）。

国会議員関係政治団体とは、この改正で新たに定義されたもので、①国会議員・候補者が代表者の政治団体と政党支部、②特定の国会議員・候補者を推薦・支持し、寄付金控除の適用を受ける政治団体を指す。支出のあり方も規制が強化され、透明性が高くなった。

このように、日本の政治資金制度は一九七五年、九四年の抜本改正を経て、自由市場型から政府管理型へと推移してきた。献金先と献金可能な額の規制をかけつつ、政治資金の収入と支出ともに透明性を高めてきた。資金需要に対して大規模な国庫補助を導入し、企業や団体などと政党の直接の結びつきを薄める方策が採られてきている。

4　制度改革の方向性――消えない汚職

誰が負担するのか

一連の法改正、特に一九九四年の改革によって政治資金をめぐる問題は大きく是正された。だが、買収や贈収賄といった汚職は依然として頻発している。民主主義のコストをどのような仕組みの下に負担していくのか。最後に負担の問題、制度改革の方向性をみてみよう。

まず、誰がどのように民主主義のコストを負担するべきかである。

資金のかからない政治は望ましく、政治資金の高騰には抑制が必要である。他方、選挙や日常活動には資金がかかることも事実で、公平な競争を維持する必要がある。党員や組織への加入が減るなかで、政党助成を導入する国は増えている。議員や政党の主な収入源として、個人や団体などからの寄付、事業収入だけでなく、国庫補助は必要だろう。

政党助成金は高額との批判もあるが、政党助成が果たしている役割に目を向ける必要がある。まず、政党助成により議員や政党が、企業・団体献金への依存を低くし、政策上、自律性を維持しやすい。特に、政策上の意見の相違が大きくなった場合、政党助成があることにより、議員・政党レベルでの分極化を抑止する面がある。

政党助成が政党間の競争を下支えしている面もある。[14] 特に日本では、いままでみてきたように候補者個人の負担が依然として大きい。政党助成がなければ、候補者の擁立はより難しく、競争環境の維持も容易ではない。政党助成の導入は政党幹部の資金集めの負担を軽減し、党首候補への昇進基準も変えた。したがって、国民が広く資金を提供する政党助成制度は望ましい姿だ。そのうえでさらに活用法を検討したい。

まず、配分についてだ。政党助成制度を持つ三〇ヵ国では、得票率や議席率だけでなく、ジェンダーなどの属性にも配慮した措置がとられている。政党助成金の配分や使用の法規制により、同質的な集団で政党を構成・運営することも許容しつつ、女性や若年層、障害のある人びとなど、多様な人びとが参入できるように、代表性の機能強化も可能である。

次に、政党交付金の使途を制限することだ。現状では政治活動の自由を重視し、自主規制にとどめている。国際的には政策立案活動に使途を限定している場合、政策立案活動に一定の割合を支出するように枠を設定している場合もあり、政策立案のための経費であると促す必要がある。

資金制度改革の方向性

では、今後資金制度はさらにどのような方向性をめざすかである。

優先すべきは規制よりも公開を徹底し、有権者の判断に委ねる方向だろう。規制の場合、たとえば額を制限しても、すり抜ける方法がないわけではない。また、政治資金スキャンダルは政治家生命を絶つこともある。戦前には政党政治自体を攻撃する材料になったこともあり、一九九〇年代の改革でもそれを踏まえた慎重な認識があった。[15]

そのため、規制よりも公開・透明性を確保しつつ、政党や政治家がそのルールを自律的に遵守する仕組みが必要だ。以下、三点述べておきたい。

第一に、会計の一本化である。

たとえば、二一世紀臨調は政治家個人、選挙運動費用、資金管理団体の政治資金を「政治会計団体」に統合することを提起している。現状では団体や会計がそれぞれに独立し、団体間のやり取りを含め、政治資金の総額が把握しにくい。また、政治資金監査の対象団体を拡大し、政治資金の現金での授受を原則禁止し、政党の政治資金の公開・透明性をさらに高めることだ。[16]

第二に、公開の範囲を広げることである。

特に献金者の公開ラインの引き下げにより、透明性を高めることである。献金者の公開は寄付が五万円超に対して、政治資金パーティーは二〇万円超であるが、少なくとも寄付にそろえるべきだ。

文書通信交通滞在費の公開も必要である。衆議院議長から委嘱《いしょく》を受けた「衆院改革に関する調査会」は二〇〇一年に領収書などを付けた使途報告を義務付け、閲覧可能にすべきと答申しているが、二〇年以上経《た》ったいまもなお、公開されていない。地方議員の文通費にあたる政務調査費は多くの自治体で使途報告が義務付けられ、情報公開請求などで確認できるのに対して、国会議員は使途が通信や滞在費から拡大する一方で、公開が進められていない。

国会議員資産公開法にも課題がある。国会議員資産公開法とは、先にも触れたが国会議員が所有する不動産や株券、預金などを公開する制度である。借入金は総額の報告となっているが、収支報告書のように借入先と借入先ごとの金額を記載するべきだ。また、公職選挙法や政治資金規正法では虚偽記載の罰則があるが、国会議員資産公開法にはそれがなく、罰則を設け、実効性を高める必要がある。[17]

第三に、独立性の高い監視機関の設置である。

現在、政治資金収支報告書の提出先である総務省や選挙管理委員会に詳細なチェックや是正指導の権限が与えられていない。告発やメディアで問題が浮上した場合に刑事事件化するかが焦点となっている。現行制度では法令を遵守させる仕組みが不十分なのだ。より独立性の高い機関を設置し、法令遵守の確保、報告書の受理・収支公開、交付金制度の運営、報告書にみられる疑義に対する調査・告発を担うようにするべきだ。たとえば、二一世紀臨調では「選挙・政治資金委員会」の創設を提案している。

政治改革から四半世紀以上経った。それでもなお残る、代表性の偏りや政治資金問題に対して、政党助成に代表性の機能強化の方向性をさらに加味し、一層の公開・透明性を確保しつつ、政党や政治家がそのルールを自律的に遵守する仕組みが求められる。

終章　政治改革後の国会議員とは

本書は、日本の国会議員について人材、選挙、日常活動、政策形成、価値観、政治資金というさまざまな角度からみてきた。最後に、日本の国会議員を戦後から現在までの流れのなかに位置づけてみていく。現在の日本の国会議員はどのような状況にあるのか。また、一九九〇年代における一連の政治改革から四半世紀を経て、どのような課題があるかを考えてみたい。

戦後の固定化、利益分配

日本の国会議員は戦後、徐々に担い手が固定化していった。後援会は戦前から存在していたが、地域の名望家やネットワークに依拠した集票が困難になるなかで、一九五〇年代から後援会が広く普及していく。一九六〇年代末から七〇年代初頭にかけては後援会の加入者が大きく伸び、規模が急拡大する。自民党の国会議員は後援会を組織し、冠婚葬祭や入学や就職など、さまざまな有権者サービスを提供し、地元への利益誘導を誇示することで地盤の立て直しをはかった。

高度成長以降、集票の基礎には後援会や有権者サービスの占める比重が高くなり、日常活動、選挙運動が高コスト化していく。組織政党以外では候補者個人による労力が増えるにつれて、構築された集票基盤が徐々に親族に継承されていく。

このような高コストで個人中心の選挙は、人材の固定化につながった。

自民党では地方政治家や秘書出身者が増加し、社会党や民社党では労働組合出身者の比重が高くなり、公明党や共産党は組織内部から主に候補者を擁立した。そのため、議員の経歴も官僚、地方政治家、労組をはじめとする団体出身者、世襲政治家に限られ、女性や若年層の進出が少なかった。

政策形成は、戦後直後は国会中心の運営も試みられたが、国会法の度重なる改正を経て、徐々に政党中心になっていく。国会の議事運営は、内閣の関与しない議員立法を抑制し、与野党が対峙する形になっていった。

自民党が党内で事前審査制を確立させると、国会は政策形成の場から野党による質疑、追及の場に変質した。自民党の結党時には政務調査会の事前審議が党議決定にあたって明確に位置づけられ、各議員の参加も明記されるなど、事前審査制が導入された。それが徐々に定着し、遅くとも一九六〇年代半ば以降、内閣は党の議決なしに法案を提出することが難しくなり、議決方法も多数決ではなく全会一致の慣行が確立する。

国会審議は自民党内の審議過程に組み込まれ、与党議員の発言が減る形で制度化していった。[2] それにともない、与党議員の国会活動は法案の成立に振り向けられ、国会は議員間の討論や法案の修正が乏しく、野党による質疑と追及、日程闘争の場となっていった。

議員は与党内と国会内の双方で、地元や団体の利益を主に代表した。自民党では農林部会、建設部会、商工部会など、地元の関心や業界団体の多い分野が人気となった。その他の政党も団体や支持基盤との関わりが強い分野が人気となる。

事前審査制が確立すると、自民党には特定の分野に影響力を行使する族議員も現れた。[3] 族は一九六〇年代後半に形成され、七〇年代末までには主要な政策分野に明確な形で存在するようになった。

ベテラン議員のなかには外交や安全保障、特定の業界を超えた利益を代表しようとする面もあったが、一般の議員を統制することは容易でなかった。結果として、首相のリーダーシップ以上に、族議員と各省庁、団体の主張が強く政策に反映され、複数の省庁にまたがる案件や政策領域間の調整が必要な案件は停滞する傾向にあった。

議員の自律性が強い自民党では、人事が党の一体性を保つ手段として重視された。特に、当選回数と派閥が人事の基準となり、能力主義よりも平等主義的な人事を確立していった。[4] 戦後から自民党の結党初期には官僚出身政治家を閣僚として抜擢するなど、当選回数に依拠しない人事もあった。しかし、自民党政権が安定し始めた一九六〇年代には官僚出身政治家を優遇する傾向も弱くなる。

一九八〇年代までには当選五、六回までほとんど例外のない人事配分が確立し、当選回数によって役職が決まることになった。[5] そのため、選挙での安定性が政治家生命を左右するようになり、指導的な地位に就くには二〇年から三〇年が必要となった。

このように、戦後の国会議員は選挙を自前の労力や資金で確立する傾向を強めていった。人材供給源の固定化が進み、官僚制に政策形成を大きく委ね、政策を掲げるよりも地元や団体の利益を代表した。その反面、都市部や女性、消費者、若年層など、組織化されにくい利益は代表されにくかった。一九八〇年代に入ると、新人議員の参入率も一〇％程度まで低下し、国会議員の固定化はピークに達した。[6]

政治改革とその意味

人材の固定化や利益分配政治のあり方には、しばしば疑問が呈されていたが、一九八〇年代末から多くの汚職事件が起こり政治改革の機運が高まる。その背景には日本の政治が内外の環境変化に対応していないという認識が広まっていたからだ。

政治改革の方向は、政治主導の確立による意思決定の集権化と責任の明確化である。政党間の競争をより鮮明にすることで、責任の所在を明確にし、選挙で示された民意を基盤に首相が政治的リーダーシップを発揮することが求められた。[7]

政治改革は同時進行で集権化と分権化が行われた[8]。

集権化には選挙制度改革、政治資金制度改革、内閣機能強化がある。選挙制度改革では、小選挙区の導入により政党間競争を促進し、得票の水準が上がり、幅広い有権者からの支持が必要となった。有権者は個人よりも政党を選択しやすくなり、政党は政策を掲げて選挙する。また、政党助成法の導入は個人や団体からの集金の必要性を低下させ、団体の代表としての側面を弱め、政治資金スキャンダルを抑制した。

集権化には内閣機能強化もあった。首相が自らの意向を政策に反映させるために必要な権限、補佐体制が拡大した。首相が政策課題を提起し、積極的に推進しやすい体制へと改革された。

分権化では地方分権改革、市町村合併があった。地方分権改革では中央政府と地方自治体の間の行財政上の結びつきを弱め、権限と財源を移譲することにより、地方自治体が独自の判断で政策を展開する余地を拡大した。市町村合併は地方自治体の基盤強化のためで、結果として地方議員を大幅に減少させた。特に自民党では国会議員と地方議員の系列関係を弱め、地方議員の自律性を高めた。

以上の一連の制度改革は、国会議員のあり方に変更、縮小を迫るものだった。

地元利益の代表は首長や地方自治体により委ねられ、団体の後退によって団体利益の代表という面も縮小する。選挙では個人よりも政党を重視したものになり、個々の議員の自律性は低下する。政策決定では首相や執行部の影響力を強め、平議員レベルでは影響力の減少につながる。一九八〇年代までに形成された議員の役割からみると、その変更や縮小を意味していた。

政治改革の影響

一九九四年の選挙制度改革、政治資金規正法の改正、政党助成法の導入により、政治家のありようは徐々に変わってきた。

第一に、有権者が政党を重視するようになり、資金面で高コストな日常活動や選挙運動はあまり有効でなくなった。

改革直後はそれまでの選挙運動が継続したが、有権者の組織離れや政治参加が後退し、政党重視の投票が強くなり、後援会中心の選挙に翳《かげ》りがみえてきた。二〇〇五年には自民党議員にも当選の原動力として政党が最大のものと認識されるようになった。議員本人の活動量は減っていないが、政治資金は減少し、高コストな選挙運動は後退した。

政治資金を集める負担は公的助成により軽減され、候補者擁立も変わった。二〇〇〇年以降は与野党の第一党で公募制の導入が進み、候補者の参入障壁がやや下がり、機会は開かれるようになってきた。

第二に、議員の政策活動や立法活動は増加した。

各議員は政策分野を棲み分ける必要がなくなり、関わる分野は従来よりも人気部会を中心に広がった。その結果、自民党ではスペシャリスト型からジェネラリスト型が中心となり、族議員も世代交代が進むにつれて減っていった。マニフェストや議員立法の提出など、政策競争も行われるようになり、選挙では個人よりも政党や内閣などの評価が重要になってきた。政党でも当選回数主義が残りつつも、政策発信や議員立法など政策活動に積極的な議員の昇進が早まるようになった。

第三に、政治資金規正法と政党助成法によって派閥の結束は弛緩《しかん》した。

政治資金規正法の改正により、政党と政党の資金管理団体以外には企業・団体献金ができなくなった。派閥が作る政治団体は企業・団体献金を受けられなくなった。献金の公開基準も引き下げられ、名前の公表を避けることもあり、資金を集める制約が強まった。政党助成法の導入により資金集めの必要性が低下し、自民党内では議員間の資金面でのつながりが弱まり、派閥の結束が緩んでいった。

派閥に属さない議員が増え、総裁選挙で派閥内がまとまらないことも増えた。総裁へのルートも変化し、派閥領袖が必要条件ではなくなった一方で、世論の支持や知名度のように、選挙上の人気がより重視されるようになった。総裁と派閥が対立した際に、派閥に従う面が弱くなり、派閥が総裁を拘束する力は落ちた。結果として、政治改革は政党内の力関係や平議員、党首の昇進基準を変化させた。

第四に、行政改革を経て、官邸主導の政策決定が進んだ。派閥からの圧力が弱まり、族議員も減少する一方で、首相の権限や補佐体制が拡充され、首相は政策決定の推進や人事権を行使しやすくなった。当選回数主義もやや弱まり、女性、若手、民間人の登用も進んだ。

第五に、造反や政党間移動が増加した。官邸主導や執行部主導の政策決定は議員にとって望まない政策が行われることも増える。政党や内閣の評価が重視されるため、それらの支持率が低下すると、首相や党首の辞任圧力となり、党内対立や政党間移動にまでつながる。第二次安倍晋三内閣で印象は薄れたが、日本の首相の在任期間が国際的にきわめて短い点に変化はない。むしろ、政治改革後は小泉純一郎内閣や第二次安倍晋三内閣の一方で一年程度の短命内閣も多く、野党第一党の党首も短期間で交代し、議員と党首、政党の関係は安定していない。

このように、政治改革で政治家のありようは変化したが、改革の方向に合致したものばかりではない。議員個人レベルでは変化した部分も多いが、選挙、国会、政党には改革の影響が及んでいない部分、また改革の方向とは合致しない現象も生じている。

政治改革後の課題と方向性

改革後の課題も残されている。人材や選挙など個別には各章で言及したが、議員に関わる全体の課題としては、次の三点がある。

第一に、政党は重視されるようになったが、政策対立軸が弱く、政策選択をともなう政党間競争とまでは言えない。

憲法や外交安全保障の軸は安定的に存在するが、有権者の関心の高い社会経済政策をめぐる対立軸が不鮮明ななかで、有権者に安定的な選択肢が提示されていない。投票行動をみると、党首評価、政権への期待や失望、業績評価、政権担当能力評価に基づく面がある。政党は重要になったが、その内実が政策に依拠する面は弱い。もちろん、選挙が政策ではなく統治の担い手を選択しているとしても、政党の安定性は求められる。

第二に、政党組織、地方組織は拡充されていない。

支部には毎年、助成金が配分されているが、後援会も支部も伸びてはいない。政党の組織化が十分に進まず、団体や地方議員の減少もあり、候補者自身への選挙上の負担は依然として大きい。そのため、党首の頻繁な交代や新党の結成など、選択肢が安定していない。また、政策立案活動は個人を基盤にしている部分が多く、組織としての取り組みは弱い。

結果として、政党中心にはなってきたが、統治の担い手と政策の両面で選択肢は十分に形成されていない。政党中心、政策中心の方向性からみると、政党は安定性を欠き、政策中心には届いていない。

第三に、政策決定と政治資金の両面で透明性を高めることである。

官邸や党執行部への集権化の一方で、透明性を確保しつつ、説明責任を向上させる取り組みは遅れてきた。事前審査制は継続し、結果として議員や政党の政策活動、姿勢が国会の外にも広がり、みえにくいものとなっている。また政治資金をめぐる問題もいまだ頻発し、透明性を高める余地がある。

必要なのは、政党や政策選択を重視した方向性を維持しつつ、その役割を強化する方向だ。その点では改革の不足を補う必要がある。特に、議員を発掘し、その後の行動を左右する、政党のあり方を方向付けていくことである[10]。個人中心の側面が非常に強い地方選挙、政党助成の配分方法と使途制限、内閣の関与が非常に弱い国会運営を再考し、政党の組織化と代表性を高め、政党間の対立軸の明確化を促すことである[11]。

それは改革後の議員への批判に応えるものだ。政治改革後の議員について、「小粒」になったとの指摘もあるが、採決の一員としての役割以外が縮小していることの表れでもある。議員に不十分さが感じられるとすれば、地元や団体の利益代表としての役割が縮小し、有権者とのつながりも弱くなる一方で、異なる役割がいまだ十分に発揮されていないことにあり、それを促してくことが必要だ。

議員や政党に最後まで残る役割は、選択肢や方向性を示すことだ。

議員や政党への親近感や利益媒介としての役割が失われつつある。人びとの声を代表、吸収する役割もマスメディアや社会運動、団体、官僚制など幅広くあり、議員や政党に限られない。ただ、そのようななかでも議員や政党は有権者とのコミュニケーションの発信・受信、特に発信の要《かなめ》である。有権者にとって複雑で不明瞭《ふめいりょう》な政策決定のための情報を集約して伝える役割がある。政策課題に対する選択肢や方向性を整理し、問題群を結びつけてパッケージとして提示する役割である[12]。それが選挙だけでなく日常活動や国会活動まで貫徹し、政党内での地道な活動を通じて共有されていくことである。

どのような仕組みの下にどのような人びとを選び、送り出しているのかは、政策の結果として私たちに返ってくる。代表制民主主義には批判も多いが、役割を果たしやすくすることこそが求められている。

あとがき

国会議員の言動が取り上げられることは多い。だが、個々の仕組みや議員自身、人間関係の話になりやすく、国会議員の全体像は見えにくい。

本書では、国会議員が全体としてどのように変化してきたのかを描き、その背後にある問題を個人の問題以上に、制度や社会、政党の問題として捉えてきた。議員への切り口は非常に多いが、この本では人材、選挙、政策形成、価値観、政治資金の面から可能な限り多面的に捉えた。そこからは、依然として続く個人中心の選挙と政策が見える。

国会議員のありようは、選挙に大きく規定され、それは候補者や政治資金をも規定する。さらに、国会や政党のなかで政策活動が見えにくいこと、政党が不安定であることが個人中心の選挙の比重を高めている。政党助成法をはじめさまざまな金銭面での補助はあるが、なお個人を中心とした選挙である。

選挙制度は代表制民主主義の根幹であり、一九九〇年代の政治改革は政党、政策中心の政治をめざし、大きな影響をもたらした。本書では、議員のありように深く関わる政治改革の影響にも注目した。

この本は個々の議員について掘り下げたものではない。だが、全体の推移を捉えることは現状の理解を深め、時々に起きる個別の問題が、特殊なものかどうかを認識する際の基準となる。また、一九九〇年代の政治改革やその後の政治に対する賛否は分かれているが、国会議員はどのように変化したのかをデータから具体的に示した。特に、後援会や組織を軸とした選挙の後退、族議員の変容、政党への公費助成から、議員は地元や団体の代表という面が弱まった。他方で、議員となる人びとの偏りは大きく、有権者の関心が政党の対立軸や政策選択と結びつきにくく、政治資金制度の課題もある。結果として、有権者からは国会議員が遠くなり、存在意義がみえにくくなっていることを示した。

このように、一九九〇年代の政治改革では到達していない、また対応しきれていない課題も多い。議員の待遇、国会のあり方など、特定のテーマで注目されることは多いが、全体としてめざす方向性に結びつけていくことが必要だ。そこでは特に政党をいかに運営し、育てていくことができるかが重要である。

本書の試みが現状の理解や問題の所在の認識を深め、国会議員にどのような役割を促していく(いける)のか、日本の代表制民主主義を考える材料になっていればと思う。

このテーマで執筆が可能になったのは、さまざまな方々のご協力のおかげである。執筆にあたり、国会議員の方々にインタビューを実施し、次の方々から特にご協力いただいた。大《おお》隈和英《くまかずひで》、大島敦《おおしまあつし》、国光文乃《くにみつあやの》、櫻井周《さくらいしゅう》、階猛《しなたけし》、長尾敬《ながおたかし》、舟山康江《ふなやまやすえ》、穂坂泰《ほさかやすし》、本田太郎《ほんだたろう》、道《みち》下大樹《しただいき》、宮川典子《みやかわのりこ》、笠浩史《りゅうひろふみ》の各氏である。この他にも匿名の形で国会議員や関係する方々からも、話を伺う機会を頂戴した。特に記して感謝したい。

本書では多くのデータを利用しているが、それらがなければ、書き上げることは困難であった。候補者データを公開されているスティーブン・リード先生、ダニエル・スミス先生、候補者アンケートを開始、継続されてきた蒲島郁夫先生、谷口将紀先生と両研究室の皆様、朝日新聞社の皆様をはじめ、データを構築・公開されてきた方々に深謝したい。さらに、二〇一六年の国会議員調査の機会を与えてくださった建林正彦先生、読売新聞社の皆様、調査にご協力いただいた議員の方々に御礼申し上げたい。もちろん、データに関する責任はすべて筆者にある。

大阪大学大学院法学研究科・高等司法研究科の先生方には、常日頃から大変お世話になっている。特に、瀧口剛法学研究科長、中山竜一前研究科長をはじめ、同僚の先生方、職員の方々にはコロナ禍で新たな対応が増えるなか、研究に専念する環境を与えていただいた。この場を借りて御礼申し上げたい。また、大阪大学の大学院生、特に芦谷圭祐氏にはインタビューに同行してもらい、内容の整理に協力してもらった。

中公新書編集部の白戸直人氏は視点の定まらない議論に対して、原稿を非常に丁寧に読み込まれ、数多くの有益なご助言をくださった。巧みな編集作業に深く御礼申し上げる。なお、本書はＪＳＰＳ科研費（20H01453／20H01451／20H00061／15H03311）の助成を受けた成果の一部である。
最後に、議員・政党研究のきっかけを与えていただいた辻中豊先生と研究生活を支えてくれている家族に感謝したい。

二〇二二年三月

濱本真輔

註記

はじめに

1　一九九三年までは三択、それ以降は五択の形での質問であり、一九九六年以降は「そう思う」「どちらかといえばそう思う」をまとめた数字である。平野浩「日本における政治文化と市民参加」『政策科学』一九巻三号、一四三 - 一六一頁、二〇一二年。善教将大『日本における政治への信頼と不信』木鐸社、二〇一三年。

2　『日本経済新聞』二〇〇六年一一月八日。

3　二五ヵ国の一一七の下院選挙（一九七九〜二〇〇四年）をみると、現職の継続率の平均は六七・七%であり、日本は七四・九%である。現職が非常に強いアメリカ（八四・九%）のような国もある一方で、カナダ（五三・一%）のような入れ替わりの激しい国まで幅がある。Matland, Richard and Donley Studlar, "Determinants of Legislative Turnover." *British Journal of Political Science*, 34(1), 2004, pp.87-108.

第1章

1　Norris, Pippa ed., *Passages to Power*, U.K.: Cambridge University Press,1997.

2　増山幹高「女性の政界進出」川人貞史・山元一編『政治参画とジェンダー』東北大学出版会、二〇〇七年、三二九 - 三三〇頁。

3　那須俊貴「諸外国の選挙権年齢及び被選挙権年齢」『レファレンス』（一二月号）、二〇一五年、一四五 - 一五三頁。

4　ただ、この点に関する供託金の効果には疑問も呈されている。Harada, Masataka and Daniel Smith, "You Have to Pay to Play." *Electoral Studies*, 36, 2014, pp.51-64. 供託金の国際比較として、次の文献を参照。藤原佑記「選挙供託制度」『レファレンス』八五一号、二〇二一年、一四三 - 一六三頁。

5　内閣府『女性の政治参画への障壁等に関する調査研究報告書』（二〇二一年三月）。対象は国会議員、地方議員、首長選挙への出馬について、具体的な行動をとった人である。

6　地方議会ではなり手不足問題もある。河村和徳「地方議員のなり手不足問題をどう考えるか」『選挙研究』三六巻二号、二〇二〇年、二五 - 三八頁。鶴谷将彦「中山間地域の自治体における地方議員の変容」『選挙研究』三六巻二号、二〇二〇年、三九 - 五二頁。

7　Hazan, Reuven Y. and Gideon Rahat, *Democracy within Parties*, Oxford: Oxford University Press, 2010.

8　庄司香「世界の予備選挙」『選挙研究』二七巻二号、二〇一二年、九三 - 一〇三頁。

9　薬師寺克行『公明党』中央公論新社、二〇一六年、二四三 - 二四八頁。また、創価学会との関わりのない人物を擁立することも行われてきた。

10　『読売新聞』一九九二年一一月二五日。

11　女性の候補者支援の取り組み、松下政経塾に関しては次の文献を参照。大木直子「『政治塾』と女性の政治参加」『女性

学』二五号、二〇一七年、四四‐六二頁。出井康博『松下政経塾とは何か』新潮社、二〇〇四年。

12　林芳正・津村啓介『国会議員の仕事』中央公論新社、二〇一一年、四四‐四六頁。

13　二〇一七年に急遽結成された立憲民主党では、国会議員や県連幹部による呼びかけで擁立に至った場合が多いようである。立憲民主党国会議員有志の会『君も政治家になろう』花伝社、二〇一九年。

14　奥野誠亮『派に頼らず、義を忘れず』ＰＨＰ研究所、二〇〇二年、一七二頁。

15　公募制でも参議院では現職優先が徹底せず、現職を含めた公募になる場合もある。特に野党として臨んだ二〇一〇年参院選では現職が公募などで公認を得られず、積極的な差し替えが起きた。

16　『愛媛新聞』二〇〇〇年八月一一日。

17　堤英敬「自民党における候補者公募制度の採用と政党地方組織」『選挙研究』三五巻一号、二〇一九年、七六‐八九頁。堤英敬「候補者リクルートメントの変容と政党組織」『法学研究』九三巻一号、二〇二〇年、四七〇‐四九四頁。

18　中北浩爾『自民党―「一強」の実像』中央公論新社、二〇一七年、一五五‐一六七頁。

19　浅野正彦『市民社会における制度改革』慶応義塾大学出版会、二〇〇六年。

20　地元出身者の擁立については、次の文献を参照。西村翼「政党の公認戦略と地元候補」日本政治学会編『年報政治学二〇二〇‐Ⅱ』筑摩書房、二〇二〇年、二八〇‐三〇二頁。

21　林・津村前掲書、六二頁。

22　データはスティーブン・リード、ダニエル・スミス氏等によって構築、公開されたものである。関係の方々に深謝したい。Reed, Steven R., and Daniel M. Smith, *The Reed-Smith Japanese House of Representatives Elections Dataset*. Version: April 7, 2017. 経歴の比較研究として、次の文献を参照。吉野孝・今村浩・谷藤悦史編『誰が政治家になるのか』早稲田大学出版部、二〇〇一年。Best, Heirich and Maurizo Cotta, eds., *Parliamentary Representatives in Europe 1848-2000*, Oxford: Oxford University Press, 2000.

23　障害のある人びとの代表も過少代表である。戦後からの推移と障害のある議員のキャリアの変遷については、次の文献を参照。Okura, Sae, "The Political Underrepresentation of People with Disabilities in the Japanese Diet." *Social Science Japan Journal*, 24(2), 2021, pp. 369-396.

24　参議院議員の経歴は次のデータを参照。東大法第五期蒲島郁夫ゼミ編『参議院の研究』木鐸社、二〇〇五年。辻中豊・濱本真輔・和嶋克洋「誰が参議院議員になるのか?」『都市問題』一〇四巻五号、二〇一三年、五〇‐五八頁。資料は参議院事務局で作成される『参議院要覧』である。この種の資料はすべて議員側の自己申告で、すべての経歴が示されるわけではないが、戦後を一貫して把握できる貴重な資料として使用する。衆議院との比較から詳細に論じたものとして、次の文献を参照。福元健太郎『立法の制度と過程』木鐸社、二〇〇七年。

25　農業、経済・業界、労働団体の合計は全社会団体の約半数を占める。辻中豊・森裕城編著『現代社会集団の政治機能』木鐸社、二〇一〇年。

26　世襲の定義は同じ選挙区を引き継いでいるかどうか、引退後すぐに引き継いでいるかどうかによって、世襲の該当者数は異なる。松崎哲久『日本型デモクラシーの逆説』冬樹社、一九九一年。市川太一『「世襲」代議士の研究』日本経済新聞社、一九九〇年。飯田健・上田路子・松林哲也「世襲議員の実証分析」『選挙研究』二六巻二号、二〇一一年、一三九－一五三頁。八幡和郎・吉田健一『世襲だらけの政治家マップ』廣済堂出版、二〇一一年。

27 もちろん、従来からのスタッフや支持者との関係が問題を引き起こすこともある。特に、公職選挙法や政治資金管理との関係で、それまでの手法を継続し、問題が生ずる場合もある。

28 Smith, Daniel, *Dynasties and Democracy*, California: Stanford University Press, 2018, pp.1-51.

29 戸井田三郎『陣笠代議士奮戦記』三進企画、一九七八年、一－二頁。

30 辻寛一『陣笠』学風書院、一九五三年、三四－三五頁。

31 升味準之輔『現代政治 一九五五年以後 上』東京大学出版会、一九八五年、三八五頁。手塚雄太『近現代日本における政党支持基盤の形成と変容』ミネルヴァ書房、二〇一七年。

32 ジェラルド・カーチス（山岡清二訳）『代議士の誕生』サイマル出版会、一九七一年。

33 一九五四年の公職選挙法の改正を直接的な契機として、後援会が事前運動の主流として定着したとされる。安野修右「一九五〇年代における後援会普及と選挙運動規制」日本政治学会編『年報政治学 二〇一九－一』筑摩書房、二〇一九年、二九三－三一五頁。

34 鈴木創「衆議院小選挙区選挙における現職効果」新川敏光編『現代日本政治の争点』法律文化社、二〇一三年、一一五－一三六頁。

35 三浦まり編『日本の女性議員』朝日新聞出版、二〇一六年、二二三－四〇頁。芦谷圭祐「政令市における女性の記述的代表」『公共政策研究』一八号、二〇一八年、一四三－一五五頁。前田健太郎『女性のいない民主主義』岩波書店、二〇一九年。

36 三浦まり・衛藤幹子編著『ジェンダー・クオータ』明石書店、二〇一四年。辻村みよ子『ポジティヴ・アクション』岩波書店、二〇一一年。

37 内閣府『女性の政治参画への障壁等に関する調査研究報告書』（二〇二一年三月）。

38 有権者の女性候補者への評価にはジェンダーステレオタイプの影響が指摘されている。Ono, Yoshikuni and Masahiro Yamada, "Do Voters Prefer Gender Stereotypic Candidates?" *Political Science Research and Methods*, 8(3), 2020, pp.477-492. 他に、次の論文を参照。Kage, Rieko, Frances M. Rosenbluth, and Seiki Tanaka, "What Explains Low Female Political Representation?" *Politics & Gender*, 15, 2019, pp.285-309. 出馬年齢には性差があることも明らかにしており、女性候補者は年齢が高い傾向にある。

39 Inter-Parliamentary Union, *Youth Participation in National Parliaments 2016*.

40 Stockemer, Daniel and Aksel Sundstrom, "Age Representation in Parliaments."*European Political Science Review*, 10(3), 2018, pp.467-490. Sundstrom, Aksel and Daniel Stockemer, "Conceptualizing, Measuring, and Explaining Youths, Relative Absence in Legislatures."*PS: Political Science & Politics*, 1, 2020, pp.1-7.

41 尾野嘉邦「国政レベルにおける女性政治家の行動」『法学』七九巻四号、二〇一五年、三六六－四〇二頁。芦谷圭祐「政令市議会議員の代表活動」『選挙研究』三六巻二号、二〇二〇年、六八－七九頁。Burden, Barry, *Personal Roots of Representation*, New Jersey: Princeton University Press, 2007.

42 Butler, Daniel, *Representing the Advantaged*, New York: Cambridge University Press, 2014. アメリカを中心に、実験を通じて、議員レベルのバイアスが多く報告されている。クオータ制には当事者の声が実質的に代表されていれば、当事者など、同じ属性や経歴を共有する人を送り出さなくともよいという反論もあるが、これらの研究はその考えが取りにくいことを意味している。

43 辻村みよ子『憲法　第七版』日本評論社、二〇二一年。辻村みよ子・糠塚康江・谷田川知恵『概説ジェンダーと人権』信山社、二〇二一年。

44 地元中心の公募制の導入や現職優先を弱めた場合、開放性、民主性は高まるが、議員が地元志向を強め、地域利害が対立する場合、党のまとまりを難しくする。候補者選びで、各地域や団体の意向が強く作用する場合、党本部や全国の傾向とは異なる候補者が選抜され、地域の代表としての側面が強くなり、政党のまとまりが低下する。担い手を広げつつも、党としてのまとまりをいかに維持するのかという課題がある。ただ、この問題は政策決定手続きや他の政党内の制度との関係からも考慮する必要がある。

第2章

1 杣正夫『日本選挙制度史』九州大学出版会、一九八六年。阪上順夫『日本選挙制度論』政治広報センター、一九七二年。McElwain, Kenneth M., "Manipulating Electoral Rules to Manufacture Single-Party Dominance." *American Journal of Political Science*, 52(1), 2008, pp.32-47.

2 Plasser, Fritz and Gaunda Plasser, *Global Political Campaigning*, 2002.

3 三枝昌幸「選挙公営の起源と展開」『法律論叢』九〇巻六号、二〇一八年、二三一-二七二頁。

4 益田高成「公職選挙法改正の定量分析試論」『同志社法学』七一巻七号、二〇二〇年、一一三-一五八頁。

5 後藤田正晴『情と理　後藤田正晴回顧録（上）』講談社、一九九八年、三三五頁。

6 平沢勝栄『明快！「国会議員」白書』講談社、二〇〇〇年、四九頁。

7 宮川典子議員インタビュー（二〇一九年二月一九日）。

8 枝野幸男ほか「選挙で政治を変える」構想日本J・Iフォーラム編『第四巻　政治時評』水曜社、二〇〇六年、一一二頁。

9 同右、一〇八頁。

10 宮川典子議員インタビュー（二〇一九年二月一九日）。当時は二〇一〇年参院選の自民党公認候補として活動していた。

11 井戸まさえ『候補者たちの闘争』岩波書店、二〇一八年、五二-五三頁。出井康博『民主党代議士の作られ方』新潮社、二〇一〇年。

12 濱本真輔・根元邦朗「個人中心の再選戦略とその有効性」日本政治学会編『年報政治学　二〇一一-二』木鐸社、二〇一一年、七〇-九七頁。

13 広瀬道貞『政治とカネ』岩波書店、一九八九年、一七-一九頁。

14 谷口将紀『現代日本の選挙政治』東京大学出版会、二〇〇四年、八五頁。小選挙区制下での選挙運動の研究として、朴喆熙『代議士のつくられ方』文藝春秋、二〇〇〇年。

15 共産党は党の後援会への集約を促した一九八〇年の決議から方針転換で、選挙方針に「必要に応じて、党議員・候補の個人後援会をさまざまな名称・形態でつくり、幅広い方々と力をあわせる活動にも取り組む」と明記した。

16 『日本経済新聞』（二〇一五年三月一六日）、中北浩爾『自民党―「一強」の実像』中央公論新社、二〇一七年、二五六頁。
17 平沢勝栄『政治家は楽な商売じゃない』創美社、二〇〇七年、六七 - 六八頁。
18 特別交付税については、国会議員の影響力との関わりが指摘されてきた。小林良彰『現代日本の政治過程』東京大学出版会、一九九七年。
19 濱本真輔「団体 - 政党関係の構造変化」辻中豊編『政治変動期の圧力団体』有斐閣、二〇一六年、一〇一 - 一二五頁。
20 品田裕「国会議員の社会的支持基盤とのつながり」村松岐夫・久米郁男編著『日本政治変動の三〇年』東洋経済新報社、二〇〇六年、九五 - 一一七頁。
21 中北前掲書、二六七頁。
22 給与制度は一九九〇年にそれまで一律であった一官一給制から一官三給制に改正された。秘書の在職期間と年齢によって、給与を三つのクラスに分け、そのなかでいくつかの号給に細分化し、勤務年数が長くなるにつれて昇給するシステムとなった。
23 参議院 https://www.sangiin.go.jp/japanese/annai/hisho/r2qa.html#Qa05（最終閲覧日二〇二〇年一〇月七日）
24 久保谷政義「国会議員公設秘書と議会外活動」『公益学研究』第一六巻一号、二〇一六年、三六頁。
25 島本順光『元航空自衛官が二〇年間国会議員秘書をやってみた』ワニブックス、二〇一四年、一八頁。
26 橋本五郎・大久保好男・玉井忠幸『議員秘書の真実』弘文堂、二〇〇二年、四〇頁。
27 私設秘書のなかには、フルタイムの秘書だけでなく、さまざまな場合がある。平田有史郎『議員秘書の研究 新版』創成社、二〇〇二年、一〇六頁。
28 私設秘書の範囲、認識には差があり、注意を要する。毎日新聞社の秘書調査ではゼロ人と回答しつつも、欄外に事務所職員が三名やアルバイトが五名、運転手が一名など、秘書の範囲に認識のずれがあった（『毎日新聞』二〇〇二年四月七日）。また、名刺だけの秘書という場合もある。そのため、あくまでも給与の関係がある秘書の把握で、実際には秘書と認識されていない場合や無給の場合を考慮すると、より多いとみられる。
29 設問文は次の通りである。「あなたは、東京やご自身の選挙区（比例ブロック）に、何人スタッフをお持ちでしょうか。（注意：総選挙のために臨時的に雇用された方は除きます。その他の方は、公設／私設・有給／無給を問わず、数に含めてください。非常勤の方がいらっしゃる場合は、週当たりの延べ勤務時間を基に、『四〇時間＝一人』の割合でご計算ください。おおよその数字で結構です）」として、私設秘書の範囲が回答者によって、なるべく異ならないように尋ねている。
30 中北前掲書、一六七 - 一七九頁。
31 岩井奉信『「政治資金」の研究』日本経済新聞社、一九九〇年、一三六頁。『政治家の組織経営規模』九 - 一〇頁。
32 『京都新聞』二〇二〇年八月一九日。
33 谷聖美「政治家ってどんな人？」伊藤光利編『ポリティカルサイエンス事始め - 第三版』有斐閣、二〇〇九年、五一 - 七二頁。
34 NHK放送文化研究所編『現代日本人の意識構造 第九版』NHK出版、二〇二〇年、付録二九頁。
35 辻中豊・森裕城編『現代社会集団の政治機能』木鐸社、二〇一〇年。

36　森裕城・久保慶明「データからみた利益団体の民意表出」日本政治学会編『年報政治学　二〇一四-I』木鐸社、二〇一四年、二〇〇-二二四頁。善教将大「市民社会への参加の衰退?」後房雄・坂本治也編『現代日本の市民社会』法律文化社、二〇一九年、二三九-二五一頁。

37　三宅一郎「地元利益志向と保守化」『レヴァイアサン』一号、一九八七年、三一-四六頁。

38　Fenno, Richard F., *Home Style*, Boston: Little Brown, 1978.

39　建林正彦・藤村直史「政権末期における自由民主党の政策形成と議員行動の変容」『法学論叢』一六九巻六号、二〇一一年、一-三五頁。

40　濱本・根元、前掲論文。

41　『朝日新聞』二〇一五年一一月二九日。

42　谷口将紀『政治とマスメディア』東京大学出版会、二〇一五年、一一九-一二〇頁。

43　岡本哲和『日本のネット選挙』法律文化社、二〇一七年、二-三頁。山本竜大「日本の国会議員ホームページ開設に関する要因分析」『選挙研究』一八号、二〇〇三年、二一四-二二八頁。石橋章市朗・岡本哲和「国会議員による国会審議映像の利用」『レヴァイアサン』五六号、二〇一五年、八〇-一〇一頁。

44　谷口前掲書、一二二-一二三頁。

45　上ノ原秀晃「二〇一七年衆院選とソーシャルメディア」『人間科学研究』四〇号、二〇一八年、四五-五九頁。

46　池田謙一『統治の不安と日本政治のリアリティ』木鐸社、二〇一九年、一〇〇-一七四頁。

47　ネットでの政治活動は、次の文献がある。山田太郎『ネットには神様がいる』日経BP社、二〇一六年。

48　菅原琢「日本政治における農村バイアス」『日本政治研究』一巻一号、二〇〇四年、五三-八六頁。

49　森裕城「政権交代前夜における団体-政党関係の諸相」辻中豊・森裕城編著『現代社会集団の政治機能』木鐸社、二〇一〇年、一八〇-一九四頁。

50　品田裕「一九九〇年以降の総選挙における選挙公約」『選挙研究』三四巻二号、二〇一八年、五-一七頁。Horiuchi, Yusaku, Jun Saito, and Kyohei Yamada, "Removing Boundaries, Losing Connections." *Journal of East Asian Studies*, 15, 2015, pp.99-125.

51　益田高成「選挙運動期間短縮の政治過程」『同志社法学』七二巻二号、二〇二〇年、二二五-三〇三頁。

52　一九九〇年代の政治改革には有権者の視点が不足しており、残された課題である。蒲島郁夫・境家史郎『政治参加論』東京大学出版会、二〇二〇年、二一四頁。

53　『朝日新聞』二〇〇九年七月二五日。河野洋平は個人献金について、以下のように述べている。
「あのころは求められる見返りが大変でしたよ。例えば個人から三万円献金されたとします。お礼を言うだけじゃ終わらない。あとあと親類の葬式に花を出して欲しい、娘が結婚するから祝電を出して欲しい。果てはスピード違反を何とかならないか、と。企業の場合、五〇〇〇万とか一億円なら別として、一〇〇万円ぐらいで見返りを求めることはほとんどない。それに比べて個人の三万円に対する労力、気遣いは大変。事務所の仕事量を考えても本当にできるのか、あるいはきっぱり断れるのか。いま若い議員が個人献金に熱心なのはいいけれど、議員と有権者の双方がそういう旧弊を断ち切れるか、覚悟が問われます」

54　上神貴佳『政党政治と不均一な選挙制度』東京大学出版会、二〇一三年。砂原庸介『分裂と統合の日本政治』千倉書房、

二〇一七年。建林正彦『政党政治の制度分析』千倉書房、二〇一七年。堀内勇作・名取良太「二大政党制の実現を阻害する地方レベルの選挙制度」『社会科学研究』五八巻五・六号、二〇〇七年、二一-三二頁。小川寛貴「制度間不均一が有権者に与える影響」『選挙研究』三四巻一号、一三二-一四五頁。地方組織については、次の文献を参照。建林正彦編『政党組織の政治学』東洋経済新報社、二〇一三年。森正「党・労組・地方議員による三位一体型集票・陳情システム」前田幸男・堤英敬編『統治の条件』千倉書房、二〇一五年、一八一-二一四頁。堤英敬・森道哉「『保守王国』の民主党地方組織と政権交代」前田幸男・堤英敬編『統治の条件』千倉書房、二〇一五年、二一五-二四四頁。笹部真理子『「自民党型政治」の形成・確立・展開』木鐸社、二〇一七年。

55 『日本経済新聞』二〇〇九年一〇月一一日。

56 衆議院と参議院、中央と地方などのマルチレベルの選挙制度の不均一と政治不信の関係については、建林前掲書、二〇一七年、二〇三-二一二頁

第3章

1 民主党の政策調査会については、次の文献がある。浜谷惇『民主党の政策立案システムとその運用』JPU総研調査研究報告書、二〇〇四年。

2 九割程度が原案通り成立するとされる。村川一郎『政策決定過程』教育社、一九七九年、一四八-一四九頁。

3 『衆議院公報』は国会開会中に全議員に配布されるものである。そのなかに広告欄があり、各党の会議の予定が掲載されている。もちろん、掲載されない会議もあり、幹部会などは含まれていないが、政党の日常活動を捉える重要な資料である。

4 川人貞史『日本の国会制度と政党政治』東京大学出版会、二〇〇五年、一七三-一九九頁。牧原出『内閣政治と「大蔵省支配」』中央公論新社、二〇〇三年。奥健太郎・河野康子編『自民党政治の源流』吉田書店、二〇一五年。向大野新治『議会学』吉田書店、二〇一八年。野中尚人「戦後日本における国会合理化の起源とその帰結」佐々木毅編『比較議院内閣制論』岩波書店、二〇一九年、二二九-二五九頁。

5 武蔵勝宏「与党による閣法事前審査制の見直しに関する考察」『同志社政策科学研究』二一巻二号、二〇二〇年、一五七-一七〇頁。

6 川人貞史『議院内閣制』東京大学出版会、二〇一五年、一三二頁。

7 ただし、与党の事前審査は日本独特のものではない。オーストラリアでは事前審査がなされているとされる。そのため、国会への法案提出前に議論を尽くし、党議拘束をかける点は自民党政権の特徴だが、日本独特のものとまでは言えないようである。石間英雄「事前審査による政党の一体性」日本政治学会編『年報政治学二〇一七-Ⅰ』木鐸社、二〇一七年、一三四-一五八頁。朴志善『立法前協議の比較政治』木鐸社、二〇二一年。

8 岡田克也『政権交代』講談社、二〇〇八年、一四六頁。

9 民主党ネクスト・キャビネット編『ネクスト・キャビネット』第一書林、二〇〇二年、三頁。

10 鳩山由紀夫「民主党 私の政権構想」『文藝春秋』（一一月号）、一九九六年、一一二頁。

11 『朝日新聞』一九九六年一一月一一日。

12 濱本真輔「民主党政策調査会の研究」前田幸男・堤英敬編『統治の条件』千倉書房、二〇一五年、一五三-一六六頁。

13 奥健太郎「イギリスにおける政府・平議員間の政策調整」

『比較政治研究』六巻、二〇二〇年、一－二二頁。

14　武蔵前掲論文、一六三頁。

15　藤村修・竹中治堅『民主党を見つめ直す』毎日新聞社、二〇一四年、七七頁。

16　成田憲彦「議会における会派とその役割」『レファレンス』八月号、一九八八年、五－四三頁。大山礼子『日本の国会』岩波書店、二〇一一年。

17　石間前掲論文。

18　Lijphart, Arend, *Patterns of Democracy: Government Forms and Performance in Thirty-six Countries*, New Haven: Yale University Press, 1999.（粕谷祐子訳『民主主義対民主主義』勁草書房、二〇〇五年）。竹中治堅「『日本型分割政府』と参議院の役割」日本政治学会編『年報政治学』岩波書店、二〇〇四年、九九－一二五頁。首相、内閣の存続は参議院の信任を必要としないが、参議院は審議拒否や法案の否決、問責決議案を通じて、内閣を総辞職や解散に追い込むほどの権限を有している。

19　『毎日新聞』二〇〇九年一〇月二二日。

20　枝野幸男Eメールニュースレター（Vol.211 政権運営の教訓～その二）。http://www.edano.gr.jp/enews/e-news211.html（最終閲覧日二〇一三年一二月九日）

21　玄葉光一郎議員インタビュー（二〇一三年一〇月三一日）。

22　茅野千江子『議員立法の実際』第一法規、二〇一七年。

23　委員会にも所管事項に関する法案の提出権があり、その場合は賛成者の署名を集める必要はなく、委員長が単独で提出できる。全会一致またはそれに近い賛成を得られる見込みのある法案の場合に用いられる。

24　渋谷修『議会の時代』三省堂、一九九四年、五八頁。山本孝史『議員立法』第一書林、一九九八年。

25　社会党の上田哲議員は一九九三年に国民投票法案を党の承認印がないままに衆議院事務局に提出したが、受理されなかった。上田は裁判に訴えたが、一審、二審ともに「機関承認のない法律案は受理できないというのが衆議院における確立された先例」として、訴えを棄却した。最高裁でも「原判決を支持する」との判決が出された。また、一九九六年には松下政経塾出身議員たち、二〇〇一年には民主党有志の議員が同様な形で提出しようとしたが、受理されなかった。このように、機関承認は国際比較でみると、厳しいものであるが、満たさなければならない条件となっている。五ノ井健「日本の議員立法」『早稲田政治公法研究』一一四巻、二〇一七年、一－一六頁。

26　民主党ネクスト・キャビネット前掲書、三六頁。

27　岡田前掲書、一四八－一四九頁。

28　池田謙一『政治のリアリティと社会心理』木鐸社、二〇〇七年。

29　『朝日新聞』一九九八年三月二〇日。ただ、参議院の比例区選出議員のように支持層が明確な場合は異なる。

30　濱本真輔「民主党政権下の政府人事」前田幸男・堤英敬編『統治の条件』千倉書房、二〇一五年、三五－七八頁。

31　佐藤誠三郎・松崎哲久『自民党政権』中央公論社、一九八六年、九二頁。

32　猪口孝・岩井奉信『族議員の研究』日本経済新聞社、一九八七年、二七八頁。

33　岩井奉信『「政治資金」の研究』日本経済新聞社、一九九〇年。

34　Deschouwer, Kris and Sam Depauw eds., *Representing the People*, Oxford: Oxford University Press, 2014.

35　伊藤光利「国会『集合財』モデル」村松岐夫・久米郁男編

著『日本政治変動の三〇年』東洋経済新報社、二〇〇六年、二二五-四八頁。

36 二〇〇二年以前の設問は二位までを選択してもらう形式であった。回答の整理に際して、一位の回答は二点、二位は一点としたうえで足し合わせ、全体の比重を算出した。

37 建林正彦『議員行動の政治経済学』有斐閣、二〇〇四年。建林正彦『政党政治の制度分析』千倉書房、二〇一七年。

38 猪口・岩井、前掲書、一七一頁。

39 山本英弘「ロビイングと影響力の構造」辻中豊編『政治変動期の圧力団体』有斐閣、二〇一六年、一八三-二一〇頁。

40 竹中治堅編『二つの政権交代』勁草書房、二〇一七年。

41 笠浩史議員インタビュー（二〇一九年五月二七日）。

42 重要広範議案とは与野党が特に重要と位置づける法案である。一九九九年の国会審議活性化法を受けて、二〇〇〇年の各党申し合わせにより、①首相出席で本会議の趣旨説明と質疑を行う、②委員会採決前の質疑に首相出席を求めることができるとされる。「首相が国会に縛られ過ぎる」という与党側の主張で重要広範議案は四本に限定され、代わりに法案の選択は野党に従うとした。野党の要求に基づき、衆院では通常国会で最大四法案、臨時国会では二法案を同議案に指定するのが慣例であるが、与党が指定を受け入れないこともある。

43 大石眞『議会法』有斐閣、二〇〇一年。安田隆子「欧米主要国議会の会期制度：第二版」『調査と情報』一〇九八号、二〇二〇年、一-一四頁。

44 岩井奉信『立法過程』東京大学出版会、一九八八年。足立利昭『国会改造論』永田書房、一九七四年。

45 中島誠『立法学　第四版』法律文化社、二〇二〇年。

46 大島敦議員インタビュー（二〇一九年五月二八日）。

47 川人貞史「日本における政権運営と解散・総選挙」河崎健編『日本とヨーロッパの選挙と政治』ぎょうせい、二〇一八年、三三-五〇頁。

48 自民党行政改革推進本部「霞が関の政策立案部署等の業務量調査結果と今後の対応」（二〇一九年六月二七日）。

49 『国立国会図書館年報』（平成三〇年度）。

50 参議院調査室については松井孝治議員の内閣委員会（二〇〇九年三月二四日）での質疑による。

51 『朝日新聞』二〇一七年二月五日。

52 村松岐夫『政官スクラム型リーダーシップの崩壊』東洋経済新報社、二〇一〇年。ほかに、蒔田純『立法補佐機関の制度と機能』晃洋書房、二〇一三年、二一一-二二二頁。

53 櫻井周議員インタビュー（二〇二〇年三月一六日）。

54 内閣官房内閣人事局「国会に関する業務の調査」（二〇一六年六月一六日、二〇一六年一二月二二日、二〇一八年一二月二八日）。

55 福元健太郎「立法」平野浩・河野勝編『新版　アクセス日本政治論』日本経済評論社、二〇一一年、一四五-一六四頁。

56 質疑の方式には、片道方式と往復方式がある。片道方式とは参院予算委員会で一九五二年から続く質問方式であり、質問者の持ち時間を質問時間だけでカウントする方式である。それに対して答弁時間も含める往復方式がある。片道方式は質問時間が短い少数会派が短時間で政府答弁を引き出しやすい制度である。

57 質疑の研究として、次の文献を参照。松本俊太・松尾晃孝「国会議員はなぜ委員会で発言するのか？」『選挙研究』二六巻二号、二〇一〇年、八四-一〇三頁。

イギリスの議員を対象とした調査（一九八九年）によると、議会での質問には次のような八つの役割があると認識されていた。議会での質問を通じて、①政府の政策や行動に影響を与える、②大臣の責任を問う、③得難い情報を引き出す、④政府の行いを攻撃する、⑤政策などについて情報を得る、⑥選挙区の有権者の利害を伝える、⑦議会の実績を評価する、⑧議員の活動を宣伝するである。Franklin, Mark and Philip Norton, "Questions and Members." Mark Franklin and Philip Norton eds., *Parliamentary Questions*, Oxford: Clarendon Press, 1993, p.107.

58 与党議員は政府や党方針に沿った発言が中心であるが、それだけではない。松本俊太「五五年体制下における委員会制度再考」『名城法学』五七巻一・二号、二〇〇七年、三九九-四四六頁。

59 増山幹高・竹田香織「いかに見たい国会審議映像に到達するか?」『レヴァイアサン』五六号、二〇一五年、五四-七九頁。

60 田中信一郎『国会質問制度の研究』日本出版ネットワーク、二〇一二年。根元邦朗・濱本真輔「選挙制度改革による立法行動の変容」『レヴァイアサン』五二号、一一六-一四二頁。

61 Russo, Federico and Matti Wiberg, "Parliamentary Questioning in 17 European Parliaments." *Journal of Legislative Studies*, 16 (2), 2010, pp.215-232.

62 ただし、閣議請議手続きは閣議の二営業日前の正午とされ、回答期限は短く、また内閣法制局の審査も経る等、答弁作成の時間は短い。

63 松本健太郎「乱用される国会の『質問主意書』と不誠実な『答弁書』 ツケは国民に」『日経ビジネス』二〇二〇年二月一二日。事実上の無回答が不誠実かどうかは、出された質問の評価もともなう。

64 野中前掲書。大山礼子「国会の機能と手続きをめぐる問題」『国会を考える』三省堂、二〇一七年、二八二-三〇七頁。大山礼子『政治を再建する、いくつかの方法』日本経済新聞出版社、二〇一八年。

65 武蔵勝宏『議会制度とその運用に関する比較研究』晃洋書房、二〇二一年。

66 孝忠延夫『国政調査権の研究』法律文化社、一九九〇年。勝山教子「委員会の二重の機能と政府の統制」『公法研究』七二号、二〇一〇年、一七六-一八七頁。

第4章

1 蒲島郁夫・竹中佳彦『イデオロギー』東京大学出版会、二〇一二年、三三-三四頁。

2 同右、一一二-一三九頁。

3 谷口将紀『現代日本の代表制民主政治』東京大学出版会、二〇二〇年、一二一-一四八頁。

4 遠藤晶久/ウィリー・ジョウ『イデオロギーと日本政治』新泉社、二〇一九年。

5 蒲島・竹中、前掲書、二六六-二六九頁。竹中佳彦「保革イデオロギーの影響力低下と年齢」『選挙研究』三〇巻二号、二〇一四年、五-一八頁。平野浩『有権者の選択』木鐸社、二〇一五年。小林良彰『代表制民主主義の計量分析』木鐸社、二〇一六年。飯田健『有権者のリスク態度と投票行動』木鐸社、二〇一六年。山田真裕『二大政党制の崩壊と政権担当能力評価』木鐸社、二〇一七年。

6 Butler, David and Donald Stokes, *Political Change in Britain*, Macmillan, 1969.

7 谷口前掲書、一二一-一四八頁。

8 Wardt, Marc van de, Catherine E. De Vries, and Sara B. Hobolt, "Exploiting the Cracks." *Journal of Politics*, 76(4), 2014, pp.986-999.

9 境家史郎『憲法と世論』筑摩書房、二〇一七年。

10 議員や政党が公約に縛られないという認識を持っていることについて、小沢一郎は「党内的にも、また日本の政治文化としても、選挙のときの公約や政治家の約束はただの小道具ですからね。『公約（膏薬）なんていうのは貼り直せばいい』という比喩があるでしょ（笑）。日本では、公約がみんな膏薬になっちゃうんです」と答えている。五百旗頭真・伊藤元重・薬師寺克行『九〇年代の証言　小沢一郎政権奪取論』朝日新聞社、二〇〇六年、一六九頁。

11 ヨーロッパの一五ヵ国の中央・地方議員への調査によると、政党と議員本人では、政党を優先する回答が六一％（本人が三九％）を占めた。政党と有権者でも、政党を優先する回答が六五％（有権者が三五％）であった。なお、議員本人と有権者では自らの主張を優先する回答が六七％（有権者が三三％）であった。Dudzińska, Agnieszka et al., "Representational Roles." Deschouwer Kris and Sam Depauw eds., *Representing the People.* Oxford: Oxford University Press, 2014, p.35. 建林正彦「比較議員研究への一試論」『レヴァイアサン』六三号、二〇一八年、四二－六五頁。

12 堤英敬「政治家・政党」永井史男・水島治郎・品田裕編『政治学入門』ミネルヴァ書房、二〇一九年、七四－七六頁。

13 鳩山由紀夫「党の顔は私だ！　鳩山由紀夫VS菅直人」『文藝春秋』（一〇月号）、二〇〇二年、九六頁。

14 岡田克也『政権交代』講談社、二〇〇八年、二〇四－二〇五頁。

15 『毎日新聞』二〇二〇年九月一〇日。

16 造反の把握方法は次の文献を参照した。谷勝宏『議員立法の実証研究』信山社、二〇〇三年。定義や具体的な手続きは次の文献を参照されたい。濱本真輔『現代日本の政党政治』有斐閣、二〇一八年。

17 逢坂巌『日本政治とメディア』中央公論新社、二〇一四年。

18 Van Vonno, Cynthia M. C., Reut Itzkovitch Malka, Sam Depauw, Reuven Y. Hazan and Rudy B. Andeweg, "Agreement, Loyalty, and Discipline." Deschouwer Kris and Sam Depauw eds., *Representing the People.* Oxford.: Oxford University Press, 2014, pp.110-136.

19 野中尚人『自民党政治の終わり』筑摩書房、二〇〇八年、一一八頁。

20 当選回数に基づく人事の造反抑止効果がまったくなくなったわけではない。二〇〇五年の郵政民営化法案の採決でも、当選回数と造反の間にU字状の関係がみられ、人事の可能性が造反を抑止することに寄与していた。Nemoto, Kuniaki, Ellis Krauss and Robert Pekkanen, "Policy Dissension and Party Discipline." *British Journal of Political Science*, 38(3), 2008, pp.499-525. 対照的に、民主党の造反の分析からは当選回数と造反のU字状の関係はほぼみられない。小島真一「民主党政権における党議拘束からの逸脱の計量分析」『六甲台論集』六一巻一・二号、二〇一五年、二三－三七頁。他に、造反や政党間移動に関する研究として、次の文献を参照。Fujimura, Naofumi, "The Power Relationship between the Prime Minister and Ruling Party Legislators." *Japanese Journal of Political Science*, 8(2), 2007, 233-261. 谷圭祐「政党の戦略的行動が政党間移動に与える影響」『年報政治学二〇一八－II』筑摩書房、二〇一八年、二〇〇－二二三頁。

21 Kam, Christopher J., *Party Discipline and Parliamentary Politics*, Cambridge: Cambridge University Press, 2009.

22 人口四〇万人以上のすべての国で、一九六六年から二〇一六年の期間で毎年七月を基準に、性別や政党の所属などの情報を収集している。データセットには一七八ヵ国の五万一九七名の閣僚に関するデータが含まれている（二〇二一年一〇月）。Nyrup, Jacob and Stuart Bramwell, "Who Governs?" *American Political Science Review*, 114(4), 2020, pp.1366-1374. 一年ごとに計測している関係から、存続期間の短い内閣は捕捉されていない。たとえば、細川内閣や羽田内閣、鳩山内閣である。ただ、それらの内閣を含めた場合も、日本の大臣が短期に交代し、世界的に稀なことに変わりはない。

23　政治家と官僚の関係を首相、内閣、大臣、党幹部、一般議員のどのレベルまで形成し、誰に主導性を持たせるのかという時に内閣や大臣を軸にすることの難しさを示している。政官関係については、次の文献を参照。飯尾潤「政治的官僚と行政的政治家」日本政治学会編『年報政治学』岩波書店、一九九五年、一三五-一四九頁。村松岐夫『政官スクラム型リーダーシップの崩壊』東洋経済新報社、二〇一〇年。曽我謙悟『現代日本の官僚制』東京大学出版会、二〇一六年。

24　一九九〇年代以降の政界再編は政党間の移動からみると、次のようにまとめられている。山本健太郎は「ほぼ一貫して政権政党でもある自民党が、政権志向の強い移動議員を積極的に受け入れて政権基盤を確立・強化しようとしたのに対し、最大野党が、一方では選挙に勝つために出来る限り広範な政党間移動議員を受け入れようとし、他方それに比例して高まる分裂リスクをいかにして回避するかの模索を続けた歴史だった」としている。山本健太郎『政党間移動と政党システム』木鐸社、二〇一〇年、一八九頁。

25　二〇一六年七月六日国会内、都知事選挙立候補表明の記者会見、産経ニュース。

26　Strøm, Kaare, "A Behavioral Theory of Competitive Political Parties." *American Journal of Political Science*, 34(2), 1990, pp.565-598.

27　『読売新聞』二〇一二年九月二九日。

28　Bértoa, Fernando and Maria Spirova, "Parties Between Thresholds." *Party Politics*, 25(2), 2019, pp.233-244. Bolleyer, Nicole, Patricia Correa and Gabriel Katz, "Political Party Mortality in Established Party System." *Comparative Political Studies*, 52(1), 2019, pp.36-68.

29　政党の運営のあり方も政党間移動を左右する。特に、野党第一党が持続するには二つの条件がある。野党議員のなかにも政策追求型と政権追求型の議員が存在する。そのため、野党が凝集力を維持するには幅広い政策の許容と政権獲得の期待が必要である。前者が低い場合には政策を重視する議員が離党する可能性が高まり、また後者が低下すると、政権獲得を主眼とする議員が離党する可能性が高まり、分裂含みとなる。その双方が低い場合には解党に至る。山本前掲書。

30　『朝日新聞』二〇一〇年二月五日。

31　建林正彦『議員行動の政治経済学』有斐閣、二〇〇四年。Andeweg, Rudy B., and Jacques Thomassen, "Pathway to Party Unity." *Party Politics*, 17(5), 2010, pp.655-672.

32　舟山康江議員インタビュー（二〇二〇年三月五日）。

33　佐々木毅・二一世紀臨調編『平成デモクラシー』講談社、二〇一三年、三一九-三二〇頁。

第5章

1　『朝日新聞』二〇一四年五月一一日。

2　北海道と滋賀県のネット公開は国会議員関係団体までで、その他の政治団体の収支報告までは掲載されていない。

3　ここで言及する数字よりも上方修正される可能性が高い。集計に含める対象は広い方が望ましいが、同一基準で二〇年以上継続されているため、それを活用する。

4　佐々木毅・吉田慎一・谷口将紀・山本修嗣編『代議士とカネ：政治資金全国調査報告』朝日新聞社、一九九九年。この調査では資金管理団体、政党支部だけでなく、その他の政治団体（後援会）も含めたもので、もっとも幅広く捉えた結果である。

5　van Biezen and Petr Kopecký, "The Paradox of Party Funding." Scarrow, Susan E., Paul D. Webb and Thomas Poguntke eds., *Organizing Political Parties*, Oxford: Oxford University Press, 2017, pp.86-87.

6　NHK放送文化研究所編『現代日本人の意識構造―第九版―』NHK出版、二〇二〇年、付録二九頁。

7　日本ファンドレイジング協会編『寄付白書　二〇一七』日本ファンドレイジング協会、二〇一七年。

8　モーリス・デュヴェルジェ（宮島喬訳）『ヤヌス』木鐸社、一九七五年。

9　居安正『ある保守政治家―古井喜實の軌跡―』御茶の水書房、一九八七年。

10　Norris, Pippa and Andrea Abel van Es eds., *Checkbook Elections?* Oxford: Oxford University Press, 2016. 異なる類型も提起されている。孫斉庸『政党間競争における政策差別化と政治資金制度』東京大学博士論文、二〇一三年。

11　岩井奉信『「政治資金」の研究』日本経済新聞社、一九九〇年、七二‐七八頁。藤田博昭『日本の政治と金』勁草書房、一九八〇年。広瀬道貞『政治とカネ』岩波書店、一九八九年。

12　岡田陽介「公職選挙法と選挙違反の規定要因」眞鍋貞樹・岡田陽介編著『民主政の赤字』一藝社、二〇二〇年、一一〇‐一四一頁。季武嘉也『選挙違反の歴史』吉川弘文館、二〇〇七年。

13　政党助成法には三分の二条項が存在した。一政党が受け取る助成額の上限は各党の前年の収入から、本部と支部間でやり取りした重複分、助成金、借入金、繰越金を除いた金額の三分の二とされていた。これは改正により削除されるものの、国庫依存を抑制する措置があった。

14　政党助成については、配分の仕方にもよるが、得票数や議席数を基準とした配分が既成政党の存続を補強し、新規参入を抑制する可能性が指摘されてきた。ただ、これを支持する結果はみられない。Scarrow, Susan, "Party Subsidies and the Freezing of Party Competition." *West European Politics*, 29(4), 2006, pp.619-639. Hino, Airo, *New Challenger Parties in Western Europe*, New York: Routledge, 2012.

15　内務官僚出身の奥野誠亮や後藤田正晴などは規制の強化に否定的な見解であったとされる。

16　谷口将紀「政治資金制度・選挙運動」佐々木毅・二一世紀臨調編『平成デモクラシー』講談社、二〇一三年、七五‐七六頁。

17　ほかに、現在、任期開始時の本人名義の資産に対象を限定し、普通・当座預金が除外されている。公開の対象を家族の資産や普通・当座預金にまで広げるべきである。閣僚の資産公開では家族も対象としている。

終章

1　川人貞史『日本の国会制度と政党政治』東京大学出版会、二〇〇五年。

2　河世憲「国会審議過程の変容とその原因」『レヴァイアサン』二七号、一二五‐一五四頁。

3　猪口孝・岩井奉信『族議員の研究』日本経済新聞社、一九八七年。

4 佐藤誠三郎・松崎哲久『自民党政権』中央公論社、一九八六年。野中尚人『自民党政権下の政治エリート』東京大学出版会、一九九五年。

5 川人貞史「自民党における役職人事の制度化」『法学』五九巻六号、一九九六年、九三三 - 九五七頁。

6 Krauss, Ellis S., and Robert J. Pekkanen, *The Rise and Fall of Japan's LDP*, New York: Cornell University Press, 2011.

7 佐々木毅・二一世紀臨調編『平成デモクラシー』講談社、二〇一三年、三〇四 - 三〇五頁。政治改革の意味とその後の展開については、次の文献を参照。飯尾潤『政局から政策へ』NTT出版、二〇〇八年。清水真人『平成デモクラシー史』筑摩書房、二〇一八年。

8 待鳥聡史『政治改革再考』新潮社、二〇二〇年。

9 牧原出『崩れる政治を立て直す』講談社、二〇一八年。

10 政治改革に携わってきた政治学者の佐々木毅は、政党の改革が手をつけられずに残っていることをたびたび指摘してきた（『朝日新聞』二〇一二年六月二六日）。他方で、一九九〇年代の政治改革には有権者の視点が欠けていること、有権者行動の研究を活かす視点が弱いことも指摘されている。蒲島郁夫・境家史郎『政治参加論』東京大学出版会、二〇二〇年、二一四頁。政党のあり方や選挙に関する多角的な検討として、砂原庸介『民主主義の条件』東洋経済新報社、二〇一五年。

11 ほかに、解散権のあり方も加えられる。国際的にも自由度の高い解散は珍しいが、それは公認過程、選挙運動と政治資金、政策過程の全般に影響を及ぼしている。公認過程上も急な公認決定で時間を確保できない場合が生じている。また、常在戦場という形で日常活動の比重が高くなり、それを支える資金や労力を必要とさせる。さらに、国会では対決の目玉作り、日程闘争でのアピールに傾斜させる。解散権の制約の弱さは選挙の多さも相まって、国会議員に選挙中心の態勢を強いている。

12 待鳥聡史『民主主義にとって政党とは何か』ミネルヴァ書房、二〇一八年。

分析に利用した各種データ

IDEA（Institute for Democracy and Electoral Assistance）Gender Quotas Database

民主主義を支援する政府間組織である民主主義・選挙支援国際研究所IDEAと列国議会同盟，ストックホルム大学との共同で作成されている，各国のクオータの導入状況をまとめているデータベースである．ほかにも選挙制度や投票など，さまざまな情報を提供している．

https://www.idea.int/data-tools/data/gender-quotas

IDEA Political Finance Database

上述のIDEAで作成されている政治資金制度に関するデータベースである．

https://www.idea.int/data-tools/data/political-finance-database

The Reed-Smith Japanese House of Representatives Elections Dataset

スティーブン・リード中央大学名誉教授とコロンビア大学准教授ダニエル・スミスにより，1947年から2014年までの衆議院の総選挙，補欠選挙に出馬したすべての候補者を対象として，前職や世襲関係などの情報が収集されている．Harvard Dataverseにおいて公開されている．

議会活動に関するウェブサイト

国会議員白書

戦後の衆参両議員の国会活動，選挙結果などをまとめたウェブサイト．選挙への出馬履歴，本会議での発言，委員会への出席や発言，質問主意書の提出，役職の情報などが一覧できる，非常に有益なサイトである．

https://kokkai.sugawarataku.net/

比較議会情報プロジェクト

国会審議映像検索システム，地方議会審議映像検索システム，情報公開開示請求データベースが構築されている．特定の用語や議員をピンポイントで視聴できる．

http://www3.grips.ac.jp/~clip/

分析に利用した各種データ

明るい選挙推進協会調査

公益財団法人である「明るい選挙推進協会」によって実施されている世論調査．1952年に前身となる団体が結成され，ボランティアや総務省，各自治体の選挙管理委員会とともに，選挙の啓発活動を展開している．1950年代から国政選挙，統一地方選挙時に世論調査が実施されている．調査結果の一部は次のウェブサイトで公開されている．

http://www.akaruisenkyo.or.jp/060project/066search/

京都大学・読売新聞共同議員調査（2016年）

調査は京都大学を中心とする研究者グループ（代表・建林正彦京都大学教授）と読売新聞社が共同で行った，自民党と民進党所属の国会議員に対するアンケート調査である．調査は2016年10月下旬から12月中旬にかけて，自民党・民進党の全国会議員に調査票を郵送したうえで，返送されなかった場合には読売新聞政治部記者が追加的に事務所を訪問もしくはFAXを通じて回収するという形で実施された．

自民党については衆議院議員292名，参議院議員123名，計415名に質問を送付し，回収された回答数（率）は，それぞれ87名（30%），17名（14%），ID不明2名の計106名（26%）であった．また民進党については衆議院議員96名，参議院議員50名の計146名に送付し，それぞれ39名（41%），15名（30%）の計54名（37%）から回答を得た．回答者と調査対象全体の構成（当選回数や性別）について，統計的に有意な差はみられなかった．自民党と民進党内の分布と差があるとは言えず，回答結果は両党をおおむね代表していると考えられる．

東京大学谷口研究室・朝日新聞共同政治家調査

東京大学谷口研究室と朝日新聞社により，2003年から衆院選・参院選の際に実施されている政治家調査である（2005年以前は東京大学蒲島研究室も参画）．議員だけでなく候補者も含まれており，回収率は9割を超える世界的にも稀有な調査である．有権者調査も実施されており，政治家と有権者のデータが次のウェブサイトで公開されている．

http://www.masaki.j.u-tokyo.ac.jp/utas/utasindex.html

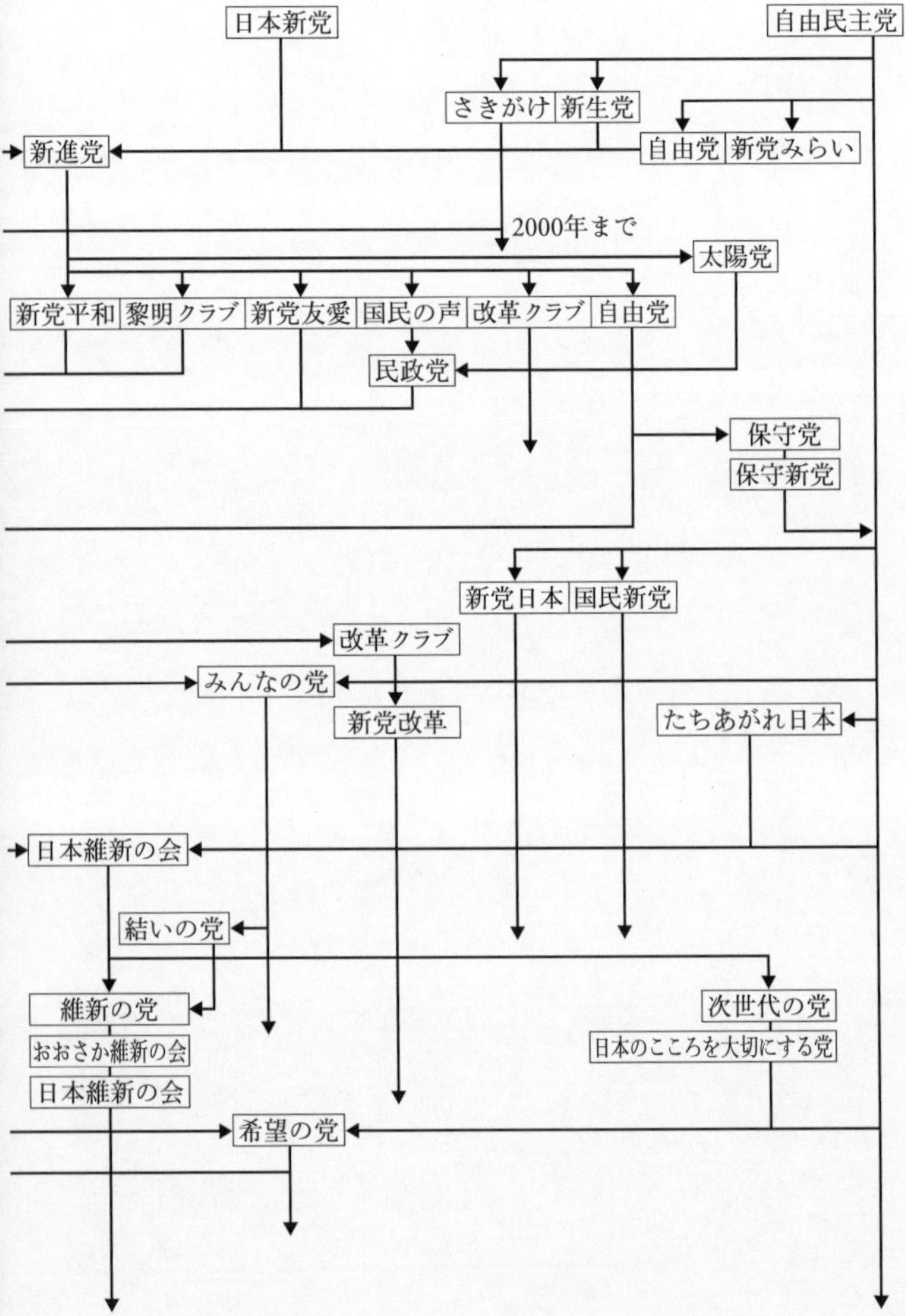
日本新党
自由民主党
さきがけ
新生党
自由党
新党みらい
新進党
2000年まで
太陽党
新党平和
黎明クラブ
新党友愛
国民の声
改革クラブ
自由党
民政党
保守党
保守新党
新党日本
国民新党
改革クラブ
みんなの党
新党改革
たちあがれ日本
日本維新の会
結いの党
維新の党
次世代の党
おおさか維新の会
日本のこころを大切にする党
日本維新の会
希望の党

主要政党変遷図（1992〜2021）

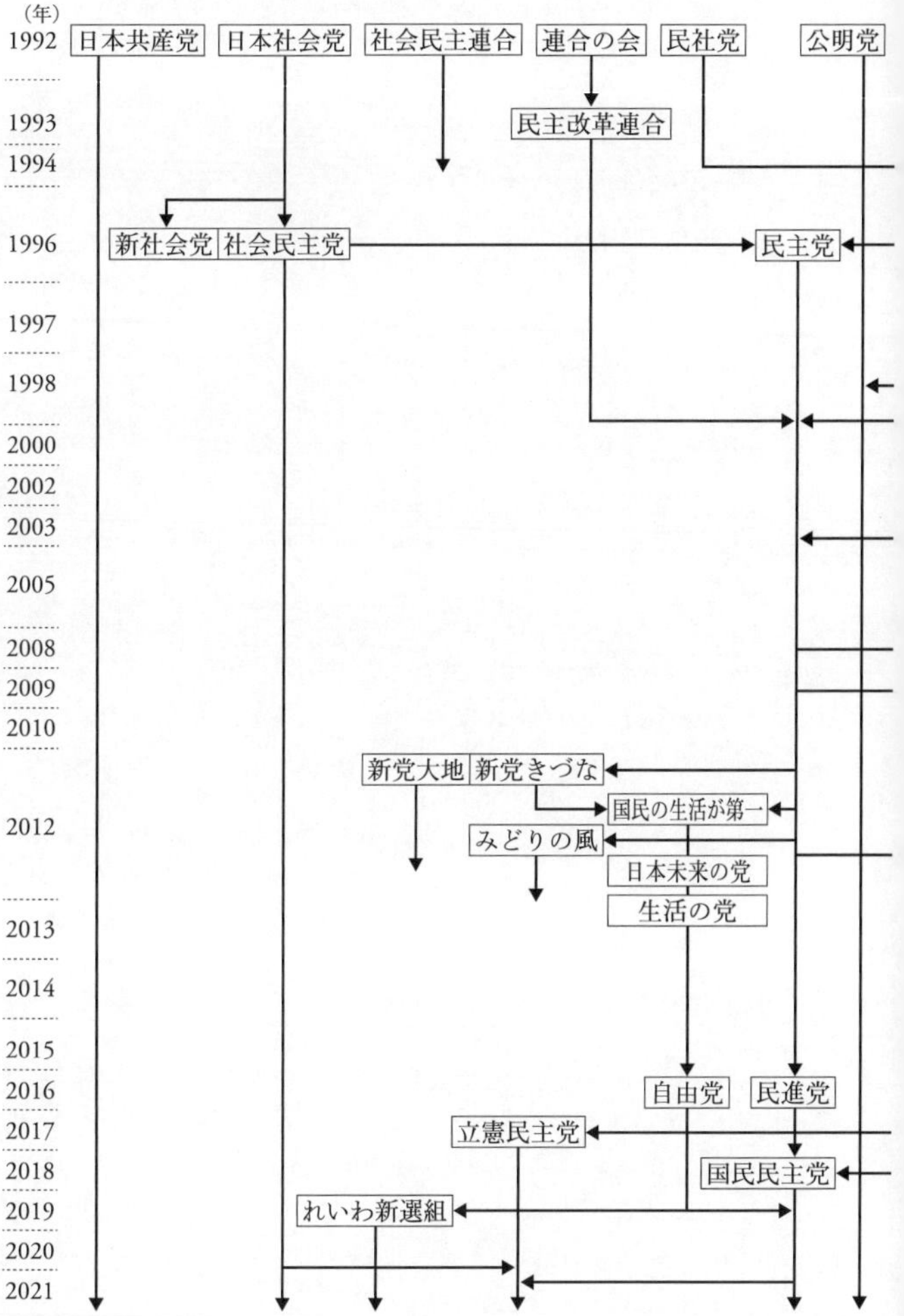

2014	5	27	国会審議の充実に関する申し合わせ（与野党 7 会派合意）
	5	30	内閣人事局設置
2015	6	17	公職選挙法改正（18歳選挙権）
	7	28	公職選挙法改正（県境をまたぐ合区の導入）
2016	5	20	公職選挙法等の改正（衆議院の定数削減475→465，2022年以降にアダムズ方式での定数配分）
2018	5	16	候補者男女均等法成立
	7	18	公職選挙法改正（参議院の定数増242→248，比例区の特定枠制度導入）
2020	4	27	歳費法改正（歳費を 2 割削減，2021年10月末まで）
2021	6	10	候補者男女均等法改正

註記：法律については日本法令索引，e-GOV 法令検索に依拠し，成立日を主に記した

	11	10	衆議院インターネット審議中継の本格実施
	12	15	政治資金規正法改正（政治家個人への企業・団体献金の禁止）
2000	2	2	公職選挙法改正（衆議院の定数削減500→480）
	10	26	公職選挙法改正（参議院の定数削減252→242，比例代表を非拘束名簿方式に）
	11	22	あっせん利得処罰法成立（国会議員や公設秘書らの口利きを処罰）
2001	1	6	中央省庁再編実施
	12	25	「公務員制度改革大綱」閣議決定
2002	3	29	歳費法改正（国会議員歳費約1割削減，2005年3月まで）
	7	19	あっせん利得処罰法改正（処罰の対象を国会議員の私設秘書にも拡大）
2003	10	10	公職選挙法改正（政権公約，マニフェストの頒布可能に）
2004	5	12	秘書給与法改正（公設秘書の採用制限・兼職禁止，給与の直接支給等）
2005	11	2	政治資金規正法改正（政治団体間の寄付制限，寄付の銀行振り込み義務付け，本部による支部解散可能に）
2006	2	3	国会議員互助年金の廃止
	12	13	政治資金規正法改正（外資規制の緩和により日本国内の法人で株式上場連続5年以上で献金可能に）
	12	26	事務所費問題表面化
2007	6	29	政治資金規正法改正（資金管理団体の人件費以外の経常経費の領収書添付を義務付け）
	12	21	政治資金規正法改正（国会議員関係政治団体，政治資金監査制度，政治資金適正化委員会設置）
2008	6	6	国家公務員制度改革基本法成立
2009	6	24	公文書管理法成立
2010	3	31	平成の大合併終結（市町村数半減）
	7	1	参議院議員会館使用開始
	7	20	衆議院第一，第二議員会館使用開始
	8	6	歳費法改正（歳費の自主返納，日割り計算導入）
2011	3	11	東日本大震災
	3	31	歳費の特例法（半年間で1人当たり歳費300万円を減額）
2012	4	27	歳費の特例法（歳費・期末手当を約13%削減，2012年12月から2014年4月まで2割削減）
	8	23	国会議員向けの私鉄・路線バスの無料パスの廃止
	11	16	公職選挙法改正（衆議院の定数削減480→475）
2013	4	19	公職選挙法改正（インターネット選挙運動解禁）

1975	7	4	政治資金規正法改正（献金の規制，政治団体の届出制度等の改善）
1976	2	4	米上院の公聴会でロッキード社の問題表面化（ロッキード事件）
	12	5	第34回総選挙（任期満了選挙，衆議院の定数増加491→511）
1979	1	4	ダグラス・グラマン事件表面化
1980	11	28	政治資金規正法改正（指定団体制度の創設，保有金制度の創設）
1982	8	18	公職選挙法改正（参議院全国区を拘束名簿式比例代表制に）
1986	7	6	第38回総選挙（衆議院の定数増加511→512）
1988	6	18	リクルート事件発覚
1989	5	23	自民党「政治改革大綱」決定
	6	28	第８次選挙制度審議会発足
1990	4	26	第８次選挙制度審議会「第１次答申」（選挙制度・政治資金）
	5	11	参議院国会審議テレビ中継実験放送開始
	7	31	第８次選挙制度審議会「第２次答申」（参院選挙制度・政党公的助成）
1991	1	30	衆議院国会審議テレビ中継実験放送開始
	6	25	第８次選挙制度審議会「第３次答申」（区割り，腐敗防止）
1992	2	14	東京佐川急便事件（関係者を特別背任容疑で逮捕）
	12	10	政治資金規正法改正（政治資金パーティーの適正化）
	12	10	国会議員資産公開法成立
1993	3	29	歳費法改正（文書通信交通費を文書通信交通滞在費に）
	4	28	国会法改正（政策担当秘書の創設）
	7	18	第40回総選挙（衆議院の定数削減512→511）
1994	3	4	政治改革関連四法案成立（小選挙区比例代表並立制，政党助成法，政治資金規正法改正）
1995	12	13	政党助成法改正（３分の２条項撤廃）
1996	10	20	第41回総選挙（初の小選挙区比例代表並立制，定数500）
1997	12	3	行政改革会議最終答申報告
	12	12	国会法改正（国政調査権の拡充）
1998	1	12	国会審議テレビ中継の放送局等への無償提供開始
	6	9	中央省庁等改革基本法成立
	11	5	秘書給与問題表面化（2004年まで相次ぐ）
1999	4	1	参議院インターネット審議中継の本格実施
	5	7	情報公開法成立
	7	26	国会審議活性化法成立（党首討論の導入，副大臣・大臣政務官設置，政府委員制度廃止）

日本の国会議員 関連年表

年	月	日	出来事
1945	12	15	衆議院議員選挙法改正成立（婦人参政権・大選挙区制限連記制）
1946	1	4	公職追放
	4	10	戦後初の衆議院議員選挙（定数466）
	11	3	日本国憲法公布
	12	25	参議院議員選挙法成立（全国区100名，地方区150名，公布は47年２月24日）
1947	3	18	国会法成立
	3	30	歳費法成立（通信費，滞在雑費の支給開始）
	3	31	衆議院議員選挙法改正（大選挙区制限連記制から，いわゆる中選挙区制へ）
	4	20	第１回参議院議員選挙
	4	25	第23回衆議院議員選挙
	5	3	日本国憲法施行，貴族院廃止，秘書制度発足（各議員に１名の事務補助員）
1948	6	23	昭和電工疑獄事件（関係者を贈賄容疑で留置）
	6	30	政治資金規正法成立
	7	5	国会法改正（事務補助員から秘書に改称）
1950	4	7	公職選挙法成立
1954	1	7	造船疑獄事件（関係者を特別背任容疑で逮捕）
	4	30	衆議院に奄美群島区（定数１，衆議院の定数467）
1955	1	24	国会法改正（議員立法の発議要件の引き上げ）
	11	15	自由民主党結党（党則で事前審査を明記）
1962	5	7	政治資金規正法改正（収支報告書への領収書等の写しの添付義務化，収支報告書等の保存期間延長）
1963	3	27	国会法改正（公設秘書２名となる）
	10	31	衆議院第一議員会館完成
	12	18	歳費法改正（通信費を通信交通費に）
1964	6	26	公職選挙法改正（衆議院の定数増加467→486）
1965	5	31	参議院議員会館完成
	9	21	衆議院第二議員会館完成
1970	4	24	沖縄住民の国政参加特別措置法（衆議院定数486→491，参議院定数250→252）
1974	4	26	歳費法改正（通信交通費を文書通信交通費に）

濱本真輔（はまもと・しんすけ）

1982年兵庫県生まれ．2009年筑波大学大学院人文社会科学研究科博士課程修了．博士（政治学）．11年北九州市立大学法学部専任講師，14年同准教授を経て，16年より大阪大学大学院法学研究科准教授．専攻，現代日本政治，議員・政党研究．

著書『現代日本の政党政治』（有斐閣，2018年）

共編著『現代日本のエリートの平等観』（明石書店，2021年）

共著『現代社会集団の政治機能』（木鐸社，2010年）
『民主党の組織と政策』（東洋経済新報社，2011年）
『政党組織の政治学』（東洋経済新報社，2013年）
『統治の条件』（千倉書房，2015年）
『政治変動期の圧力団体』（有斐閣，2016年）
『二つの政権交代』（勁草書房，2017年）
『日本政治の第一歩』（有斐閣，2018年）
『ポリティカル・サイエンス入門』（法律文化社，2020年）ほか

日本《にほん》の国会議員《こっかいぎいん》
中公新書 *2691*

2022年 4 月25日発行

著　者　濱本真輔
発行者　松田陽三

本文印刷　三晃印刷
カバー印刷　大熊整美堂
製　　本　小泉製本

発行所　中央公論新社
〒100-8152
東京都千代田区大手町 1-7-1
電話　販売 03-5299-1730
　　　編集 03-5299-1830
URL https://www.chuko.co.jp/

Published by CHUOKORON-SHINSHA, INC.
Printed in Japan　ISBN978-4-12-102691-0 C1231

政治・法律

中公新書

h1